MARY HIGGINS CLARK

SECHS RICHTIGE
Mordsgeschichten

W0044745

Deutsche Erstausgabe

WILHELM HEYNE VERLAG
MÜNCHEN

Titel der Originalausgabe
THE LOTTERY WINNER

Umwelthinweis:
Dieses Buch wurde auf
chlor- und säurefreiem Papier gedruckt.

Redaktion: Beatrice Naucke

10. Auflage

Copyright © 1997 dieser Ausgabe
by Wilhelm Heyne Verlag, München,
in der Verlagsgruppe Random House GmbH
Printed in Germany 2004
Quellenverzeichnis: s. Anhang
Umschlagillustration: Getty Images/David Chasey, München
Umschlaggestaltung: Eisele Grafik-Design, München
Satz: Buch-Werkstatt GmbH, Bad Aibling
Druck und Bindung: GGP Media GmbH, Pößneck

ISBN 3-453-11697-6

Inhalt

Kurzer Prozeß

Das Telefon klingelte, aber Alvirah ging nicht an den Apparat. Seit sie und Willy wieder zu Hause waren – gerade lange genug, um die Koffer auszupacken – hatte der Anrufbeantworter bereits sechs Anrufe aufgezeichnet. Sie waren übereingekommen, daß sie sich erst morgen wieder um die Belange der Außenwelt kümmern würden.

Wie schön es doch war, wieder zu Hause zu sein, dachte Alvirah glücklich, als sie auf den Balkon ihrer Wohnung in der Central Park South trat und in den Park hinunterschaute. Es war Ende Oktober, und die Blätter hatten sich in einen flammenden Regenbogen aus Orange, Gelb und Rostrot verwandelt.

Sie ging wieder hinein und ließ sich auf der Couch nieder. Willy reichte ihr einen Cocktail, einen Manhattan, mit dem sie darauf anstoßen wollten, daß sie wieder zurück in der Stadt waren. Sein eigenes Glas nahm er mit zu seinem großen, bequemen Sessel, bevor er ihr zuprostete: »Auf uns, mein Schatz.«

Alvirah lächelte ihn voller Zuneigung an. »Ich muß schon sagen, daß ich von all diesen Sehenswürdigkeiten erstmal genug habe. Ich werde wenigstens zwei Wochen lang weder meine Füße noch meine Hände bewegen«, sagte sie.

»Einverstanden«, erwiderte Willy nickend und fügte dann ein wenig töricht hinzu: »Schatz, ich glaube immer noch, daß unser Ritt auf den Maultieren in Griechenland ein wenig übertrieben war. Ich habe mich auf diesem Vieh wie ein nasser Sack gefühlt.«

»Aber *ausgesehen* hast du, als hättest du dein Leben lang nichts anderes getan, als Maultiere zu reiten«, versicherte Alvirah ihm. Sie hielt einen Augenblick inne und sah ihren Mann liebevoll an. »Willy, wir hatten doch viel Spaß, oder? Ohne die Lotterie würde ich immer noch putzen gehen, und du würdest kaputte Wasserrohre reparieren.«

Woraufhin sie wieder einmal in schweigendem Staunen dasaßen und über das wunderbare Ereignis nachdachten, das ihr früheres Leben abrupt beendet hatte. Für einen Dollar die Woche hatten sie zehn Jahre lang Lotto gespielt, immer mit den Daten ihrer Geburtstage und ihres Hochzeitstages als Tip, bis zu dem unglaublichen Augenblick, da in der Lotterie genau ihre Zahlen gezogen und sie die alleinigen Gewinner eines Jackpots von vierzig Millionen Dollar wurden.

Alvirah pflegte zu sagen: »Willy, für uns hat das Leben mit sechzig begonnen, na ja, mit nicht ganz sechzig.« Mittlerweile hatten sie auf ihren Reisen dreimal Europa besucht und einmal Südamerika, waren mit der transsibirischen Eisenbahn von China nach Rußland gefahren und gerade eben erst von einer Kreuzfahrt durch die griechische Inselwelt zurückgekehrt.

Das Telefon klingelte. Alvirah sah den Apparat aus den Augenwinkeln an. »Laß dich nicht in Versuchung führen«, bat Willy. »Wir müssen erst einmal verschnaufen. Es wird wohl Cordelia sein – mit der Bitte, daß ich im Kloster die Gasleitung repariere oder irgend etwas in der Art. Das kann bestimmt einen Tag warten.«

Sie hörten sich die Nachricht an, die soeben auf den Anrufbeantworter gesprochen wurde. Es war Rhonda Alvirez, die Sekretärin des Vereins zur Unterstützung von Lotteriegewinnern in Manhattan. Sie war ein Gründungsmitglied des Vereins – sie selbst hatte einmal sechs Millionen Dollar gewonnen und hatte sich von einem Vetter überreden lassen, ihren ersten großen Scheck in seine Erfindung zu investieren, einen schnellwirkenden Abflußreiniger. Später stellte sich heraus, daß das einzige, was der Vetter jemals gründlich reinigte, Rhondas Konto war.

Danach hatte Rhonda dann ihren Verein gegründet, und nachdem sie in der Zeitung davon gelesen hatte, wie umsichtig Alvirah und Willy mit ihrem unverhofften Geldsegen umgingen, bat sie die beiden, Ehrenmitglieder des Vereins zu werden und regelmäßig bei den Versammlungen Gastvorträge zu halten.

Rhonda hatte bereits eine Nachricht hinterlassen. Jetzt kam sie direkt zur Sache. »Alvirah, ich weiß, daß du zu Hause bist. Die Limousine hat euch vor einer Stunde vor eurem Apartment abgesetzt. Ich habe mich bei eurem Portier erkundigt. Bitte, komm an den Apparat. Es ist wichtig.«

»Und du findest Cordelia schon schlimm«, murmelte Alvirah, als sie gehorsam nach dem Telefon griff.

Willy sah, wie sich während des Gespräches mit Rhonda plötzlich Ungläubigkeit und Sorge auf Alvirahs Gesicht zeigten, und dann hörte er sie sagen: »Natürlich werden wir mit ihr reden. Morgen früh um zehn. Hier bei uns. Gut.«

Als sie auflegte, erklärte sie ihm, worum es ging. »Wir sollen uns mit Nelly Monahan treffen. Nach allem, was Rhonda mir erzählt hat, ist sie eine sehr nette Frau. Sie hat kürzlich in der Lotterie gewonnen und ist von ihrem Ex-Mann um den Gewinn betrogen worden. Das können wir nicht zulassen.«

Um neun Uhr am nächsten Morgen machte Nelly Monahan sich bereit, ihre Dreizimmerwohnung in Stuyvesant Town zu verlassen. Sie wohnte immer noch in dem gleichen Sozialbau in der East Side, in den sie als zweiundzwanzigjährige Braut vor über vierzig Jahren eingezogen war. Obwohl die Miete jetzt das zehnfache der neunundfünfzig Dollar betrug, die sie anfangs gezahlt hatten, war die Wohnung immer noch ungeheuer günstig, vorausgesetzt natürlich, daß man fast sechshundert Dollar im Monat für ein Dach überm Kopf ausgeben konnte.

Aber jetzt, da sie von einer winzigen Pension und einem monatlichen Scheck von der Sozialhilfe lebte, begriff Nelly langsam, daß sie die Wohnung, auch wenn es ihr noch so weh tat, vielleicht würde aufgeben und zu ihrer Cousine Margaret nach New Brunswick in New Jersey ziehen müssen.

Für Nelly, eine eingefleischte New Yorkerin, war die Aussicht, ihre letzten Jahre abseits der Metropole verbringen zu müssen, geradezu entsetzlich. Es war schon schlimm genug gewesen, daß ihr Mann, Tim, sie sitzengelassen hatte, aber die Wohnung aufgeben zu müssen, das brach ihr fast das Herz. Und dann mußte sie auch noch erfahren, daß Tims neue Frau ihren Lotterieschein besaß, dessen Zahlen gewonnen hatten! Das war einfach zuviel. Und so kam es, daß Nelly den Verein zur Unterstützung von Lotteriegewinnern angerufen und jetzt eine Verabredung mit Alvirah Meehan hatte, die nach Rhondas Versicherung die meisten Probleme zu knacken wußte.

Nelly war eine kleine, rundliche, unauffällige Frau mit einigermaßen hübschen Gesichtszügen und letzten Spuren von Braun in ihrem natürlich gewellten, grauen Haar, das ihr Gesicht einrahmte und diese Weise die Linien, die die Zeit und harte Arbeit um ihre Augen und ihren Mund gemeißelt hatten, weicher erscheinen ließ.

Mit ihrer stockenden Stimme und ihrem scheuen Lächeln machte Nelly nach außen hin den Eindruck eines leicht ausnutzbaren Menschen, aber das war ein gehöriger Irrtum. Nein, wenn jemand versuchte, sich auf ihre Kosten einen Vorteil zu verschaffen, mußte er schnell feststellen, daß Nelly eine draufgängerische Ader und einen untrüglichen Gerechtigkeitssinn besaß.

Bis sie im Alter von sechzig Jahren in Rente ging, hatte sie als Buchhalterin für eine kleine Firma gearbeitet, die Jalousien herstellte, und sie war auch vor einigen Jahren diejenige gewesen, die herausfand, daß der Neffe des Besitzers seine Finger in der Kasse gehabt hatte. Schließlich hatte sie ihren Chef dazu überredet, seinen Neffen zu zwingen, sein Haus zu verkaufen und jeden Pfennig, den er gestohlen hatte, zurückzuzahlen, wenn er nicht in den Genuß der Gastfreundschaft der New Yorker Strafanstalt kommen wollte.

Und als einmal ein Teenager im Vorbeifahren versucht hatte, ihr die Handtasche zu stehlen, hatte sie ihren Schirm in die Speichen seines Fahrrads gestoßen, so daß er der Länge nach auf die Straße gestürzt war und sich einen Knöchel verstaucht hatte. Anschließend hatte sie abwechselnd um Hilfe gerufen und dem Möchtegernräuber eine Standpauke gehalten, bis die Polizei kam.

Aber diese Episoden verblaßten doch im Vergleich zu dem, was ihr jetzt widerfahren war: Ihr Mann hatte sie nach vierzigjähriger Ehe zusammen mit ihrer Nachfolgerin Roxie, der neuen Mrs. Tim Monahan, um ihren Zwei-Millionen-Dollar-Anteil des Lotteriegewinns betrogen.

Nelly wußte, daß Alvirah Meehan und ihr Mann Willy in einer der Prachtbauten des Central Park South lebten, also kleidete sie sich für ihre Verabredung mit ihnen sehr sorgfältig; sie hatte sich für ein braunes Tweedkostüm entschieden, das sie im Ausverkauf bei A & S erstanden hatte. Sie hatte sich sogar die Extravaganz geleistet, sich das Haar waschen und legen zu lassen.

Der Portier konnte um Punkt zehn ihre Ankunft melden.

Um halb elf schenkte Alvirah ihrem Gast eine zweite Tasse Kaffee ein. Eine halbe Stunde lang hatte sie das Gespräch bewußt allgemein gehalten, hatte von ihren gemeinsamen Erfahrungen geredet und von den Veränderungen in der Stadt. Durch ihre Arbeit als Kolumnistin und Detektivin für den *New York Globe* hatte sie gelernt, daß entspannte Menschen für gewöhnlich die besseren Zeugen waren.

»So, kommen wir jetzt zum Geschäftlichen«, sagte sie und hob die Hand zur Anstecknadel auf dem Revers ihres Jacketts, einer Brillantenrosette, die einen Minirekorder enthielt. »Ich werde ganz offen zu Ihnen sein«, erklärte sie. »Ich werde unser Gespräch aufzeichnen, weil ich manchmal, wenn ich die Aufnahme dann später abspiele, etwas finde, das mir vorher entgangen ist.«

Nellys Augen blitzten. »Rhonda Alvirez hat mir erzählt, Sie benutzten diesen Rekorder manchmal, um irgendwelche Verbrechen zu lösen. Nun, ich habe ein Verbrechen für Sie, und der Name des Verbrechers ist Tim Monahan.«

Nach einer kurzen Atempause fuhr sie fort: »In den vierzig Jahren, die ich mit ihm verheiratet war, konnte er sich in keinem Job lange halten, weil er immer einen Grund fand, um gegen seinen augenblicklichen Arbeitgeber zu klagen. Tim hat mehr Bagatellfälle vor Gericht erlebt als Richter Wapner.«

Daraufhin zählte Nelly eine lange Liste von Leuten auf, die Tim vor Gericht gebracht hatte, einschließlich des Besitzers der Reinigung, die er beschuldigt hatte, ein Loch in eine uralte Hose gemacht zu haben, der Busgesellschaft, deren Fahrzeug plötzlich gebremst hatte, daß Tim angeblich ein Schleudertrauma davongetragen hatte, des Gebrauchtwagenhändlers, der sich geweigert hatte, Tims Wagen zu reparieren, nachdem die Garantie abgelaufen war, und des Großkaufhauses, das er wegen einer defekten Feder in einem Fernsehsessel verklagt hatte, den Nelly ihm etliche Jahre zuvor geschenkt hatte.

Mit ihrer sanften Stimme erzählte Nelly, daß Tim sich stets in der Rolle des Gentlemans gefallen hatte und hübschen Mädchen galant die Tür öffnete, während sie, Nelly, hinter ihm herlaufen durfte, als sei sie unsichtbar.

Besonders ärgerlich war es gewesen, als er schließlich begonnen hatte, Loblieder auf Roxie Marsh zu singen, die Besitzerin der Cateringfirma, für die er gelegentlich arbeitete. Nelly hatte die Frau einmal kurz kennengelernt und erkannt, daß Roxie die Art Chefin war, die ihren Leuten um den Bart ging und ihnen anschließend Sklavenlöhne zahlte.

Tim mochte zwar ein wenig zu viel getrunken haben und eine Nervensäge gewesen sein, so meinte Nelly weiter, und er hatte stets besonders töricht gewirkt, wenn er versuchte, sich wie Beau Brummel aufzuführen, aber immerhin hatte er zu ihr gehört, und sie hatte sich während ihrer vierzigjährigen Ehe an ihn gewöhnt. Außerdem kochte sie gerne und freute sich immer über Tims guten Appetit. Es war keine vollkommene Ehe gewesen, aber sie hatten es miteinander ausgehalten.

Bis sie in der Lotterie gewannen oder nicht gewannen.

»Erzählen Sie mir mehr darüber«, bat Alvirah.

»Wir haben jede Woche in der Lotterie gespielt, und eines Tages wachte ich mit einem besonderen Glücksgefühl auf«, erklärte Nelly ihnen mit ernster Miene. »Es war die letzte Chance, einen Jackpot von achtzehn Millionen Dollar zu gewinnen. Tim war mal wieder arbeitslos, und ich habe ihm einen Dollar gegeben und ihm aufgetragen, unbedingt einen Schein auszufüllen, wenn er seine Zeitung kaufen ging.«

»Wo war das?« fragte Alvirah hastig.

»Beim Zeitungskiosk auf der 14. Straße. Als er zurückkam, habe ich ihn gefragt, ob er einen Schein ausgefüllt habe, und er sagte ja, das habe er.«

»Haben Sie den Schein gesehen?« warf Willy ein.

Alvirah lächelte ihren Mann an. Willy runzelte die Stirn. Er verlor nur selten die Fassung, aber wenn er es tat, hatte er eine bemerkenswerte Ähnlichkeit mit seiner Schwester Cordelia. Und Willy hatte nichts übrig für einen Mann, der seine Frau hinterging.

»Ich habe ihn nicht gebeten, mir den Schein zu zeigen«, erwiderte Nelly, während sie ihren Kaffee austrank. »Er bewahrte die Lotteriescheine immer in seiner Brieftasche auf. Außerdem war es auch gar nicht nötig, daß er mir den Schein zeigte. Wir spielten immer dieselben Zahlen.«

»Genau wie wir«, erzählte Alvirah ihr. »Unsere Geburtstage und das Hochzeitsdatum.«

»Tim und ich haben die Hausnummern der Häuser genommen, in denen wir aufgewachsen sind – 1802 und 1913 in der Tenbrook Avenue in der Bronx und 405 in der East Fourteenth Street, das ist das Haus, in dem wir all diese Jahre gewohnt haben. Auf diese Weise hatten wir die Zahlen 18-2-19-13-4-5.

Tim hat mir damals ganz klar gesagt, daß er den Schein gekauft habe, und er hat kein Wort davon gesagt, daß er andere Zahlen gespielt hätte als sonst. Das war am Samstag. Am nächsten Mittwoch saß ich vorm Fernseher, als unsere Zahlen gezogen wurden, und Sie können sich nicht vorstellen, was für ein Schock das war.«

»O doch, das kann ich«, erwiderte Alvirah. »Ich hatte an dem Tag, an dem wir gewonnen haben, bei Mrs. O'Keefe geputzt, und ich kann Ihnen sagen, sie hatte am Vortag ihre ganzen Enkelkinder zu Besuch, und das Haus war ein einziger Saustall. Ich war todmüde und hatte meine Füße in einem Eimer mit warmem Wasser stehen, als unsere Zahlen gezogen wurden.«

»Sie hat den Eimer umgeworfen«, fügte Willy hinzu. »Die ersten zehn Minuten unseres Lebens als Multimillionäre haben wir damit zugebracht, das Wohnzimmer aufzuwischen.«

»Dann können Sie mich ja verstehen«, seufzte Nelly. Sie erzählte ihnen weiter, daß Tim an diesem Abend nicht zu Hause gewesen sei, sondern, wie er das gelegentlich tat, als Barkeeper für Roxie gearbeitet hatte. Nelly war lange aufgeblieben, um auf ihn zu warten, und hatte zur Feier des Tages sein Lieblingsdessert gemacht, eine Crème brûlée.

Aber als Tim schließlich nach Hause kam, überreichte er ihr, den Tränen nahe, den Schein, den er aufbewahrt hatte. Es waren nicht die Zahlen, die sie immer gespielt hatten. Jede einzelne Ziffer war anders. »Ich fand, wir sollten unser Glück mal mit etwas anderem probieren«, hatte Tim dazu gesagt.

»Ich dachte, ich bekäme einen Herzschlag«, sagte Nelly. »Aber er war so schrecklich unglücklich, daß ich ihn zuletzt trösten mußte und ihm versichert habe, es sei nicht so wichtig und habe eben nicht sein sollen.«

»Und ich wette, er hat die Crème brûlée trotzdem gegessen«, meinte Alvirah wütend.

»Bis auf den letzten Bissen. Er sagte, jeder Mann könne sich glücklich schätzen, wenn er eine Frau wie mich hätte. Ein paar Wochen danach hat er mich dann sitzenlassen und ist zu Roxie gezogen. Hat mir erzählt, er hätte sich plötzlich in sie verliebt. Das ist jetzt ein Jahr her. Die Scheidung ist letzten Monat rechtskräftig geworden, und vor drei Wochen hat er Roxie geheiratet.

Es hieß, es hätte damals vier Gewinner des Jackpots von achtzehn Millionen Dollar gegeben; daß einer von ihnen sich bisher nicht gemeldet hatte, wußte ich nicht. Vergangene Woche, am allerletzten Tag, bevor der Schein ungültig wurde, tauchte Roxie, die mittlerweile die zweite Mrs. Tim Monahan war, am Auszahlungsschalter der Lotterie auf und behauptete, sie hätte zufällig gerade eben festgestellt, daß sie den vierten Schein besaß, den Schein mit den Zahlen, die Tim und ich immer gespielt haben.«

»Tim hat an dem Abend, an dem Ihre Zahlen gewonnen haben, für Roxie gearbeitet und den Schein in seiner Brieftasche gehabt?« fragte Alvirah, um ihren Verdacht zu bestätigen.

»Ja, genau darum geht es. Er hat ihr schon die ganze

Zeit schöne Augen gemacht, und ich denke, er hat ihr den Schein gezeigt.«

»Woraufhin sie ihre große Chance gewittert hat«, meinte Willy nun. »Wie ekelhaft.«

»Wenn Sie mal etwas wirklich Ekelhaftes sehen wollen, dann zeige ich Ihnen das Foto von den beiden in der *Post,* mit der Unterschrift, wie glücklich sie doch seien, daß Roxie zufällig ihren Schein wiedergefunden hat.« Nellys Stimme zitterte, und sie schien den Tränen nahe zu sein. Dann trat ein stahlharter Blick in ihre Augen, und ihr Kiefer schob sich einen Zentimeter nach vorn. »Das ist nicht recht«, sagte sie. »Ich habe mich mit Dennis O'Shea darüber unterhalten, einem pensionierten Rechtsanwalt, der auf der gleichen Etage wohnt wie ich. Er hat ein paar Nachforschungen angestellt und erfahren, daß einige andere Fälle bekanntgeworden sind, in denen ein Mann oder eine Frau diese Masche abgezogen hat und das Gericht zu dem Schluß kam, daß demjenigen, der im Besitz des Scheines war, auch der Gewinn zustand. Er meinte, es sei eine Schande, eine Gemeinheit und eine schreckliche Ungerechtigkeit, aber juristisch betrachtet hätte ich einfach Pech gehabt.«

»Wie kommt es, daß Sie an einer Versammlung des Vereins zur Unterstützung von Lotteriegewinnern teilgenommen haben?« erkundigte sich Alvirah.

»Dennis hat mich hingeschickt. Er hatte von diesen Leuten gelesen, die all ihr in der Lotterie erworbenes Geld durch schlechte Investionen wieder verloren haben. Er dachte, es würde mir gut tun, verwandte Seelen kennenzulernen.«

Mit gerechtem Zorn in der Stimme und einem gewissen halsstarrigen Zug um den Mund faßte Nelly ihre glücklose Vergangenheit zusammen. »Tim hat mich schneller sitzenlassen, als Sie Abrakadabra sagen können, und jetzt werden die beiden in Saus und Braus leben, während ich zu meiner Cousine Margaret ziehen muß, weil ich es mir nicht leisten kann, da zu bleiben, wo ich jetzt wohne. Margaret hat mich nur deshalb gebeten, zu ihr zu ziehen, weil sie mich als Köchin schätzt. Und sie redet so viel, daß ich in einem Jahr wahrscheinlich stocktaub sein werde.«

»Es muß doch eine Möglichkeit geben, Ihnen zu helfen«, meinte Alvirah. »Ich werde mal meine kleinen grauen Zellen strapazieren. Und morgen rufe ich Sie an.«

Um neun Uhr am nächsten Morgen saß Nelly am Eßtisch in ihrer Wohnung in Stuyvesant Town und ließ sich ein Frühstücksbrötchen und eine Tasse Kaffee schmecken. Es mochte zwar nicht der Central Park South sein, dachte sie, aber es war wunderbar, hier zu leben. Seit Tim sich verflüchtigt hatte, hatte sie kleine Änderungen in der Wohnung vorgenommen. Er war nie bereit gewesen, sich von seinem großen, häßlichen Fernsehsessel zu trennen, der immer am Fenster gestanden hatte, aber da er ihn, als er ausgezogen war, mitgenommen hatte, konnte sie nun die übrigen Möbel so arrangieren, wie sie es sich insgeheim immer gewünscht hatte. Außerdem hatte sie neue, helle Schonbezüge für das Sofa und den Ohrensessel gemacht und ihren Nachbarn, die in eine andere Wohnung zogen, für einen Pappenstiel einen hübschen bunten Läufer abgekauft.

Während sie sich nun an der Herbstsonne erfreute, die durchs Fenster schien, und feststellte, wie freundlich und einladend die Wohnung war, dachte sie darüber nach, daß Tim eigentlich ihr Leben lang ein Hemmschuh für sie gewesen war und sie im Prinzip ohne ihn besser dran war.

Das Schlimme war nur, daß sie ohne seinen zugegeben armseligen Lohn einfach nicht zurecht kam, und so sehr sie sich auch bemühte, sie selbst fand einfach keine Arbeit mehr. Wer stellt schon eine zweiundsechzigjährige Frau ein, die keine Ahnung von Computern hat? Antwort: niemand.

Margaret hatte wieder einmal angerufen. »Warum gibst du nicht einfach die Wohnung zum nächsten Ersten auf und sparst dir eine Monatsmiete? Ich lasse gerade das hintere Schlafzimmer für dich anstreichen.«

Und wie ist es mit der Küche? dachte Nelly. Ich wette, daß ich in Wirklichkeit dort den größten Teil meiner Zeit verbringen soll.

Es war alles so hoffnungslos. Nelly nahm einen Schluck von ihrem hervorragenden, frisch zubereiteten Kaffee und seufzte.

Dann rief Alvirah an.

»Wir haben einen Plan«, sagte sie. »Ich möchte, daß Sie Roxie und Tim besuchen und sie bei der Gelegenheit dazu bringen, zuzugeben, daß sie sie betrogen haben.«

»Warum sollten sie das zugeben?«

»Sie müssen einen von ihnen so auf die Palme bringen, daß er vor lauter Wut damit angibt, Ihnen eins ausgewischt zu haben. Glauben Sie, Sie schaffen das?«

»Oh, Roxie fuchsteufelswild zu machen, ist für mich kein Problem«, sagte Nelly. »Als sie letzten Monat geheiratet haben, fand ich ein Foto von Tim in Jones Beach, auf dem er aussieht wie ein gestrandeter Wal; ich habe es rahmen lassen und ihr geschickt. Auf die Rückseite habe ich geschrieben: ›Mit den besten Wünschen für eine glückliche Trennung.‹«

»Ich mag Sie, Nelly«, kicherte Alvirah. »Sie sind eine Frau nach meinem Herzen. Also, Sie sollen folgendes tun: Irgendwie müssen Sie eine Verabredung mit den beiden treffen, und dabei werden Sie dann eine exakte Nachbildung meiner Anstecknadel tragen. Mein Verleger hat mir ein paar Reservenadeln anfertigen lassen.«

»Aber Alvirah, diese Anstecknadel ist doch sehr wertvoll!«

»Sie ist deshalb so wertvoll, weil der Rekorder darinsteckt! Sie werden ihn einschalten und die beiden dazu bringen, zuzugeben, daß sie Sie betrogen haben, und dann gehen wir zu Ihrem Rechtsanwaltsfreund Dennis O'Shea, damit er bei Gericht Klage einreicht, weil man Sie um Geld betrogen hat, das Ihnen rechtlich zusteht.«

Eine schwache Hoffnung regte sich in Nellys üppigem Busen. »Alvirah, meinen Sie wirklich, das wäre eine Chance?«

»Das ist so ungefähr die einzige Chance«, antwortete Alvirah gelassen.

Nach dem Telefongespräch saß Nelly einige Minuten lang tief in Gedanken versunken da. Sie erinnerte sich an den Todestag von Tims Mutter vor einigen Jahren, als die sterbende alte Frau ihn gebeten hatte, ihr die Wahrheit zu sagen: War er nicht derjenige gewesen, der die Garage in Brand gesetzt hatte, als er acht Jahre alt war? Er hatte es immer geleugnet, aber an diesem Tag, als er sah, daß sie bald ihren letzten Atemzug tun würde, war er zusammengebrochen und hatte gestanden. Ich weiß, wie ich ihn kriegen kann, dachte Nelly und griff nach dem Telefon.

Tim nahm den Anruf entgegen. Als er ihre Stimme hörte, klang er plötzlich ärgerlich. »Hör zu, Nelly, wir packen unsere Sachen, weil wir für immer nach Florida ziehen wollen. Also, was liegt an?«

Nelly drückte sich selber die Daumen. »Tim, ich habe eine schlechte Nachricht für dich. Mir bleibt höchstens noch ein Monat.« Und das stimmt auch, dachte sie. Zumindest in Stuyvesant Town.

Tim klang zumindest ein wenig besorgt. »Nelly, das ist ja wirklich schlimm. Bist du sicher?«

»Ganz sicher.«

»Ich werde für dich beten.«

»Das ist der Grund, warum ich anrufe. Ich muß sagen, ich habe, seit Roxie den Lotterieschein abgegeben hat, ein paar sehr abscheuliche Dinge über dich gedacht.«

»Es war ihr Schein.«

»Ich weiß.«

»Ich meine, ich habe ihr immer erzählt, daß wir diese Zahlen spielen, und sie hat sie in dieser Woche ausprobiert, und ich habe eine andere Kombination getippt.«

»Ihre Zahlen?«

»Das weiß ich nicht mehr«, sagte Tim hastig. »Sieh mal, Nelly, es tut mir leid, aber wir brechen morgen auf, und die Umzugsfirma kommt heute vormittag. Ich habe noch schrecklich viel zu tun.«

»Tim, ich muß dich unbedingt sehen. Ich versuche mit meiner Seele ins Reine zu kommen, und ich habe dich und Roxie so sehr gehaßt, daß ich euch unbedingt noch einmal von Angesicht zu Angesicht sehen muß, um mit euch zu reden. Sonst kann ich nicht in Frieden sterben.« Was wieder einmal die Wahrheit wäre und nichts als die Wahrheit, dachte Nelly.

Aus dem Hintergrund hörte sie eine schrille Stimme rufen: »Tim, mit wem zum Teufel redest du da?«

Tim senkte seine Stimme und sagte schnell: »Wir haben für morgen mittag einen Flug gebucht. Sei um zehn Uhr hier. Aber Nelly, ich muß es dir von vornherein sagen. Ich habe höchstens eine Viertelstunde Zeit.«

»Mehr will ich auch gar nicht, Tim«, sagte Nelly, und ihre Stimme klang noch sanfter als gewöhnlich. Dann legte sie den Hörer auf und rief Alvirah an. »Er kann mir morgen früh eine Viertelstunde opfern«, sagte sie. »Alvirah, ich könnte ihn umbringen.«

»Das würde Ihnen nichts nützen«, erwiderte Alvirah. »Kommen Sie heute nachmittag her, und ich zeige Ihnen, wie die Anstecknadel funktioniert.«

Um neun Uhr am nächsten Tag wollte Nelly gerade ihren Mantel anziehen, als es an der Tür klingelte. Es war Dennis O'Shea, der nette pensionierte Anwalt, der auf der gleichen Etage in Wohnung 8F lebte. Er war vor sechs Monaten eingezogen und hatte sie gelegentlich ein Stück weit begleitet, wenn sie sich im Aufzug getroffen hatten. O'Shea war für einen Mann eher klein, höchstens einen Meter siebzig, von kräftiger Statur, hatte freundliche Augen hinter einer randlosen Brille und ein nettes, intelligentes Gesicht.

Er hatte Nelly erzählt, seine Frau sei vor zwei Jahren gestorben, und er habe nach seiner Pensionierung mit fünfundsechzig Jahren beschlossen, sein Haus in Syosset zu verkaufen und wieder in die Stadt zu ziehen. Jetzt lebte er zeitweise in seiner Wohnung hier und in seinem Cottage auf Cape Cod.

Nelly spürte, daß Dennis, genauso wie sie, ein starkes Gerechtigkeitsgefühl besaß und sich nicht gern die Butter vom Brot nehmen ließ. Das war auch der Grund, warum sie den Mut aufbrachte, ihn um Rat zu fragen, nachdem Roxie der Lotteriegesellschaft ihren Gewinnschein präsentiert hatte.

An diesem Morgen wirkte Dennis besorgt. »Nelly«, sagte er, »sind Sie sich sicher, daß Sie wissen, wie man diesen Rekorder einschaltet?«

»Aber ja. Man braucht sozusagen lediglich seine Hand über den falschen Diamant in der Mitte gleiten zu lassen.«

»Zeigen Sie es mir.«

Sie tat wie geheißen.

»Und jetzt sagen Sie etwas.«

»Geh zum Teufel, Tim.«

»Das ist der richtige Kampfgeist. Jetzt spielen Sie die Aufnahme zurück.«

Sie ließ die Kassette aus der Anstecknadel herausspringen, legte sie in den Apparat, den sie ebenfalls von Alvirah bekommen hatte, und drückte dann auf die Abspieltaste. Nichts geschah.

»Ich nehme an, Sie haben Ihrer Freundin Alvirah Meehan von mir erzählt«, sagte Dennis. »Sie hat mich vor ein paar Minuten angerufen und mir erklärt, wie die Dinge stehen. Und sie meinte, Sie hätten möglicherweise Schwierigkeiten mit dem Rekorder.«

Nelly spürte, daß ihre Finger zitterten. Sie hatte die ganze Nacht nicht geschlafen. Angenommen, nur mal angenommen, daß sie doch noch an ihren Anteil des Gewinns herankommen konnte. Aber wenn diese Sache heute morgen nicht funktionierte, war alles vorbei. Sie hatte ein ganzes Jahr lang nicht eine einzige Träne vergossen, aber als sie jetzt die Sorge in Dennis O'Sheas Gesicht bemerkte, wurden ihre Augen wäßrig. »Zeigen Sie mir, was ich falsch mache«, bat sie.

Während der nächsten zehn Minuten versuchten sie, den Rekorder ein- und auszuschalten, ein paar Worte zu sagen und die Kassette dann auf dem anderen Apparat abzuspielen. Der Trick bestand darin, daß man den kleinen Schalter ziemlich fest herunterdrücken mußte. Schließlich meinte Nelly: »Jetzt klappt es. Vielen Dank, Dennis.«

»War mir ein Vergnügen. Nelly, sehen Sie zu, daß Sie die beiden dazu bewegen, ihren Betrug zuzugeben, und nehmen Sie das Ganze auf Band auf. Ich werde sie dann so schnell vor Gericht bringen, daß sie gar nicht wissen, wie ihnen geschieht.«

»Aber sie ziehen doch nach Florida.«

»Die Schecks der Lotterie werden in New York ausgestellt. Lassen Sie diesen Teil der Geschichte meine Sorge sein.«

Dann wartete er noch mit ihr auf den Aufzug. »Sie wissen, welchen Bus Sie nehmen müssen?«

»Es ist nicht weit bis zur Christopher Street. Ich gehe zu Fuß hin.«

Alvirah hatte an diesem Morgen ein volles Programm. Um acht Uhr machte sie sich mit großer Energie daran, die bereits tadellos saubere Wohnung zu putzen. Um

Viertel nach neun suchte sie Dennis O'Sheas Telefonnummer heraus und rief ihn an, weil sie sich Sorgen machte, daß Nelly nicht mit dem Rekorder zurechtkäme; dann fing sie wieder an, die blankgeputzten Möbel zu polieren. Für Willy war das Ganze ein untrügliches Zeichen dafür, daß sie sich ernsthaft sorgte.

»Was quält dich, mein Schatz?« erkundigte er sich schließlich.

»Ich hab' irgendwie ein schlechtes Gefühl«, gab sie zu.

»Hast du Angst, daß Nelly mit dem Rekorder nicht klarkommt?«

»Davor und daß sie es vielleicht nicht schafft, die beiden zum Reden zu bringen. Aber am meisten Angst habe ich davor, daß sie ihr alles erzählen und sie es nicht auf das Band kriegt.«

Nelly wollte sich um zehn mit ihrem Ex-Mann und Roxie treffen. Um halb elf setzte Alvirah sich hin und fing an, das Telefon anzustarren. Um fünf nach halb elf klingelte es. Es war Cordelia, die Willy sprechen wollte.

»Eins von unseren alten Mädchen hat eine undichte Stelle an ihrer Küchendecke«, sagte Cordelia. »Die ganze Wohnung riecht langsam nach Moder. Schick Willy doch gleich mal rüber.«

»Später, Cordelia. Wir warten auf einen wichtigen Anruf.« Alvirah wußte, daß sie keine Chance hatte, ohne eine Erklärung des Problems davonzukommen.

»Du hättest mir schon eher davon erzählen sollen«, fuhr Cordelia sie an. »Ich fange sofort an zu beten.«

Gegen Mittag war Alvirah ein richtiges Nervenbündel. Sie rief noch einmal bei Dennis O'Shea an. »Keine Nachricht von Nelly?«

»Nein. Mrs. Meehan, Nelly hat mir erzählt, ihr Mann würde ihr nur eine Viertelstunde geben.«

»Ich weiß.«

Um Viertel nach elf klingelte das Telefon endlich noch einmal. Alvirah stürzte sich auf den Hörer. »Hallo.«

»Alvirah.«

Es war Nelly. Alvirah versuchte, den Klang ihrer Stimme zu analysieren. Erschöpft? Nein. Schockiert. Ja, das war es. Schockiert. Nelly klang, als sei sie in Trance.

»Was ist passiert?« fragte Alvirah. »Haben sie es zugegeben?«

»Ja.«

»Haben Sie es auf Band bekommen?«

»Nein.«

»O wie schrecklich. Das tut mir entsetzlich leid.«

»Das ist aber noch nicht das Schlimmste.«

»Wie meinen Sie das, Nelly?«

Es entstand eine lange Pause, dann seufzte Nelly. »Alvirah, Tim ist tot. Ich habe ihn erschossen.«

Fünf Stunden später stellten Alvirah und Willy eine Kaution für Nelly, nachdem Dennis O'Shea, ihr selbsternannter Anwalt, für sie auf nicht schuldig plädiert hatte; die Anklage gegen sie umfaßte drei Punkte: Mord zweiten Grades, Totschlag ersten Grades und Tragen einer Schußwaffe. Nelly kam gerade lange genug aus ihrer tranceartigen Lethargie heraus, um mit überraschter Stimme festzustellen: »Aber ich habe ihn doch getötet.«

Sie brachten sie nach Hause. Auf der Küchentheke stand eine halbe, säuberlich in Zellophan verpackte Krümeltorte. »Die hat Tim immer so gern gegessen«, sagte Nelly traurig. »Er sah heute einfach schrecklich aus, auch schon, bevor er tot war. Ich glaube nicht, daß Roxie oft für ihn gekocht hat.«

Alvirah fühlte sich furchtbar elend. Das Ganze war ihre Idee gewesen. Eine tolle Idee! Jetzt sah Nelly langen Jahren im Gefängnis entgegen. In ihrem Alter konnte das durchaus den Rest ihres Lebens bedeuten. Gestern hatte Nelly gesagt, daß sie Tim umbringen könnte. Und ich habe noch Witze darüber gemacht, dachte Alvirah. Ich habe ihr gesagt, daß es ihr nichts nützen würde. Ich hätte nie gedacht, daß sie es ernst meinte. Wie ist sie bloß an diese Pistole gekommen?

Sie setzte einen Kessel mit Wasser auf. »Ich glaube, wir sollten uns unterhalten«, sagte sie. »Aber zuerst mache ich uns eine schöne, starke Tasse Tee, Nelly.«

Nelly erzählte ihre Geschichte mit flacher, emotionsloser Stimme. »Ich beschloß, zu Fuß in die Christopher Street zu gehen, um mich vorher noch zu sammeln, Sie verstehen, was ich meine? Ich habe die Anstecknadel abgenommen und in meine Handtasche gesteckt. Sie ist so hübsch, daß ich Angst hatte, man könnte mich deswegen überfallen. Dann sah ich an der Ecke Zehnte Straße und Avenue B ein paar Kinder. Sie können nicht älter als zehn oder elf gewesen sein. Ist es da noch zu fassen, daß der eine dem anderen eine Pistole gezeigt hat?«

Sie stierte vor sich hin. »Ich kann Ihnen sagen, ich habe plötzlich einfach rot gesehen. Diese Jungen haben nicht nur die Schule geschwänzt, sondern mit diesem Ding herumgespielt, als wäre es eine Wasserpistole. Ich bin auf sie zugegangen und habe ihnen gesagt, sie sollen mir die Waffe aushändigen.«

»Sie haben was getan?« Dennis O'Shea riß die Augen weit auf.

»Der eine, der die Pistole gerade nicht in der Hand hielt, sagte: ›Erschieß' sie‹, aber ich glaube, der andere Junge hat mich wohl für eine Polizistin in Zivil gehalten oder so etwas«, fuhr Nelly fort. »Na ja, jedenfalls sah er mich ängstlich an und gab mir die Pistole. Ich habe ihnen gesagt, daß Kinder in ihrem Alter in die Schule gehören und Baseball spielen sollten, so wie die Jungen es zu meiner Zeit getan haben.«

Alvirah nickte. »Also hatten Sie die Pistole bei sich, als Sie zu Tim und Roxie gingen?«

»Ich hatte keine Zeit, vorher auf ein Polizeirevier zu gehen. Tim wollte mir nur eine Viertelstunde geben. Wie sich herausstellte, brauchte ich nicht mehr als zehn Minuten.«

Alvirah sah, daß Willy eine Frage stellen wollte. Sie schüttelte den Kopf. Sie hatte begriffen, daß Nelly die Szene vor ihrem inneren Auge gerade noch einmal durchlebte. »Na schön, Nelly«, sagte sie sanft. »Was ist passiert, als Sie in ihrer Wohnung waren?«

»Ich bin ein paar Minuten zu spät gekommen. In der Christopher Street wurde gerade ein Film gedreht, und ich mußte mich durch eine Menschenmenge schieben, die die Schauspieler angaffte. Die Leute von der Umzugsfirma waren gerade fertig, als ich dort ankam. Roxie hat mich hineingelassen. Ich glaube nicht, daß Tim ihr gesagt hat, daß ich kommen würde. Ihr ist fast die Spucke weggeblieben, als sie mich sah. Das Wohnzimmer war leer; nur Tims alter Fernsehsessel stand noch da, und er lümmelte sich wie gewöhnlich darauf herum. Stand nicht einmal auf, wie es sich für einen Gentleman gehört. Dann sagt Mrs. Tim Monahan die Zweite kackfrech zu mir: ›Verzisch dich.‹

Ich war mittlerweile so nervös, daß ich Tim direkt ansah und mit allem herausplatzte, was ich einstudiert hatte: Daß mir nur noch ein Monat zu leben blieb und daß ich ihn um Verzeihung bitten wollte, weil ich so wütend auf ihn gewesen war, daß die Sache mit dem Schein nicht mehr wichtig sei, daß ich mich darüber freute, daß er nun jemanden hatte, der für ihn sorgen würde. Aber bevor ich starb, wollte ich, so wie seine Mutter, die Wahrheit wissen.«

»Das haben Sie ihnen gesagt!« rief Willy.

»Wie clever!« flüsterte Alvirah.

»Irgendwie hatte Tim plötzlich so einen komischen Ausdruck auf dem Gesicht, als würde er gleich loslachen, und er sagte, daß es ihn von Anfang an gestört hätte. Jawohl, er hätte den Schein mit den Gewinnzahlen gekauft und ihn mit Roxie getauscht, und er hätte ihn in einem Schließfach in der Bank bei uns an der Ecke aufbewahrt, bis er ihn letzten Monat Roxie gegeben hätte, damit sie das Geld holen konnte, und er bedaure meine Probleme, und ich sei eine nette, großzügige Frau.«

»Er hat es einfach so zugegeben!« sagte Alvirah.

»So schnell, daß ich um ein Haar in Ohnmacht gefallen wäre, und dann hat er auch noch die ganze Zeit gelacht. Jetzt bin ich ziemlich sicher, daß er sich einfach über mich lustig gemacht hat. Jedenfalls wurde mir plötzlich klar, daß ich die Anstecknadel nicht eingeschaltet hatte. Also öffnete ich meine Handtasche, um danach zu suchen, und Roxie schrie plötzlich irgend etwas von einer Waffe. Deshalb habe ich die Pistole rausgeholt, um ihr zu erklären, wie ich dazu gekommen war. Dann ging das Ding los, und Tim ging wie ein nasser Sack zu Boden. Was danach geschah, ist alles sehr verschwommen. Roxie hat versucht, mir die Pistole wegzunehmen, und das nächste, was ich mit Sicherheit weiß, ist, daß ich mich auf dem Polizeirevier wiederfand.«

Sie griff nach ihrer Teetasse. »Ich schätze, jetzt brauche ich mir keine Gedanken mehr darüber zu machen, ob ich diese Wohnung behalten kann oder zu meiner Cousine nach New Brunswick ziehe. Glauben Sie wirklich, die schicken mich in dasselbe Gefängnis, in dem die Frau sitzt, die ihren Mann erschossen hat, weil sie nach der Scheidung den Hund behalten wollte?«

Sie setzte die Tasse ab und stand langsam auf. Ihr Gesicht verfiel plötzlich, und sie sagte: »O mein Gott, wie konnte ich Tim nur erschießen?«

Dann fiel sie in Ohnmacht.

Am nächsten Morgen stattete Alvirah Nelly einen Besuch im Krankenhaus ab. Nach ihrer Rückkehr sagte sie zu Willy: »Sie werden sie für ein paar Tage dabehalten. Was nur gut ist. Für die Zeitungen ist die Sache ein gefundenes Fressen. Sieh nur.« Sie reichte ihm die *Post.*

Auf der Titelseite sah man eine hysterisch weinende Roxie, die zusah, wie man Tims Leiche aus der Wohnung trug.

»Diesem Artikel zufolge behauptet Roxie, Nelly sei einfach bei ihnen aufgetaucht und hätte angefangen zu schießen.«

»Wir können bezeugen, daß sie eine Verabredung mit Tim hatte«, meinte Willy, »aber Nelly sagte, daß Roxie sie anscheinend tatsächlich nicht erwartet habe.« Stirnrunzelnd dachte er über die Situation nach. »Während du weg warst, hat Dennis O'Shea angerufen. Er hält es für eine gute Idee, wenn sie ein Geständnis ablegen würde. Auf diese Weise bekäme sie dann vielleicht eine mildere Strafe.«

Alvirah schnippte einen Fussel vom Ärmel ihres hervorragend geschnittenen Hosenanzugs. Normalerweise trug sie ihn ausgesprochen gern. Sie hatte ihn in Größe zweiundvierzig gekauft und konnte daher den Knopf an der Hose ohne allzu große Kraftanstrengung schließen. Aber heute konnte sie überhaupt nichts trösten. Nelly mag zwar um ihren Lotterieschein betrogen worden sein, aber ich bin diejenige gewesen, die ihr einen Fahrschein ins Gefängnis verpaßt hat, dachte sie.

»Ich habe nachgedacht. Wenn ich diese Jungen finden könnte, denen Nelly die Waffe abgenommen hat, würde das wenigstens beweisen, daß sie das Ding nicht vorsätzlich bei sich hatte. Ich habe mir die beiden von ihr beschreiben lassen.«

Der Gedanke, irgend etwas tun zu können, brachte ein wenig Erleichterung. »Ich zieh mir vielleicht besser ein paar alte Klamotten an und lungere einfach ein wenig draußen herum. Die Gegend ist weiß Gott nicht besonders einladend.«

Eine Stunde später bezog Alvirah, bekleidet mit einer uralten Jeans, einem ausgeleierten Micky-Maus-Sweatshirt und ihrer Diamantbrosche ihren Wachposten an der Ekke Avenue B und Zehnte Straße. Die Jungen mußten nach Nellys Beschreibung etwa zwölf Jahre alt sein. Einer war klein und dünn, mit gelocktem Haar und braunen Augen, der andere etwas größer und kräftiger. Beide hatten sie eine Ententolle und trugen Goldkettchen sowie einen Ohrring.

Die Chance, daß sie ihr einfach zufällig über den Weg liefen, war ziemlich gering, und nach einer halben Stunde begann Alvirah sich systematisch durch die Läden in der Nachbarschaft zu arbeiten. In einem kaufte sie eine Zeitung, in einem anderen zwei Äpfel, dann eine Pakkung Aspirin im Drugstore. In jedem Geschäft verstrickte sie den Verkäufer in eine Unterhaltung. Beim Schuhmacher traf sie endlich ins Schwarze.

»Klar kenn' ich die beiden. Der kleinere Junge macht große Probleme. Der andere ist eigentlich gar nicht so schlecht. Für gewöhnlich hängen die beiden da an der Ecke rum.« Er zeigte aus dem Fenster. »Heute morgen haben die Cops Schulschwänzer aufgelesen und zurück in die Schule verfrachtet, also, denke ich, werden sie wohl nicht vor drei Uhr hier sein.«

Aus lauter Begeisterung über diese Information belohnte Alvirah den Mann damit, daß sie eine ganze Tasche voller Schuhcremes kaufte, von denen sie keine einzige brauchte. Während er ihr langsam das Wechselgeld abzählte, erzählte er, daß er seine Lesebrille fallengelassen und anschließend zertreten hätte, daß er aber noch aus ein paar Metern Entfernung eine Mücke niesen sehen könne. Dann schaute er kurz an ihr vorbei aus dem Fenster und rief: »Da sind die beiden Jungs, nach denen Sie suchen.« Er zeigte mit dem Finger auf die Straße. »Die haben sich bestimmt wieder irgendwie aus der Schule herausgeschlichen.«

Alvirah fuhr herum. »Behalten Sie das Wechselgeld«, rief sie noch, während sie aus dem Laden stürmte.

Eine Stunde später erzählte sie Willy und Dennis O'Shea niedergeschlagen, was sich ereignet hatte. »Als ich mit ihnen sprach, hatten sie Nellys Foto bereits in der *Post* gesehen und sie wiedererkannt. Diese kleinen Stinktiere waren auf dem Weg zum Polizeirevier, um dort zu vermelden, daß Nelly zu ihnen gekommen sei und gefragt habe, wo sie eine Waffe bekommen könne, weil sie auf der Stelle eine bräuchte. Angeblich hat sie ihnen hundert Dollar geboten. Sie behaupten, sie hätten nicht gewußt, wo man eine Waffe bekommen konnte, aber später hätte ein anderer Junge damit angegeben, ihr eine Pistole verkauft zu haben.«

»Das ist eine verdammte Lüge«, sagte Dennis mit ausdrucksloser Stimme. »Nelly hat gestern morgen, bevor sie aus dem Haus ging, in ihre Brieftasche geschaut. Ich habe selbst gesehen, daß sie nicht mehr als drei oder vier Dollar darin hatte. Warum sollten diese Kinder solche Lügen verbreiten?«

»Weil Nelly ihnen ihre Pistole weggenommen hat«, antwortete Alvirah. »Und das ist ihre Chance, sich zu rächen.« Plötzlich wurde ihr klar, daß sie nicht wußte, warum Dennis mit Willy im Wohnzimmer gesessen hatte, als sie nach Hause kam.

Aber als er ihr den Grund für seinen Besuch nannte, tat es ihr leid, überhaupt gefragt zu haben. Die Ergebnisse der Autopsie lagen inzwischen vor. Eine Kugel hatte Tim an der Stirn gestreift. Zwei weitere hatten sich in sein Herz gebohrt, und nach dem Schußwinkel zu urteilen stand eindeutig fest, daß sie beide abgefeuert worden sein mußten, als er schon am Boden lag. Der Bezirksstaatsanwalt hatte Dennis angerufen, um ihm mitzuteilen, daß die Anklage nun, falls Nelly zu einem Geständnis bereit sei, auf schweren Totschlag ersten Grades mit einer Mindeststrafe von fünfzehn Jahren Gefängnis lautete. Plusminius.

»Und als ich mit ihm sprach, wußte er noch nichts

von der Aussage dieser Jungen«, beendete Dennis seine Erklärung.

»Weiß Nelly schon davon?« fragte Alvirah. »Ich habe sie heute morgen gesehen, kurz nachdem Sie aufgebrochen sind. Sie will das Krankenhaus morgen verlassen und ihre Angelegenheiten in Ordnung bringen. Sie sagte, sie müsse für ihr Verbrechen zahlen.«

»Es widerstrebt mir zwar zutiefst, das zur Sprache zu bringen«, meinte Willy nun, »aber ist es möglich, daß Nelly tatsächlich die Pistole gekauft hat und wütend genug war, um Tim töten zu wollen?«

»Und daß sie die Waffe auf sein Herz gerichtet hat, als er schon am Boden lag?« rief Alvirah. »Das glaube ich einfach nicht.«

»Ich denke nicht, daß sie es vorsätzlich getan hat«, gab O'Shea ihr recht. »Aber sie hat ihn getötet. Ihre Fingerabdrücke sind auf der Waffe.« Er stand auf. »Ich sollte besser anrufen und die Sache mit dem Geständnis in Gang setzen, damit wir die Strafe möglichst gering halten können. Und ich werde feststellen, ob sie bereit sind, Nelly ein wenig Zeit zu lassen, bevor sie ihre Gefängnisstrafe antritt.«

»Er mag Nelly«, bemerkte Willy, nachdem er Dennis O'Shea bis zur Tür begleitet hatte.

»Er ist genau die Art Mann, mit dem sie all die Jahre hätte zusammenleben sollen«, stimmte Alvirah ihm zu. Plötzlich fühlte sie sich alt und müde. Was bin ich doch für eine Närrin, daß ich mich überall einmischen muß, dachte sie. Und wieder einmal hörte sie sich selber Nelly den Rat geben, Tim zu besuchen. Und sie konnte auch Nellys Antwort hören: »Ich könnte ihn umbringen.«

Willy streichelte ihre Hand, und sie sah dankbar zu ihm auf. Er war ihr bester Freund und der beste Ehemann auf der ganzen Welt. Die arme Nelly hatte sich mit einem Kerl abfinden müssen, der keinen Job lange halten konnte, der sich mit jedem anlegte, der zuviel trank und der außerdem noch die Ausmaße eines gestrandeten Wals hatte.

Warum zum Teufel hat Roxie ihn bloß geheiratet?

Wegen des Lotteriescheines natürlich.

In dieser Nacht konnte Alvirah nicht schlafen. Wieder und wieder ließ sie sich jedes einzelne Detail durch den Kopf gehen, und immer wieder kam sie zum selben Ergebnis: fünfzehn Jahre Gefängnis für Nelly Monahan. Um zwei Uhr stieg sie schließlich aus dem Bett, wobei sie achtgab, Willy nicht zu wecken. Ein paar Minuten später saß sie, vor sich eine dampfende Teekanne, am Eßtisch und spielte die Aufnahme noch einmal ab, die sie bei ihrem ersten Treffen mit Nelly gemacht hatte, und dann ihr Geständnis, nachdem sie sie auf Kaution aus dem Gefängnis geholt hatten.

Sie übersah etwas. Aber was? Sie stand auf, ging zum Schreibtisch, holte sich ein Notizbuch und einen Füllfederhalter, ging wieder zum Tisch und ließ das Band zurücklaufen. Dann spielte sie es noch einmal ab und machte sich Notizen.

Als Willy um sieben Uhr aufstand, fand er Alvirah über ihre Notizen gebeugt. Er wußte, was sie tat. Er setzte den Kessel auf und ließ sich auf der anderen Seite des Tisches nieder. »Ich kann mir nicht vorstellen, was du übersehen haben könntest«, bemerkte er. »Aber laß mich mal einen Blick drauf werfen.«

Eine halbe Stunde verging. Dann sagte Willy: »Ich sehe nichts. Aber diese Bemerkung über Tims Fernsehsessel erinnert mich irgendwie an den alten Buster Kelly. Der hatte auch einen Fernsehsessel. Hat sogar darauf bestanden, ihn mitzunehmen, als er in ein Pflegeheim eingeliefert wurde.«

»Willy, sag das noch einmal.«

»Buster Kelly hat darauf bestanden, seinen Fernsehsessel ins Pflegeheim ...«

»Willy, das ist es! Tim saß in seinem Sessel, als Nelly

in die Wohnung kam.« Alvirah streckte die Hand aus und griff nach ihrem Notizbuch. »Sieh mal. Nelly sagt, die Leute von der Umzugsfirma seien gerade abgefahren, als sie dort ankam. Warum haben sie den Sessel nicht mitgenommen?« Sie sprang auf. »Willy, begreifst du das denn nicht? Tim hatte guten Grund, Nelly zu gestehen, daß er sie betrogen hatte. Ich gehe jede Wette ein, daß Roxie ihm gerade eben eröffnet hatte, daß er sich zum Teufel scheren könne. Sie ist bei ihm geblieben, bis er ihr den Lotterieschein ausgehändigt und sie ihn eingelöst hatte. Danach brauchte sie ihn nicht mehr.«

Je länger sie davon sprach, um so sicherer war sich Alvirah, daß sie den Nagel auf den Kopf getroffen hatte. Ihre Stimme klang vor Aufregung ganz schrill, als sie fortfuhr: »Tim hat versucht, Nelly davon abzuhalten, ihren Anteil am Gewinn einzufordern. Der Gedanke, daß Roxie ein doppeltes Spiel mit ihm treiben könnte, ist ihm nie gekommen. Ich wette, als sie den Packern gesagt hat, sie sollen den Sessel dalassen, hat Tim zum ersten Mal so eine Ahnung gehabt, daß Roxie ihm den Laufpaß geben wollte.«

»Und indem er Nelly gegenüber zugab, daß er sie betrogen hatte, glaubte er den Schein zurückzubekommen und die Hälfte des Geldes zu kriegen. Das ergibt einen Sinn«, ergänzte Willy.

»Nelly hat Tim nicht getötet. Die erste Kugel hat lediglich seine Stirn gestreift. Roxie hat nicht nach ihrer Hand gegriffen, um ihr die Waffe wegzunehmen, sondern um sie auf Tim zu richten.«

Sie starrten einander an. Willys Augen leuchteten vor Bewunderung. »Der klügste Rotschopf auf der Welt«, sagte er. »Wir haben jetzt nur noch ein kleines Problem, Schätzchen. Wie wollen wir das beweisen?«

Ja, wie sollte sie das beweisen? Alvirah erstellte eine Liste für ihre Nachforschungen, mit denen sie anfangen wollte. Sie würde mit den Leuten von der Umzugsfirma reden, die Roxies Wohnung leergeräumt hatten. Tim hatte Nelly erzählt, er hätte den Lotterieschein in einem Schließfach in einer Bank in der Nähe der Christopher Street deponiert. Einer Bank um die Ecke, hatte er gesagt. Sie würde diese Bank finden und feststellen, wann er das Schließfach geräumt hatte und unter welchem Namen es gemietet worden war. Schließlich stand noch ein Gespräch mit dem Hausmeister des Gebäudes, in dem Roxie und Tim ihr kleines Liebesnest gehabt hatten, auf ihrer Liste.

Aber während ihr Gehirn noch eifrig vor sich hin tickte, überwältigte sie bereits das Gefühl, daß sie gegen Windmühlen kämpfte. Die Tatsache bliebe bestehen, daß es nahezu unmöglich sein würde, zu beweisen, daß Roxie Nellys Hand geführt hatte.

Um neun Uhr rief sie Charley Evans vom *Globe* an und erläuterte ihm ihre Probleme. Um zehn rief er zurück. Die Mietwagenfirma Stalwart hatte Roxies und Tims Wohnung leergeräumt, berichtete er. Die drei Männer, denen der Job zugewiesen worden war, arbeiteten heute auf der East Fiftieth Street. Bei der Greenwich-Sparkasse auf der West Fourth gab es ein Schließfach auf den Namen Timothy Monahan. Er hatte es im vergangenen Jahr gemietet und vor drei Wochen dann geräumt. »Die Leute dort sind bereit, mit Ihnen zu reden.«

Alvirah machte sich hastig ein paar Notizen und sagte: »Charley, du bist ein Schatz.« Dann legte sie auf und wandte sich an Willy. »Also los.«

Ihre erste Station war die East Fiftieth Street, wo die Leute von Stalwart eine Wohnung ausräumten. Alvirah und Willy lungerten vor dem Wagen herum, bis die drei Möbelpacker, die unter der Last einer drei Meter langen Schrankwand zusammenzubrechen schienen, aus dem Haus kamen.

Alvirah wartete, bis sie das Möbelstück in das höhlenartige Innere des Möbelwagens verfrachtet hatten, und stellte sich dann vor. »Ich verspreche, Ihnen nicht Ihre Zeit zu stehlen, aber es ist wichtig, daß Sie mir ein paar Fragen beantworten.« Willy klappte seine Brieftasche auf und ließ drei Zwanzig-Dollar-Scheine herauslugen.

Die Männer erklärten ihm wohlgelaunt, daß Tim nicht in der Wohnung gewesen sei, als sie dort ankamen. Und als er kurz vor zehn zurückkehrte, konnten sie deutlich spüren, daß seine Frau ihn nicht erwartet hatte. Roxie hatte geschrien: »Ich habe dir doch gesagt, du sollst dir die Haare schneiden lassen. Du siehst aus wie eine Vogelscheuche.«

Der stämmigste der Möbelpacker kicherte. »Dann sagte er etwas von einer Verabredung um zehn, die ihr wahrscheinlich nicht gefallen würde, und sie sagte: ›Was für eine Verabredung? Hast du dich etwa mit dir selbst zu einem Drink verabredet?‹«

»Wir waren schon auf dem Weg zur Tür, als der Bursche uns hinterhergebrüllt hat, wir sollten zurückkommen und seinen Sessel holen, und die Ehefrau hat uns dann einfach weggeschickt«, ergänzte der kleinste der drei Möbelpacker, der zuvor den schwersten Teil der Schrankwand getragen hatte.

»Vor Gericht können wir damit leider gar nichts beweisen«, erinnerte Willy Alvirah eine Stunde später, als sie die Greenwich-Sparkasse verließen, nachdem sie die Bestätigung dafür gefunden hatten, daß Tim Monahan vor einem Jahr das Schließfach gemietet hatte, und zwar direkt nach dem Tag der bewußten Lottoziehung. Er hatte die Bank danach nur ein einziges Mal aufgesucht, nämlich vor drei Wochen, als er sein Schließfach dort aufgab. An diesem Tag war er in Begleitung einer auffällig gekleideten Frau erschienen. Der Angestellte identifizierte Roxie auf einem Foto. »Das ist sie.«

»Er ging in den Tresorraum hinunter und räumte das

Schließfach – eine halbe Stunde, bevor sie den Lotto-schein einreichte«, sagte Alvirah, die mittlerweile vor lauter Wut am ganzen Körper zitterte.

»Ich weiß, daß es so war«, erwiderte Willy, »aber …«

»Aber juristisch gesehen beweist das überhaupt nichts. O Willy, es wird uns vielleicht nicht weiterhelfen, aber laß uns versuchen, einen Blick in die Wohnung zu werfen, in der sie gewohnt haben.«

Als sie um die Ecke bogen, fanden sie sich in einem Auflauf Schaulustiger wieder, die zusahen, wie Tom Cruise eine flüchtende Demi Moore einholte und herum-wirbelte.

»Nelly sagte ja schon, daß sie neulich hier eine Szene gefilmt hätten«, bemerkte Alvirah. »Na ja, wir beide ha-ben wichtigere Dinge zu tun, als hier rumzustehen und zu gaffen.«

Sie waren bereits an der Tür der Christopher Street Nummer 101 angelangt, als sie eine vertraute Stimme hinter sich hörte: »Tante Alvirah.«

Sie und Willy fuhren herum und sahen einen dünnen jungen Mann mit halber Brille auf der Nasenspitze flink auf sich zukommen.

»Brian, wie er leibt und lebt.«

Brian war der Sohn von Willys verstorbener Schwe-ster Madeline. Der junge Mann, der mittlerweile ein er-folgreicher Drehbuchautor war, war für Willy und Alvi-rah so etwas wie der Sohn, den sie selbst nie gehabt hatten.

»Ich dachte, du wärst in London«, sagte Alvirah, wäh-rend sie ihn umarmte.

»Und ich dachte, ihr wäret in Griechenland. Ich bin gerade erst zurückgekommen – sie wollten einen zusätz-lichen Dialog von mir. Ich habe das Drehbuch für dieses Machwerk geschrieben.« Er zeigte mit dem Kopf auf die Kameras, die auf der Straße standen. »So, ich muß jetzt wieder an die Arbeit. Wir sehen uns später.«

Gerade in diesem Augenblick wurde eine Filmkamera, die auf einem Lieferwagen befestigt war, am unteren Ende der Straße in Position gebracht. Im Unterbewußtsein vermerkte Alvirah diese Tatsache, bevor sie auf die Klingel des Hausmeisters von Nummer 101 drückte.

Zehn Minuten später wurden sie und Willy in die Dreizimmerwohnung geführt, in der der verstorbene Tim Monahan seinen letzten Atemzug getan hatte. »Sie haben Glück«, informierte der Hausmeister sie. »Roxie hat gestern erst angerufen, um zu sagen, daß sie die Wohnung nicht mehr wolle, also weiß bisher niemand, daß sie frei wird. Und Sie sind genau die Art Mieter, die die Verwaltung gerne hier sehen würde«, fügte er bei dem Gedanken an Alvirahs Scheck über tausend Dollar, der in seiner Gesäßtasche ruhte, tugendhaft hinzu.

»Sie meinen, sie wollte die Wohnung nicht aufgeben, obwohl sie vorhatte, nach Florida umzuziehen?«

»Nein. Sie sagte, die Wohnung würde vielleicht noch gebraucht werden, aber sie hat den Mietvertrag auf Tims Namen umschreiben lassen.«

Die Morgensonne fiel auf den zerbeulten Sessel des verstorbenen Tim Monahan. Ansonsten war das Zimmer leer. Die Überreste der Kreidestriche auf dem Fußboden, mit der die Polizei die Position von Tims Leiche aufgezeichnet hatte, waren noch immer zu sehen.

Ein Schatten huschte über den Sessel. Erschrocken drehte Alvirah sich um und fand sich vis-à-vis mit dem Wagen von Mirage Films, dessen Kamera draußen vorm Fenster vorbeiglitt. »Das ist es«, sagte sie.

Am nächsten Morgen saß Nelly Monahan auf einem Stuhl in ihrem Zimmer im Lenox-Hill-Krankenhaus und wartete auf ihre Entlassung. Auf ihrem Schoß lag ein linierter Block, auf dem sie vermerkte, was noch alles zu tun war, bevor sie ins Gefängnis ging. Ein sehr trauriger Dennis O'Shea hatte ihr eröffnet, daß der Bezirksstaatsanwalt ihr Schuldgeständnis nur dann als strafmindernd akzeptieren würde, wenn sie mit fünfzehn Jahren Gefängnis ohne Bewährung einverstanden war.

»Das ist nur gerecht«, hatte sie ihm mit leiser Stimme erklärt. »Ich muß bezahlen für das, was ich getan habe.« Als er dann nach ihrer Hand gegriffen hatte, war sie zusammengezuckt. Ihr Handgelenk schmerzte, wahrscheinlich deshalb, weil Roxie sich so sehr bemüht hatte, ihr die Waffe zu entreißen, und sie hatte einen kleinen Schnitt auf dem Zeigefinger, den sie sich bei ihrem Versuch geholt hatte, den Rekorder in der Anstecknadel einzuschalten.

Dann sagte Dennis, er sei der Meinung, sie sollten vor Gericht gehen, und er würde sie verteidigen, aber sie fand, es sei nicht richtig, wenn sie sich ihrer Strafe zu entziehen versuche. Schließlich hatte sie einen Menschen getötet.

»Wohnung aufgeben«, schrieb Nelly jetzt. »Telefon abmelden.«

Sie blickte auf. Eine elegant gekleidete Alvirah stand in der Tür. »Du siehst hübsch aus, Alvirah«, sagte sie bewundernd. »Weißt du, welche Farbe die Gefängnisuniformen haben? Es ist schon komisch. Letzte Nacht habe ich wachgelegen und über solche Dinge nachgedacht.«

»Mach dir keine Sorgen, was die Gefängnisuniformen betrifft«, erwiderte Alvirah. »Eine Sache ist erst dann vorbei, wenn sie vorbei ist. Jetzt bringe ich dich erst mal mit einem Taxi nach Hause, und ich habe Dennis angerufen, um ihm zu sagen, daß du *nicht*, ich wiederhole *nicht* in das Büro des Staatsanwaltes gehen wirst und nichts unterschreibst, bevor ich nicht meinen Plan in die Tat umgesetzt habe. Und als erster Punkt auf meiner Liste steht ein Gespräch mit der trauernden Witwe des verstorbenen Tim Monahan.«

Roxie Marsh Monahan dachte darüber nach, was sie für ihr Treffen mit Alvirah Meehan anziehen sollte. Es war wirklich ein aufregender Gedanke, daß im *Globe* ein ganzer Artikel über sie erscheinen sollte. Die Story in der *Post* war einfach wunderbar gewesen, aber es tat ihr leid, daß sie nicht wie geplant am Montag beim Friseur gewesen war. Auf dem Foto, auf dem sie zusah, wie Tims Leiche aus der Wohnung gebracht wurde, hatten ihre Haare ein wenig strähnig ausgesehen. Aber auf der anderen Seite hatte sie schließlich hysterisch geweint, also war es vielleicht besser, daß ihr die Haare buchstäblich zu Berge gestanden hatten. Rundete das Bild sozusagen ab.

Sie sah sich um. Die Junior Suite im Omnipark-Hotel war ausgesprochen hübsch. Sie hatte sie an dem Tag gemietet, an dem Tim erschossen worden war. Das Büro des Bezirksstaatsanwalts hatte sie gebeten, noch eine Weile in New York zu bleiben, bis alles, was für den Fall von Bedeutung war, geklärt sein würde. Man hatte ihr mitgeteilt, daß Nelly sich zweifellos schuldig bekennen würde, so daß nicht mit einer Gerichtsverhandlung zu rechnen war.

Roxie überlegte, daß sie in gewisser Weise New York vermissen würde, aber sie spielte für ihr Leben gern Golf, und in Florida konnte sie das in Zukunft jeden Tag tun, ohne darüber nachdenken zu müssen, daß sie gleich wieder für irgendeine lästige Party mit Tellern und Schüsseln würde klappern müssen. Das Cateringgewerbe war die Hölle. Bei Gott, sie glaubte nicht, daß sie jemals in ihrem Leben wieder einen Kochtopf anrühren würde.

Sie lächelte. Seit dem Tag, an dem dieser hohlköpfige Affe Tim ihr, kurz bevor sie in das Büro der Lotteriegesellschaft gingen, den Schein gegeben hatte, war sie von einem warmen Leuchten der Vorfreude erfüllt. So hohlköpfig war Tim übrigens gar nicht gewesen. Damals, an dem Abend, als er ihr den Gewinnschein gezeigt hatte, hatte sie ihm angeboten, ihn für ihn aufzubewahren. Keine Chance, hatte seine Antwort gelautet. Er wollte sicher gehen, daß sie wirklich miteinander auskamen.

Also war ihr nichts anders übriggeblieben, als jeden Tag sein dämliches Gesicht ansehen zu müssen, ihn des Nachts schnarchen zu hören, ihn mit einem Bier in der Hand in seinen schäbigen Sessel gelümmelt zu sehen und so zu tun, als wäre sie überglücklich, wenn er sie am ganzen Körper mit seinen unbeholfenen Küssen beschlabberte. Sie hatte sich jeden Penny der zirka zweihunderttausend Dollar – nach Abzug der Steuern – verdient, die sie die nächsten zwanzig Jahre lang jährlich würde ausgezahlt bekommen.

Sie hielt die beiden schwarzen Kostüme in die Höhe, die sie gestern bei Annie Sex gekauft hatte. Eins hatte goldene Knöpfe. Das andere Ziermünzen an den Aufschlägen. Sie entschied sich für Goldknöpfe. Die Ziermünzen sahen ein wenig zu festlich aus. Roxie zog sich an und streifte ihre gewohnten Armreifen und Türkisringe über. Sie wußte, daß man ihr ihre dreiundfünfzig Jahre nicht ansah. Sie wußte, daß sie mit ihrem blonden Haar und der tollen Figur immer noch sehr attraktiv war. Und jetzt konnte sie es sich leisten, dafür zu sorgen, daß das auch so blieb.

Es konnte gar nicht anders sein, als daß sie sich am Ende irgendwo einen wirklich interessanten Burschen schnappte.

Vielen Dank, Tim Monahan. Vielen Dank, Nelly Monahan. Einfach unglaublich, wie ich kurz vor der Niederlage noch einen Sieg errungen habe, dachte Roxie jubilierend. Ihr einziger Schnitzer hatte darin bestanden, daß sie Tim die Wahrheit gesagt hatte, als er sah, daß die Möbelpacker weggingen und sein Sessel immer noch dick und fett im Wohnzimmer thronte. Sie hätte ihm irgendein Lügenmärchen auftischen sollen, und sie hätte ganz bestimmt den Mund gehalten, wenn sie gewußt hätte, daß Nelly Monahan an der Tür klingeln würde, nur ein paar Sekunden, nachdem sie Tim gesagt hatte, daß er ihretwegen von der nächsten Brücke springen könne; daß sie ihn nicht mitnehmen würde. Als Roxie sich gerade die Lippen nachzog, klingelte das Telefon. Alvirah Meehan wartete im Foyer.

»Uns geht es darum, zu zeigen, wie sich der Lotteriegewinn für Sie zu einer Tragödie entwickelt hat«, sagte Alvirah voller Mitleid, als sie wenige Minuten später Roxie gegenübersaß.

Roxie tupfte sich die Augen. »Es tut mir leid, daß ich den Schein jemals in meiner Make-up-Schublade gefunden habe. Er lag unter einer Schachtel Q-tips, und ich hatte gerade einen Artikel darüber gelesen, daß viele Leute es gar nicht merken, wenn sie im Lotto gewonnen haben, und nie erfahren, daß sie Millionäre hätten sein können. Dann haben sie im Fernsehen eine Telefonnummer gezeigt, die man anrufen kann, und ich habe gelacht und zu Tim gesagt: ›Wäre es nicht ein Knüller, wenn dieser Schein hier gewonnen hätte?‹«

Alvirah wandte sich ein Stückchen zur Seite, so daß dem Rekorder in ihrer Diamantbrosche auch ja kein Wort entging. »Und was hat er gesagt?«

»Oh, mein törichter Schatz meinte nur: ›Verschwende nicht dein Geld für ein Telefongespräch, es sei denn, es ist eine gebührenfreie Nummer.‹« Roxie quetschte sich ein paar Tränen ab. »Jetzt tut es mir leid, daß ich es getan habe.«

»Sie würden lieber weiter ihre Cateringfirma betreiben, nicht wahr?«

»Ja«, schluchzte Roxie. »Ja, genau.«

Alvirah hatte nie vulgäre Ausdrücke benutzt, aber in diesem Augenblick wäre ihr fast ein vielzitierter Fluch über die Lippen gekommen. Statt dessen biß sie die Zähne zusammen und schaffte es zu sagen: »Ich habe nur noch einige wenige Fragen, und dann würde unser Fotograf gern ein paar Aufnahmen machen.«

Roxies Schluchzen fand ein abruptes Ende. »Einen Moment, ich will nur mein Make-up überprüfen.«

Mel Levin, der Fotograf vom *Globe*, hatte genaue Anweisungen: *Mach gute Nahaufnahmen von ihren Händen.*

Willys älteste noch lebende Schwester, die Nonne Cordelia, schätzte es gar nicht, wenn man sie im Dunkeln tappen ließ. Die Tatsache, daß Alvirah Nelly Monahan kannte, die Frau, die gerade ihren Ex-Mann in Anwesenheit seiner zweiten Frau erschossen hatte, veranlaßte Cordelia zu einem Überraschungsbesuch im Central Park South.

Sie war in Begleitung von Schwester Maeve Marie gekommen, einer jungen Polizistin, die vor nicht allzulanger Zeit als Novizin ins Kloster eingetreten war, und saß behaglich in dem Ohrensessel im Wohnzimmer, als Alvirah nach Hause kam. Da der Sessel mit hübschem, dunkelrotem Samt überzogen war und Cordelia nach wie vor eine knöchellange Kutte und einen kurzen Schleier trug, schoß Alvirah – und das nicht zum ersten Mal – der Gedanke durch den Kopf, daß, falls jemals eine Frau zum Papst gewählt werden sollte, sie sicher so aussehen würde wie Cordelia.

»Cordelia wollte nur auf einen Sprung vorbeischauen«, erklärte Willy ihr, wobei seine rechte Augenbraue in die Höhe fuhr. Mit diesem Zeichen gab er ihr zu verstehen, daß er Cordelia noch nicht in ihre Pläne eingeweiht hatte.

»Ich hoffe, wir bereiten Ihnen keine Ungelegenheiten, Alvirah«, entschuldigte sich Schwester Maeve Marie. »Die Schwester Oberin dachte, Sie würden vielleicht unsere Hilfe brauchen.« Maeve hatte den schlanken, durchtrainierten Körper einer Athletin. Ihr Gesicht, das von großen, grauen Augen beherrscht wurde, war auffallend hübsch. Genauso wie Willys Miene schien auch ihr Gesichtsausdruck sagen zu wollen: »Tut mir leid, Alvirah, aber du kennst ja Cordelia.«

»Also, was ist eigentlich genau geschehen?« fragte Cordelia, die wie immer direkt zur Sache kam.

Alvirah wußte, daß sie absolut keine andere Wahl hatte, als die Wahrheit zu sagen, die ganze Wahrheit und nichts als die Wahrheit. Sie ließ sich auf das Sofa sinken und wünschte, sie hätte vor dem Besuch Zeit für eine friedliche Tasse Tee mit Willy gehabt. »Wir müssen Nelly rauspauken. Es ist meine Schuld, daß sie zu Tim gegangen ist, und ich kann nicht zulassen, daß sie den Rest ihres Lebens im Gefängnis verbringt.«

Cordelia nickte. »Und was willst du unternehmen?«

»Etwas, das dir vielleicht nicht gefallen wird. Brian hat ein Drehbuch für Mirage Films geschrieben.«

»Das weiß ich. Ich hoffe, er braucht nicht zu befürchten, daß sie ihm irgendwelche Schweinereien in sein Skript mogeln. Aber was hat das mit Nelly Monahan, der armen Seele, zu tun?«

»An dem Tag, an dem Tim erschossen wurde, nahm Mirage gerade eine Szene auf, die direkt vor dem Gebäude spielte, in dem Roxie und Tim Monahan wohnten. Wir versuchen, Roxie weiszumachen, daß die Kamera sie dabei gefilmt hat, wie sie Nellys Hand verdrehte und die Waffe auf Tim richtete.«

»Ihr wollt diese Szene fälschen?« explodierte Cordelia.

»Genau. Brian hat den Produzenten dazu überredet mitzumachen. Mel, der Fotograf vom *Globe*, hat heute jede Menge Fotos von Roxie gemacht. Außerdem ist sie fotografiert worden, als Tims Leiche aus der Wohnung getragen wurde. Jetzt brauchen wir nur noch eine Frau zu finden, die Roxie in einer verschwommenen Totalen ähnlich genug sieht. Wir ziehen ihr einen gestreiften Hosenanzug an, wie Roxie ihn getragen hat, und machen eine Nahaufnahme von ihr, wie sie Nellys Hand packt. Als nächstes muß ich Nelly zum Mitmachen bewegen, aber ich denke, das wird mir gelingen.«

Willy nickte ihr aufmunternd zu und erklärte, wie sie weiter vorgehen wollten. »Die Wohnung haben wir bereits angezahlt. Das einzige Möbelstück in dem Zimmer war Tims Sessel, und der ist immer noch da. Die Kreidestriche an der Stelle, an der die Leiche gelegen hat, sind nach wie vor zu sehen. Ich werde Tims Rolle spielen. Ich meine, ich lege mich neben dem Sessel auf den Boden. Nelly sagte, Tim hätte einen grauen Trainingsanzug und Mokassins getragen.«

Schwester Maeve Maries Augen blitzen vor Aufregung. »Als ich bei der Polizei war, haben wir solche Sachen auch gemacht. Den Lügentest. Ich finde es herrlich.«

Willy sah Cordelia an. Er wußte, daß Alvirah sich auf keinen Fall von ihrem Plan würde abbringen lassen. Trotzdem würde es natürlich nicht besonders hilfreich sein, wenn Cordelia versuchen würde, ihnen irgendwie dazwischenzufunken. Alvirah machte sich schon genug Vorwürfe, weil der Plan, der Nelly in solche Schwierigkeiten gebracht hatte, von ihr stammte. Wenn Cordelia irgendeine Handlungsweise mißbilligte, verfügte sie über eine geradezu unheimliche Fähigkeit, ihr Gegenüber davon zu überzeugen, daß der Plan einfach schiefgehen *mußte*.

Cordelia runzelte kurz die Stirn, dann hellte ihre Miene sich auf. »Die Wege des Herrn sind verschlungen«, sagte sie. »Wann machen wir die Aufnahmen?«

Eine Woge der Erleichterung erfaßte Alvirah. »So bald wie möglich. Wir müssen noch eine Schauspielerin finden, die Roxie darstellen kann.« Während sie diese Worte aussprach, fiel ihr Blick auf Schwester Maeve Marie. Genau wie Roxie war Maeve groß und hatte eine gute

44

Figur. Und genau wie Roxie besaß sie schön geformte Hände mit langen Fingern.

»Ich bin wirklich froh, daß ihr beiden gekommen seid«, sagte sie mit ehrlicher Überzeugung.

Zwei Tage später waren sie soweit, daß sie die Falle zuschnappen lassen konnten. In der Wohnung in der Christopher Street, in der Tim Monahan seinen letzten Atemzug getan hatte, gab Brian die Regieanweisungen.

»Onkel Willy, leg dich bitte dorthin. Wir mußten die Kreidestriche wegwischen, aber wir haben die Umrisse mit Bleistift nachgezogen.«

Gehorsam streckte Willy sich neben dem Sessel aus.

Brian und der Kameramann gingen nach draußen, und Brian schaute durch das Objektiv und betrachtete dann das Foto des toten Tims, von dem der Herausgeber des *Globe* einen Abzug bekommen hatte, indem er eine Hilfskraft aus dem Büro des Gerichtsmediziners bestochen hatte.

»Du bist nicht dick genug«, stellte Brian entschieden fest.

»Ausnahmsweise mal eine gute Nachricht«, murmelte Willy.

Schnell löste Brian das Problem, indem er seinen Pullover auszog und ihn unter Willys Sweatshirt stopfte.

Nelly stand in der Ecke. Sie trug das blaue Kostüm und die Kattunbluse, die sie bei ihrem Besuch hier angehabt hatte. In ihrer Handtasche hatte sie eine Pistole, die genauso aussah wie die, die sie vor einigen Tagen den Jungen weggenommen hatte.

Erst vier Tage ist das her, dachte sie. Es kam ihr unglaublich vor. Sie schaute zu Dennis O'Shea hinüber, der ihr aufmunternd zulächelte. Dann warf sie einen Blick auf Schwester Maeve, die eine beunruhigende Ähnlichkeit mit Roxie aufwies. Sie trug eine blonde Perücke und eine exakte Kopie des gestreiften Hosenanzugs, in dem

Roxie zur Witwe Monahan geworden war. Ein übergroßer Türkisring reichte bis an den Knöchel ihres Zeigefingers. Blutrote Fingernägel betonten ihre langen Finger, und auf ihre Handrücken waren Runzeln und Leberflecken aufgemalt worden. Genauso wie Roxie, dachte Nelly mit einem Anflug von Befriedigung, während sie auf ihre eigene glatte Haut hinunterschaute.

Schwester Cordelia beobachtete das Geschehen mit über der Brust verkreuzten Armen. Sie erinnerte Nelly an eine der Nonnen, von er sie als Kind in der Klosterschule unterrichtet worden war.

Brian fragte, ob sie so weit sei. Als sie nickte, sagte er: »Dann gehen Sie zur Tür, Nelly. Versuchen Sie, alles genauso zu machen, wie Sie es neulich getan haben.«

Sie sah Willy an. »Dann kannst du jetzt aber noch nicht tot sein.«

Als er sich mühsam aufrappelte, ging sie zur Tür. »Roxie hat mich hineingelassen«, erklärte sie. »Tim saß auf seinem Sessel. Ich konnte sehen, daß er sehr aufgeregt war, aber ich dachte, mein Besuch hätte ihn so aufgeregt oder vielleicht meine Behauptung, unheilbar krank zu sein. Aber wie dem auch sei, ich bin einfach an Roxie vorbeigegangen und habe mich vor ihm aufgebaut und bin damit herausgeplatzt, daß ich die Wahrheit wissen wolle, bevor ich sterben müsse …«

»Tun Sie es«, befahl Brian. »Maeve, Sie gehen zur Tür.«

Nelly hatte ihre Ansprache an Tim so gründlich einstudiert, daß es ihr nicht schwerfiel, vor dem Sessel zu stehen und sie noch einmal zu halten. Später würde es nicht weiter schwierig sein, Tims Gesicht über das von Willy in den Film zu kopieren. Nur daß Willys Miene momentan Besorgnis auszudrücken schien.

»Du solltest jetzt lächeln«, wies Nelly ihn an. »Es war ausgesprochen gemein von dir, aber du hättest nicht lächeln sollen, als ich dir erzählte, daß ich sterben muß.«

O mein Gott, dachte Alvirah. Vielleicht belle ich den falschen Baum an.

»Aber dann habe ich dir verziehen, weil du sofort zugegeben hast, daß du den Schein vertauscht hast.« Nelly öffnete ihre Handtasche. »Und ich wäre fast ohnmächtig geworden, weil ich mich daran erinnerte, daß ich die Anstecknadel nicht trug, also habe ich meine Handtasche geöffnet und ungefähr so nach dem Ding gesucht, und in diesem Moment hat Roxie die Waffe gesehen.« Sie hielt inne. »Wartet mal. Roxie schrie Tim an, er solle den Mund halten, aber als sie mir die Tür öffnete, hatte sie gerade noch etwas anderes zu ihm gesagt.«

»Das ist unwichtig«, unterbrach Brian sie hastig. »Wir drehen die Aufnahme ohne Ton.«

Nelly hatte das Gefühl, als liefe ein Videoband vor ihren Augen ab. Plötzlich war alles wieder da. Sie griff nach der Brosche in ihrer Handtasche und konnte Roxie wie ein Echo schreien hören, sie habe eine Pistole dabei. »Ich ließ die Brosche los, griff nach der Pistole und zog sie aus der Tasche, weil ich sie ihr zeigen wollte. Tim sprang auf. Die Pistole ging los. Tim schrie … Was hat er noch gleich geschrieen … ›Nelly, dreh' bloß nicht durch. Wir teilen den Schein.‹ Dann hat er sich auf den Boden fallen lassen.«

Er hat sich auf den Boden fallen lassen, dachte Alvirah. Er ist nicht gestürzt. Er *hat sich fallen lassen*.

Jetzt war Nelly plötzlich alles klar. Sie dachte, sie hätte ihn erschossen und wurde halb ohnmächtig, dann spürte sie, wie eine Hand sich um die ihre schloß und ihr Handgelenk herumgerissen wurde. Darum tut es so weh, dachte sie. So ist es passiert. Jetzt weiß ich es wieder.

Aber Tim hatte noch etwas gesagt, überlegte sie. Was war das nur gewesen?

Sie spürte, wie Schwester Maeve ihre Hand verdrehte und die Pistole auf Willy richtete, der jetzt auf dem

Boden seine Rolle spielte. *Das war, als ich ohnmächtig wurde.*

Sie ließ ihre Knie unter sich wegsacken und fiel zu Boden. »Das war sehr gut, Nelly«, sagte Brian. »Es ist kaum zu glauben, daß wir es beim ersten Take geschafft haben sollen, aber ich denke, wir haben die Szene im Kasten. Wir lassen sie nur noch einmal zurücklaufen, um sicher zu sein, und können dann nur noch zu Gott hoffen, daß Roxie den Trick nicht durchschaut.«

Nelly setzte sich auf, griff nach ihrer Handtasche und durchstöberte sie nach der Brosche, die sie Alvirah noch nicht zurückgegeben hatte. »Einen Moment mal«, sagte sie.

Alvirah durchlebte wieder einmal jenen wunderbaren Augenblick, in dem sie instinktiv wußte, daß gleich etwas Wichtiges geschehen würde. »Was ist los, Nelly?« fragte sie.

»Mir war gerade eben so, als hörte ich Dennis, wie er mir sagt, wie man die Brosche einschalten muß. Er meinte, ich müsse mit diesem Finger kräftig draufdrücken.« Sie hielt den Zeigefinger ihrer rechten Hand hoch.

»Und dieser Finger macht mir Kummer, seit ich neulich hier war. Haltet ihr es für möglich, daß ich vielleicht, direkt bevor ich versuchte, Roxie die Waffe zu zeigen, den Rekorder eingeschaltet haben könnte? Ich habe das nie überprüft. Glaubt ihr, ich habe vielleicht Tims Stimme aufgenommen, wie er uns anfleht, ihn am Leben zu lassen?«

»Die Heiligen stehen uns bei!« flüsterte Cordelia.

Der Schalter des Rekorders in der Brosche, die Alvirah Nelly gegeben hatte, stand immer noch auf der ›Ein‹-Position. Die Batterie war natürlich leer, aber Alvirah nahm die winzige Kassette geschickt heraus, legte sie in ihren Taschenrekorder, ließ sie zurücklaufen und drückte auf die Abspieltaste.

Cordelias Lippen formten ein stummes Gebet, als Alvirah den Apparat einschaltete. Man konnte sofort etwas hören. Einen Schuß und dann Tims Stimme, die Nelly sagte, sie solle nicht durchdrehen. Nelly, die antwortete: »O mein Gott, mein Gott. Oh, es tut mir so leid«, und dann eine harte Stimme, Roxies Stimme: »Tim, du Mistkerl.«

Und schließlich wieder Tim, der in panischer Angst flehte: »Roxie, nein. Roxie, nicht schießen!«

Alvirah spürte, wie Willys Arm sich um sie schloß. »Du hast es mal wieder geschafft, mein Schatz.«

Am Abend des übernächsten Tages bestand Nelly darauf, ein Festmahl für ihre Freunde zuzubereiten: Alvirah und Willy, die beiden Nonnen Cordelia und Maeve Marie und Dennis O'Shea.

Als ehemalige Polizistin hatte Maeve darauf bestanden, angesichts der drückenden Beweislast den Staatsanwalt einzuweihen, und dieser hat einen seiner besten Undercover-Agenten mit der Aufgabe betraut, den Kameramann zu mimen, der angeblich die Aufnahmen gemacht hatte; dieser Mann hatte dann Kontakt zu Roxie aufgenommen.

Als Roxie das Videoband sah und Tims Stimme hörte, die sie anflehte, ihn nicht zu erschießen, hatte sie dem Undercover-Agenten sofort angeboten, ihm das Band abzukaufen, koste es, was es wolle. Dann hatte sie unter seiner geschickten Befragung alles zugegeben. Jetzt stand Roxie unter Anklage, und Nelly war voll rehabilitiert und zur rechtmäßigen Besitzerin des Lotteriescheins erklärt worden.

Dennis hatte Champagner mitgebracht. Mit feuchten Augen ließ Nelly die Trinksprüche über sich ergehen und hob dann selbst ihr Glas. »Auf euch alle und auf Brian. Es tut mir leid, daß er heute abend in Hollywood sein muß, noch dazu bei diesem schrecklichen Erdbeben dort.«

»Das Ganze ist einfach unglaublich«, sagte sie ein paar Minuten später, während sie zusah, wie Dennis den saftigen Lammrücken tranchierte, den sie nach ihrem eigenen, speziellen Rezept zubereitet hatte. Der Rest der Mahlzeit bestand aus Tomaten- und Zwiebelsalat, Kartoffelbrei, knackigen grünen Bohnen, lockeren Blätterteigpasteten, Pfefferminzgelee, warmer Apfeltorte und Kaffee.

Nelly nahm die Komplimente ihrer Gäste strahlend entgegen.

Um neun Uhr mußten Cordelia und Maeve aufbrechen. »Willy, dich erwarte ich morgen gleich in aller Frühe«, sagte die befehlsgewohnte Cordelia. »Bring deinen Werkzeugkasten mit. Ich habe eine Unmenge Arbeit für dich.«

»Wir wollen auch gleich gehen. Wir setzen euch am Kloster ab«, erwiderte Willy.

»Ich setze keinen Fuß vor die Tür, bevor ich nicht Nelly beim Abwasch geholfen habe«, stellte Alvirah entschieden fest und spürte dann Willys Schuh auf den Zehenspitzen.

Sie drehte sich um und folgte seinem Blick. Nelly und Dennis sahen einander lächelnd in die Augen.

»Es wird Zeit, nach Hause zu gehen, mein Schatz«, sagte Willy fest, während er seine Hände auf die Rückenlehne ihres Stuhles legte.

Die Lotteriegewinnerin

»Alvirah. Du mußt sofort kommen. Ich brauche dich dringend!«

Alvirah riß die Augen auf. Im Bruchteil einer Sekunde nahm sie Abschied von einem höchst angenehmen Traum, in dem sie an einem Staatsbankett im Weißen Haus teilgenommen hatte, und mußte sich der Wirklichkeit in Gestalt eines schrillenden Telefons stellen, das sie um drei Uhr morgens aus dem Schlaf riß. Noch bevor sie ganz bei sich war, dröhnte ihr aus dem Hörer die von Panik erfüllte Stimme der Baroneß Min von Schreiber entgegen.

»Min, was ist passiert?« rief sie.

Willy, der neben ihr im Bett lag, erwachte mit einem vernehmlichen Grunzen. »Schätzchen, wo brennt es denn?« murmelte er.

Alvirah legte ihm beschwichtigend einen Finger auf die Lippen. »Psst«, sagte sie und wiederholte dann: »Min, was ist los?«

Mins dramatisches Stöhnen büßte von Cypress Point, dem Kurhotel in Pebble Beach in Kalifornien, quer über den Kontinent bis in das luxuriöse Apartment im Central Park South, nichts von seiner Theatralik ein. »Das ist unser Ruin. Unter den Gästen befindet sich ein Juwelendieb. Mrs. Haywards Diamanten sind aus dem Wandsafe in ihrem Cottage verschwunden.«

»Der Himmel stehe uns bei«, sagte Alvirah. »Was hat Scott deswegen unternommen?« Scott Alshorne, der Sheriff von Monterey County, war mit Alvirah befreundet, seit sie ihm einige Jahre zuvor geholfen hatte, einen Mordfall in dem Kurort zu lösen.

»O Gott, es ist alles so kompliziert. Wir können Scott

nicht hinzuziehen«, sagte Min mit zitternder Stimme. »Nadine Hayward ist völlig hysterisch. Sie wagt es nicht, ihrem Mann zu gestehen, daß die Diebstahlversicherung, die er abgeschlossen hat, für die Diamanten nicht gilt. Sie hat ihn dazu überredet, ihre persönlichen Versicherungen über ihren Sohn aus erster Ehe abzuschließen, so daß der die Provisionen bekam. Aber leider hat der Bengel den Scheck für die Prämie verspielt. Das wäre nun im Prinzip das Problem der Versicherungsgesellschaft, bei der Mrs. Haywards Sohn angestellt ist, aber die würden ihn natürlich anzeigen, und sie will natürlich nicht, daß er ins Gefängnis muß. Also hat sie sich eine ziemlich wilde Geschichte ausgedacht – sie will sich Imitate von den Diamanten anfertigen lassen, um ihren Mann zu täuschen.«

Mittlerweile war Alvirah hellwach. »Die Sache mit den Glasimitaten hat in ›Das Halsband‹ von de Maupassant funktioniert. Ich frage mich, ob Mrs. Hayward die Geschichte gelesen hat.«

»De *Mooh*passant, nicht de *Mau*passant«, korrigierte Min sie. Dann seufzte sie tief. »Alvirah, ich finde es einfach lächerlich, jemanden, der Schmuck im Wert von vier Millionen Dollar gestohlen hat, einfach ungeschoren davonkommen zu lassen. Wir können die Sache nicht ignorieren. Außerdem könnte der Dieb noch einmal zuschlagen. Du mußt auf dem schnellsten Wege herkommen. Ich brauche dich. Du mußt den Schurken finden. Als mein Gast natürlich. Und bring Willy mit. Er könnte die Sportkurse übernehmen. Ich werde ihn als persönlichen Trainer für unsere Gäste hier einführen.«

Fünfzehn Stunden später fuhr die Limousine mit Willy und Alvirah am Pebble Beach Club und den großen Anwesen am Shore Drive vorbei. Nach einer Kurve kam die Zypresse in Sicht, dem das Kurhotel seinen Namen verdankte – Cypress Point. Nachdem der Wagen durch die prächtigen Eisengitter des großen Tores gefahren war, ging es auf einem gewundenen Fahrweg auf das Haupthaus zu, eine mit mehreren Anbauten versehene, dreistöckige Villa mit elfenbeinfarbenem Stuckwerk und hellblauen Fensterläden. Obwohl sie von der Reise erschöpft war, blitzen Alvirahs Augen voller Vorfreude auf.

»Ich finde es einfach herrlich hier«, sagte sie zu Willy. »Hoffentlich hat Min uns Tranquility gegeben. Das ist mein Lieblingscottage. Ich erinnere mich noch an meinen ersten Besuch hier. Direkt nach unserem Lotteriegewinn – die Aussicht, eine Woche auf Tuchfühlung mit all den Prominenten hier verbringen zu dürfen, war so atemberaubend, daß ich dachte, ich wäre gestorben und im Paradies gelandet.«

»Ich weiß, mein Schatz«, sagte Willy.

»Es war der Anfang eines Abenteuers – des Abenteuers, herauszufinden, wie die andere Hälfte der Menschheit lebt. Was für eine Lektion! Also wirklich …« Alvirah unterbrach sich plötzlich, weil ihr klar wurde, daß sie drauf und dran war, Willy daran zu erinnern, daß sie bei ihren Bemühungen, einen Mordfall in dem Kurort zu lösen, um ein Haar umgebracht worden wäre.

Aber Willy erinnerte sich auch ohne ihr Dazutun daran. Er nahm ihre Hand und sagte: »Schätzchen, ich möchte nicht, daß du dich wegen irgendwelcher verlorener Juwelen in Gefahr bringst.«

»Das werde ich schon nicht. Aber ich denke, es wird mir Spaß machen, mich um die Sache zu kümmern. In letzter Zeit ist viel zu wenig passiert. O sieh nur, da drüben wartet Min.«

Der Wagen war vor dem Eingang stehengeblieben, und Min kam mit ausgestreckten Armen die Treppe herunter, um sie zu begrüßen. Sie trug ein blaues Leinenkleid, das ihre üppige, aber dennoch hervorragende Figur betonte. Ihr Haar, das noch dieselbe Farbe hatte wie

53

vor zwanzig Jahren, war kunstvoll zu einem französischen Zopf frisiert. Sie trug in Gold gefaßte Perlenohrringe und ein dazu passendes Halsband (Die Geschichte von Maupassant heißt auch Halsband); wie immer sah sie aus, als wäre sie gerade einer neueren Ausgabe der *Vogue* entstiegen.

»Und dabei ist sie fünf Jahre älter als ich«, murmelte Alvirah voller Ehrfurcht. Hinter Min kam der stattliche Baron Helmut von Schreiber die Treppe herunter, dessen militärische Haltung ihn größer erscheinen ließ, als er es mit einem Meter achtundsechzig tatsächlich war. Eine leichte Brise wehte seinen perfekt zurechtgestutzten Spitzbart ein wenig zur Seite, und sein freundliches Lächeln enthüllte vollkommene Zähne. Lediglich die Krähenfüße um seine blaugrauen Augen verrieten, daß er die fünfzig überschritten hatte.

Der Chauffeur sprang aus dem Wagen, um ihnen die Tür aufzuhalten, aber Min war schneller. »Ihr seid echte Freunde«, sprudelte sie hervor, während sie sie mit offenen Armen willkommen hieß. Plötzlich hielt sie jedoch inne und starrte Alvirah an. »Woher hast du dieses Kostüm? Es ist gut geschnitten, aber du darfst auf keinen Fall Beige tragen. Macht dich furchtbar blaß.« Dann unterbrach sie sich abermals, diesmal mit einem Kopfschütteln. »Oh, aber diese Dinge können warten.«

Der Chauffeur bekam Anweisung, das Gepäck zum Tranquility Cottage hinüberzubringen. »Eines der Zimmermädchen wird für euch auspacken«, erklärte Min. »Wir müssen unbedingt miteinander sprechen.«

Gehorsam folgten ihr alle in ihr luxuriös eingerichtetes Büro im ersten Stock der Villa. Helmut schloß die Tür und ging hinüber zum Sideboard. »Eistee, Bier oder etwas Kräftigeres?« fragte er.

Alvirah amüsierte sich immer darüber, daß auf dem Grundstück von Cypress Point absolutes Alkoholverbot herrschte – nur nicht in den Privaträumen von Min und

Helmut. Sie entschied sich dennoch für Eistee. Willy machte bei dem Gedanken an ein Bier ein geradezu mitleiderregend dankbares Gesicht. Wirklich, dachte sie, es war eine Gemeinheit gewesen, ihn mitten in der Nacht aus dem Bett zu zerren, aber sonst hätten sie das Flugzeug um neun nicht mehr bekommen.

Die First-Class war bereits ausgebucht gewesen, und zu allem Übel mußten sie sich daher in der Economy auf Mittelplätze zwängen. Willys erste Worte, als sie aus dem Flugzeug stiegen, waren: »Schätzchen, ich wußte gar nicht, wie sehr ich mich bereits an das gute Leben gewöhnt habe.«

Jetzt nippte Alvirah an ihrem Eistee und kam direkt zur Sache. »Min, was genau ist nun eigentlich vorgefallen? Wann wurde der Diebstahl entdeckt?«

»Gestern am späten Nachmittag. Nadine Hayward ist am Samstag angekommen; also war sie gestern drei Tage hier. Ihr Mann hat sich im Pebble Beach Club einquartiert. Er nimmt dort an einem Golfturnier teil. Weil sie anschließend zu einem Wohltätigkeitsball nach San Francisco fahren wollten, hatte Nadine ihren schönsten Schmuck dabei. Sie hat ihn im Wandsafe in ihrem Cottage deponiert.«

»War sie früher schon einmal hier?« wollte Alvirah wissen.

»Regelmäßig. Seit sie Cotter Hayward geheiratet hat, kommt sie jedesmal, wenn er wegen eines Turniers hier ist, zu uns. Er ist ein ziemlich guter Amateurgolfer.«

Alvirah runzelte die Stirn. »Hm. Ihr hattet doch früher bei einem meiner Besuche hier schon einmal eine andere Frau namens Hayward zu Gast – muß schon ein paar Jahre her sein. Das war doch auch eine Mrs. Cotter Hayward.«

»Das war seine erste Frau, Elyse. Sie kommt immer noch her, aber für gewöhnlich nicht zur gleichen Zeit wie Nadine. Obwohl sie Cotter verabscheut, ist sie nicht besonders glücklich darüber, daß er so schnell Ersatz für sie gefunden hat, vor allem, da sie es selbst war, die die neue Frau mit ihm bekannt gemacht hat.«

»Die beiden haben sich unter diesem Dach verliebt«, sagte Helmut mit einem Seufzen. »Sowas passiert eben. Aber um die Dinge noch zu komplizieren, ist Elyse diese Woche ebenfalls unser Gast.«

»Einen Augenblick mal«, unterbrach ihn Alvirah. »Wollt ihr damit sagen, daß Elyse und Nadine beide hier sind?«

»Genau das. Natürlich haben wir sie im Speisesaal soweit wie möglich voneinander weg gesetzt und ihre Termine so gelegt, daß sie nie im selben Gymnastikkurs sind.«

»Alvirah, ich glaube, wir kommen langsam vom Thema ab«, meinte Willy. »Warum läßt du dir nicht einfach kurz alle Einzelheiten über den Diebstahl erzählen, so daß wir dann vielleicht zum Cottage rübergehen können, um uns für einen Moment hinzulegen?«

»O Willy, entschuldige.« Alvirah schüttelte den Kopf. »Wie gedankenlos von mir. Willy braucht mehr Schlaf als ich und konnte im Flugzeug kein Auge zutun. Er hat zwischen zwei Kindern gesessen, die auf seinem Tisch Dame gespielt haben. Die Eltern wollten nicht, daß sie nebeneinander sitzen, weil sie sich immer zanken.«

»Warum haben denn dann die Eltern nicht zwischen ihnen gesessen?« erkundigte sich Min.

»Sie hatten alle Hände voll zu tun mit dreijährigen Zwillingen, und du weißt ja, wie gutmütig Willy ist.«

»Der Diebstahl«, drängte Willy.

»Folgendes ist passiert«, sagte Min. »Um fünf Uhr ging Nadine in den Salon, um sich frisieren zu lassen. Als sie um zehn vor sechs ins Repose Cottage zurückkehrte, war dort das unterste zuoberst gekehrt. Alle Schubladen waren durchwühlt und die Koffer ausgeräumt. Irgend jemand, vielleicht sogar mehrere Leute, hatten jeden Zentimeter des Cottages gründlich durchsucht.«

»Wonach haben sie gesucht?« fragte Alvirah.

»Nach dem Schmuck natürlich. Du weißt doch, wie die Leute sich hier für den Abend zurechtmachen. Für die Frauen ist es ihr größtes Vergnügen, untereinander mit ihrem Schmuck anzugeben. Nadine hatte am Abend zuvor ein Diamanthalsband mit passendem Armreif getragen. Irgend jemand hat nun nach diesen beiden Schmuckstücken gesucht, konnte aber nicht wissen, daß Nadine auch die Hayward-Tiara mitsamt der dazugehörenden Ringe und der beiden anderen Armreifen bei sich hatte.« Min seufzte und stieß dann hervor: »Warum mußte das dumme Weibsbild auch alles mitbringen, was sie besaß? Sie konnte bei dem Wohltätigkeitsball wohl kaum alles gleichzeitig tragen.«

Helmut streichelte ihre Hand. »Minna, Minna, du darfst dich nicht so aufregen, sonst geht dein Blutdruck zu sehr in die Höhe. Du mußt an schöne Dinge denken.« Dann beendete er den Bericht für sie. »Das Seltsame ist, daß der Eindringling den Safe anscheinend nur zufällig gefunden hat, nachdem er alles andere gründlich durchsucht hatte. Der Safe ist hinter dem Bild von Minna und mir im Wohnzimmer des Cottages versteckt.«

»Warte mal«, unterbrach ihn Alvirah. »Du hast gerade gesagt, jemand müsse Nadine am Vorabend mit dem Schmuck gesehen haben. Hat sie das Kurhotel an diesem Abend verlassen?«

»Nein. Sie hat an der Cocktailstunde teilgenommen, das heißt an dem, was wir scherzhaft als solche bezeichnen, später dann am Dinner und schließlich an unserem Mozartkonzert im Musikzimmer.«

»Dann kann sie nur von den anderen Gäste und dem Personal gesehen worden sein, doch von denen hätte jeder sicherlich gewußt, wo er nach dem Safe suchen mußte. Schließlich haben alle Cottages einen.« Alvirah zog hörbar die Luft ein und strich sich über den Rock ihres beigefarbenen Kostüms, von dem sie so sicher gewesen war, daß es Gnade vor Mins Augen finden würde. Ich habe allerdings wirklich vergessen, daß sie schon mal sagte, Beige mache mich furchtbar blaß, dachte sie ruhig. Na ja, was soll's.

Dann nahm sie ihren Gedankengang wieder auf. »Da wäre noch etwas. Wurde der Safe aufgebrochen?«

»Nein. Der Einbrecher kannte die Kombination, die Nadine eingestellt hatte.«

»Oder war ein Profi und wußte, wie man sowas herausfindet«, ergänzte Willy. »Was bringt dich auf den Gedanken, daß der Dieb mittlerweile nicht über alle Berge ist?«

Min seufzte. »Unsere einzige Hoffnung ist, daß es möglicherweise doch jemand aus dem Hotel war und Alvirah den Schurken findet, so daß wir ihn – beziehungsweise sie – zur Rückgabe der Juwelen zwingen können. Unsere Gäste kennen wir alle gut. Ihr Ruf ist makellos. Wir haben nur drei neue Angestellte, und die haben ein hieb- und stichfestes Alibi.« Min sah plötzlich zehn Jahre älter aus. »Alvirah, das ist genau die Art von Vorfall, die uns ruinieren könnte. Cotter Hayward ist ein sehr schwieriger Mann. Er wird nicht nur Nadines Sohn verklagen; es würde ihm absolut ähnlich sehen, irgendeinen Grund zu finden, um uns für den Diebstahl verantwortlich zu machen.«

»Wann will Nadine zu dem Wohltätigkeitsball nach San Francisco aufbrechen?« fragte Alvirah.

»Am Samstag. Damit bleiben dir drei Tage Zeit, um ein Wunder zu vollbringen.«

Ein Zwei-Stunden-Schläfchen und eine luxuriöse Dusche trugen erheblich zu Alvirahs Wiederbelebung bei. Ängstlich darauf bedacht, Mins Zustimmung zu finden, setzte sie sich an die Ankleidekommode und trug mit besonderer Sorgfalt ihr Make-up auf. Nicht zu viel Rouge, dachte sie, und verschmier den Lippenstift nicht; nur ein winziger Hauch Eyeliner, und dunklen Puder, um die Konturen von Kiefer und Nase weicher erscheinen zu lassen. Sie war froh, Willy unter der Dusche singen zu hören; ihm ging es offensichtlich auch schon sehr viel besser.

Auf dem Bett hatte sie sich einen hübschen Kaftan zurechtgelegt, den Min während ihres letzten Besuches hier für sie ausgesucht hatte. Sie schlüpfte hinein, befestigte ihre Brillantbrosche am Kragen und holte ihr Notizbuch aus der Tasche. Während Willy sich anzog, schrieb sie nieder, was sie von Min erfahren hatte, und ordnete die Informationen nach verschiedenen Gesichtspunkten.

Als sie damit fertig war, hatte sie sofort eine ganze Reihe von Fragen. Warum war Elyse Hayward, die erste Mrs. Cotter Hayward, auch hier? Zufall? Helmut hatte darauf hingewiesen, daß Elyse für gewöhnlich dafür sorgte, nicht zur gleichen Zeit herzukommen wie ihre frühere Freundin Nadine.

Interessant, dachte Alvirah.

Die drei neuen Angestellten arbeiteten im römischen Bad, das die neueste Attraktion des Kurhotels darstellte. Die Bauarbeiten hatten zwei Jahre gedauert, aber das römische Bad war einfach prächtig geworden, eine Originalkopie desjenigen in Baden-Baden. Zwei der Neulinge waren Masseure, der dritte arbeitete im Ruheraum. Min hatte jedoch gesagt, alle drei hätten ein hieb- und stichfestes Alibi. Morgen, so beschloß Alvirah, gehe ich ins römische Bad und sehe mir die drei wenigstens einmal an.

Da tauchte Willy an der Tür des Wohnzimmers auf. »Na, was meinst du, kann ich mich so bei den feinen Pinkeln da unten sehen lassen?«

Sein schönes, gewelltes, weißes Haar umrahmte seine freundlichen Züge und seine warmen, blauen Augen.

Ein hübsches marineblaues Sportjackett verbarg den kleinen Bierbauch, der jedesmal, wenn sie auf einer Kreuzfahrt allzu üppig gespeist hatten, wieder in Erscheinung trat. »Du siehst prächtig aus«, strahlte Alvirah.

»Und du auch. Jetzt aber schnell, mein Schatz. Ich kann es gar nicht erwarten, einen von Mins Möchtegerncocktails zu kosten.«

Auf der Veranda versammelten sich bereits die Gäste, und aus dem Inneren des Hauses hörte man durch die offenen Fenster Geigenmusik herüberklingen. Als sie den Weg hinaufgingen, sagte Alvirah: »Also, damit du Bescheid weißt: Min wird uns Nadine Hayward vorstellen. Nadine weiß, daß wir hier sind, um ihr zu helfen, und sie später in ihrem Cottage aufsuchen werden, damit wir uns ungestört mit ihr unterhalten können.«

Seit ihrem Lotteriegewinn kam Alvirah mindestens einmal im Jahr hierher. Willy holte sie am Ende ihrer Woche manchmal aus dem Kurhotel ab, und sie gingen dann von hier aus auf Reisen, aber dies würde seine erste Übernachtung sein.

»Schätzchen, worüber soll ich bloß mit diesen Leuten reden?« hatte er sie gefragt, als sie ihn drängte, sie zu begleiten. »Die Leute da unterhalten sich über ihr Golfspiel oder quatschen darüber, was für Witzbolde sie an ihren Elite-Unis drüben im Osten waren, oder über die Investitionen ihrer Firmen in Asien. Soll ich denen vielleicht erzählen, daß ich aus Brooklyn komme, zur High School Nummer achtunddreißig gegangen bin und als Installateur gearbeitet habe, bis wir durch einen Lotteriegewinn reich wurden? Glaubst du, die interessieren sich dafür, daß mein Hobby darin besteht, mit dir um die Welt zu ziehen, und daß ich, wenn wir in New York sind, leidenschaftlich gern Wasserrohre, Spülsteine und Toiletten für Leute repariere, die meine Hilfe brauchen?«

»Jeder einzelne von diesen Männern würde glücklich sterben, wenn er wüßte, daß sein Netto-Einkommen zwei Millionen Dollar jährlich beträgt«, war Alvirahs Antwort. Trotzdem mußte sie sich eingestehen, daß sie sich *ein klein wenig* Sorgen machte, daß irgend jemand versuchen könnte, Willy mit einer dieser tödlich-freundlichen Bemerkungen zu treffen, die so scharf und schneidend waren wie ein Messer. Jeder, der das bei ihr versuchte, bekam von ihr, was er verdiente, aber Willy war zu nett, um in einem solchen Falle mit gleicher Münze zurückzuzahlen.

Fünf Minuten später stellte sie fest, daß ihre Sorgen völlig unbegründet gewesen waren. Willy unterhielt sich angeregt mit dem Verkaufschef von American Plumbing; er setzte ihm genau auseinander, warum die neue Toilettenkollektion mit Hydrospülung, für die sein größter Konkurrent im Augenblick eifrig Werbung machte, für das durchschnittliche Heim völlig unpraktisch war. Alvirah sah, daß die Miene des Verkaufschefs sich mehr und mehr aufhellte.

Gebräunte und elegant gekleidete Männer und Frauen mit geschmackvoll getöntem Haar standen in kleinen Grüppchen auf der Veranda. Kichernd dachte Alvirah an eine Bemerkung, die eine Frau einer anderen gegenüber gemacht hatte: »Schätzchen, Sie kennen mich noch nicht gut genug, um mich jetzt schon zu verabscheuen.«

Dann zupfte plötzlich Min an ihrem Ärmel. »Alvirah, ich möchte dich mit Nadine Hayward bekanntmachen.«

Alvirah drehte sich schnell um. Sie wußte nicht, was sie erwartet hatte, aber ganz bestimmt nicht diese ausgesprochen hübsche, blauäugige Blondine mit dem liebenswerten Gesicht und einem Milch-und-Honig-Teint. Sieht aus wie dreißig, ist aber wahrscheinlich Anfang vierzig, überlegte Alvirah, aber, mein lieber Junge, muß die nervös sein. Sie sieht aus, als hätte sie sich während einer Feuerwehrübung angezogen. Nadine Hayward trug weite Hosen und ein Kurzjäckchen aus limonengrüner Schantungseide. Das Kostüm hatte offensichtlich ein Vermögen gekostet, sah aber ausgesprochen derangiert aus. Der mittlere Knopf der Jacke war nicht geschlossen. Schwarze Pumps verliehen dem silberhellen Glanz der Kleidung eine unstimmige Note. Nadine hatte ihr dunkelblondes Haar kunstlos zu einem Nackenknoten geschlungen. Eine einreihige Perlenkette war unter dem Ausschnitt des hellgrünen Oberteils fast unsichtbar verborgen.

Noch bevor sie sich näher miteinander bekannt gemacht hatten, huschte plötzlich ein erschreckter Ausdruck über Nadines Gesicht. »O mein Gott! Da kommt mein Mann«, murmelte sie.

»Haben Sie nicht gesagt, er nähme an einem Dinner im Golfclub teil?« zischte Min.

»Das wollte er auch, aber ...« Nadines Stimme verlor sich, und sie umklammerte Mins Arm.

Alvirah schaute hinter sich. Ein hochgewachsener Mann kam langsam auf die Veranda zu. »Als er hörte, daß Elyse hier ist, meinte er, ich würde ihn bis Samstag nicht zu sehen bekommen«, flüsterte Nadine durch jetzt völlig blutleere Lippen.

Die Leute um sie herum plauderten und lachten. Aber Alvirah sah, daß sich mehrere Augenpaare auf sie gerichtet hatten. Die Spannung, die von Nadine Hayward ausging, war geradezu körperlich spürbar.

»Lächeln Sie«, befahl sie scharf. »Knöpfen Sie sich die Jacke zu ... Richten Sie Ihre Perlen ... So ist es schon besser.«

»Aber er weiß nicht, daß der Schmuck verschwunden ist. Er wird sich fragen, warum ich nichts davon trage«, stöhnte Nadine.

Cotter Hayward hatte bereits die Treppe genommen. Nur für Nadine hörbar, flüsterte Alvirah: »Um Ihres Sohnes willen müssen sie das durchstehen, bis ich eine Chance habe, Ihnen zu helfen.«

Bei der Erwähnung Ihres Sohnes trat ein schmerzlicher Ausdruck in Nadines Augen, war aber sogleich wieder verschwunden. »Ich habe früher zu Hause ein wenig geschauspielert«, sagte sie. Jetzt wirkte ihr Lächeln echt, und einen Augenblick später, als ihr Mann auf sie zukam und ihren Arm ergriff, war die Mischung aus Erstaunen und Freude, mit der sie ihn begrüßte, absolut überzeugend.

Ich mag den Burschen nicht, dachte Alvirah, als Nadine ihr Hayward vorstellte und dieser ihr nur kurz zunickte, bevor er sich an seine Frau wandte. »Ich denke, man wird mich hier wohl zum Abendessen dulden«, sagte er. »Ich muß rechtzeitig zu den Reden wieder zurück sein, aber ich wollte dich sehen.«

»Sie sind überaus willkommen«, sagte Min. »Möchten Sie mit Nadine allein an einem kleinen Tisch speisen oder wollen Sie sich zu uns gesellen?«

»Keine Gruppen, bitte«, erwiderte Hayward abschätzig.

Er färbt sich das Haar, dachte Alvirah. Gut gemacht, aber ich sehe es trotzdem. Mit fünfzig ist man einfach nicht mehr so blond. Cotter Hayward war noch immer ein gutaussehender Mann, da gab es nichts.

Min und Helmut hatten die feste Regel aufgestellt, daß jeweils acht ihrer Gäste gemeinsam an einem Tisch saßen. Eine Ausnahme wurde nur gemacht, wenn ein Gast einen Besucher hatte und eine Gelegenheit brauchte, sich unter vier Augen mit ihm zu unterhalten. In diesem Fall, aber für niemanden öfter als einmal die Woche, stand ein Tisch für zwei zur Verfügung.

Heute abend – Alvirah stellte dies zu ihrem Entzücken fest – hatte Min sie und Willy an den Gruppentisch gesetzt, an dem auch Elyse saß, die erste Mrs. Cotter Hayward, die sich als eine spröde, bleistiftdürre Modepuppe mit kastanienbraunem Haar entpuppte; Alvirah schätzte sie auf Mitte vierzig. Ferner saßen an ihrem Tisch ein gutaussehendes älteres Ehepaar aus Chicago namens Jennings; eine atemberaubend schöne Frau von Ende dreißig, Barra Snow, ein Fotomodell, in dem Alvirah sofort das Modell aus den Anzeigen von Adrian Cosmetics wiedererkannte; dann Michael Fields, ein ehemaliger Kongreßabgeordneter aus New York, und schließlich Herbert Green, der Verkaufschef für Sanitäranlagen.

Mit einem geschickten Manöver gelang es Alvirah, ganz in der Nähe von Elyse Hayward Platz zu nehmen. Und es dauerte auch nicht lange, da stand fest, daß Elyse, sowohl, was ihren Ex-Mann, als auch, was ihre ehemalige Freundin anging, extrem gesprächig war. »Nanu, was ist denn heute abend mit Nadine los?« bemerkte sie abschätzend. »Nichts glitzert, nichts funkelt – ich frage mich, ob das ihre eigene Entscheidung ist oder ob Cotter sich jetzt endgültig auf seine Lieblingsidee besonnen hat, den Schmuck in einem Banktresor aufzubewahren, weil er Angst vor einem Diebstahl hat. Wenn ja, heißt das, er hat jemand anders kennengelernt, und Nadines Tage sind gezählt.« Ihr Lächeln war alles andere als freundlich. »Und *ich* muß es ja wissen.«

»Nadine hat gestern abend einen Teil des Hayward-Schmucks getragen«, sagte Barra Snow jetzt. »Du hast dir ja dein Abendessen in deinem Cottage servieren lassen, Elyse.«

Alvirah stellte die Ohren auf und schaltete den kleinen Rekorder in ihrer Brillantbrosche ein. War es nur ein Zufall gewesen, daß Cotter Haywards erste Frau von Diebstahl sprach? Sie würde Charley Evans anrufen müssen, ihren Redakteur beim *Globe*, und ihn darum bitten, ihr aus dem Zeitungsarchiv ein paar Hintergrundinformationen über sämtliche Haywards zu besorgen.

Wollen doch mal sehen, dachte sie, während sie sich ein winziges Lammkotelett von der Silberplatte nahm, die die Kellnerin ihr hinhielt – als ich vor vier Jahren hier war, war Elyse noch mit Cotter verheiratet, also kann Nadine noch nicht allzu lange mit ihm verheiratet sein. Es liegt auf der Hand, daß Elyse mit einem silbernen Löffel im Mund geboren wurde, aber an Nadines Stimme erkennt man leicht, daß sie keine Absolventin von Miss Porter ist. Wie mag sie überhaupt in dieselbe Welt geraten sein, in der die Haywards sich bewegen?

»Mein Schatz, du hast immer noch die Fleischgabel in der Hand«, ermahnte Willy sie.

An einem Tisch in der Nähe des Panoramafensters mit Blick auf den Pool und die Gärten nahmen Nadine und Cotter Hayward ihre Mahlzeit in nahezu ungebrochenem Schweigen ein. Wenn Cotter etwas sagte, dann für gewöhnlich nur, um sich zu beklagen.

Dann kam die Frage, vor der Nadine sich schon den ganzen Abend gefürchtet hatte. »Wieso trägst du keinen ordentlichen Schmuck? Alle anderen Frauen hier stellen ihre Trophäen zur Schau. Deine müssen doch zu den kostbarsten zählen.«

Nadine schaffte es, ohne ein Zittern in der Stimme zu antworten. »Ich hielt es nicht für so klug, vor Elyse mit dem Schmuck zu protzen. Immerhin hat *sie* ihn vor einigen Jahren hier getragen.«

Mit schweißnassen Fingern beobachtete sie die Reaktion ihres Mannes und meinte beinahe vor Erleichterung zusammmenzubrechen, als dieser nickte. »Wahrscheinlich hast du recht. So, ich muß jetzt wieder zurück. Das Dinner im Club wird bald vorbei sein, und dann fangen die Reden an.«

Als er aufstand, beugte er sich schnell über sie und streife ihre Wange mit einem ungeduldigen Kuß. So hatte er auch Elyse am Ende ihrer Ehe geküßt, dachte Nadine. O lieber Gott, was soll ich nur tun?

Sie sah ihm nach, wie er durch den großen Raum

ging, und beobachtete zu ihrem Erstaunen, wie Elyse auf ihn zueilte. Obwohl Nadine nur seinen Hinterkopf sehen konnte, ließ Cotters Körpersprache keinen Zweifel aufkommen. Er blieb abrupt stehen, versteifte sich und schob Elyse, kaum daß sie ausgesprochen hatte, zur Seite, um aus dem Saal zu eilen.

Elyse, dessen war Nadine sich sicher, würde ihn daran erinnert haben, daß die letzte Scheidungsabfindung, die er ihr schuldete, nächste Woche fällig war. Drei Millionen Dollar. Die Aussicht, dieses Geld bezahlen zu müssen, machte Cotter fuchsteufelswild. Und ich muß ebenfalls dafür zahlen, dachte Nadine. Nach dem, was Elyse ihn gekostet hat, stehe ich durch den Ehevertrag, den ich unterzeichnet habe, ohne einen Pfennig da, wenn die Sache mit den Juwelen ihn so wütend macht, daß er sich von mir scheiden läßt …

Was mochte Elyse zu ihrem Ehemaligen gesagt haben, fragte sich Alvirah, während sie an einem winzigen Keks knabberte und versuchte, sich das Regenbogensorbet so gut wie möglich einzuteilen. Von ihrem Platz aus konnte sie den Ausdruck wilder Befriedigung auf dem Gesicht der geschiedenen Gattin sehen und die dunkle Zornesröte, die Cotter Haywards Züge überflutete.

»O je, o je«, murmelte Barra Snow mit einem leisen Lächeln. »Ich wußte gar nicht, daß wir auch Feuerwerksraketen auf der Speisekarte haben.«

»Kennen Sie die Haywards gut?« erkundigte sich Alvirah beiläufig.

»Wir haben gemeinsame Freunde und sind gelegentlich zur selben Zeit am selben Ort.«

Willy sprang auf, um Elyse Hayward den Stuhl zurechtzurücken, die mit einem grimmigen Lächeln an den Tisch zurückkehrte. »Nun, dem habe ich gründlich die Suppe versalzen«, sagte sie mit offensichtlichem Entzücken. »Es gibt nichts, was Cotter mehr auf die Palme bringt, als sich von seinem Geld trennen zu müssen.« Sie lachte. »Seine Rechtsanwälte haben versucht, einen Vergleich auszuhandeln. Statt einer letzten Zahlung von drei Millionen Dollar nächste Woche wollten sie mich dazu bringen, Ratenzahlungen über die nächsten zwanzig Jahre zu akzeptieren. Ich habe gesagt, ich hätte schließlich nicht in der Lotterie gewonnen, sondern mich von einem reichen Mann scheiden lassen.«

Das zielt auf uns, dachte Alvirah. »Das kommt ganz auf die jährlichen Zahlungen an«, murmelte sie.

Herbert Green, der sanitäre Verkaufschef, kicherte. »Ich mag Ihre Frau«, sagte er zu Willy.

»Ich auch.« Willy hatte sein Sorbet gerade aufgegessen. »Das war ein tolles Dinner, aber ich hätte nichts dagegen, es mit einem Big Mac zu krönen.«

Barra lachte. »Ich bin froh, daß Sie das auch so sehen. Meine Schwester ist durch ihre Scheidung zu einem McDonalds-Franchise-Vertrag gekommen. So viel Glück hatte ich nicht.«

»Das wird Nadine auch nicht haben, wenn Cotter sie leid ist«, ergriff Elyse nun wieder das Wort. »Ihre Abfindung sieht so aus.« Sie krümmte Daumen und Zeigefinger, bis sich deren Spitzen berührten und beide zusammen einen vollkommenen Kreis formten. Was sie damit sagen wollte, war vollkommen klar. »Nadine ist das beste Beispiel dafür, warum man das neunte Gebot befolgen sollte.«

»Du sollst nicht begehren deines Nächsten Weib«, sagte Willy.

»Oder umgekehrt, den Mann.« Elyse lachte. »Nadines Problem ist, daß sie das Unglück hatte, meinen zu kriegen.«

Nadine Hayward wartete nicht auf den Beginn des Konzertabends im Musikzimmer. Statt dessen verließ sie den Speisesaal mit den ersten Gästen, die ihre Mahlzeit beendet hatten, und ging zu ihrem Cottage, das zu denen zählte, die am weitesten vom Haupthaus entfernt waren.

Heute ist Mittwoch abend, dachte sie. Samstag morgen wird Cotter mich holen kommen. Dann muß ich ihm von dem Diebstahl erzählen. Er wird wissen wollen, warum ich nicht sofort die Polizei gerufen habe. Und ich werde ihm sagen müssen, daß Bobby die Versicherungsprämie nicht an die Firma weitergeleitet hat. Und Bobby wird vor Gericht gestellt.

Das kann ich nicht zulassen.

Wäre ich doch nur nicht vor vier Jahren hergekommen und hätte Cotter kennengelernt.

Das war genau der Gedanke, dem sie so lange versucht hatte, aus dem Weg zu gehen.

Als sie vom Hauptweg zu ihrem Cottage abbog, war Nadine voller Selbstverachtung und Bedauern darüber, daß sie Cotter je kennengelernt hatte. Die einzige Extravaganz, dachte sie, die ich mir nach Roberts Tod geleistet habe, und dabei mußte ich ihm über den Weg laufen.

Ihr erster Mann war Robert Crandell gewesen, ein entfernter Cousin von Elyse, hübsch und klug und geistreich und liebevoll. Und ein Spieler. Sie hatte ihn mit zwanzig geheiratet und sich von ihm scheiden lassen, als Bobby zehn war. Das war die einzige Möglichkeit, nicht mit in den Strudel seiner Schulden gerissen zu werden. Aber sie waren Freunde geblieben. Mehr als Freunde. Ich habe nie aufgehört, ihn zu lieben, dachte sie jetzt.

Er war vor fast fünf Jahren ums Leben gekommen, als er auf einer regennassen Autobahn zu schnell gefahren war, immer noch ein Spieler, immer noch unzuverlässig. Aber er hatte ihr eine Versicherungspolice hinterlassen, die ausreichte, um Bobbys Collegeausbildung zu finanzieren, und die Erleichterung angesichts dieser Tatsache hatte im Verein mit den Gefühlsstürmen, die sein Tod ausgelöst hatte, dazu geführt, daß Nadine sich eine Woche im Kurhotel Cypress Point gegönnt hatte.

Als sie noch mit Robert verheiratet gewesen war, hatte sie Cotter und Elyse gelegentlich bei Familienfeiern getroffen. Als sie sie dann das nächste Mal sah, in eben diesem Kurhotel, war offensichtlich, daß die beiden kaum noch miteinander sprachen. Drei Monate später rief Cotter sie an. »Ich habe die Scheidung eingereicht«, stellte er fest, »weil ich einfach nicht aufhören konnte, an dich zu denken.«

Aufmerksam. Charmant. Oh, wie gut Cotter sich darauf verstand, seinen Charme spielen zu lassen. »Du hast es nie leicht gehabt, Nadine«, sagte er. »Es wird Zeit, daß jemand sich um dich kümmert. Ich weiß, was du mit Robert durchgemacht hast. Es ist ein Wunder, daß er nicht ermordet wurde. Diese Buchmacher kennen kein Pardon mit Leuten, die ihre Schulden nicht bezahlen. Ich habe ihn von Zeit zu Zeit rausgepaukt. Ich nehme an, das wußtest du nicht.«

Er hat Robert niemals irgendwo rausgepaukt, dachte Nadine, als sie den Schlüssel in das Schlüsselloch ihres Cottages steckte. Cotter hatte niemals irgend jemanden rausgepaukt.

Bevor sie den Schlüssel umdrehen konnte, öffnete sich die Tür, und das verängstigte Gesicht ihres zweiundzwanzigjährigen Sohnes starrte auf sie herab. Dann schlang Bobby seine Arme um sie. »Mom, hilf mir. Was soll ich nur tun?«

Alvirah und Willy saßen noch eine Weile zusammen mit den anderen Gästen an ihrem Tisch über einem entkoffeinierten Espresso und hofften, noch mehr Gerüchte aufschnappen zu können, aber zu Alvirahs Enttäuschung wandte Elyse sich von ihrem Ex-Mann einem anderen Thema zu.

»Werden Sie auch den Konzertabend besuchen, Mrs. Meehan?« fragte Barra Snow.

»Wir sind immer noch auf New Yorker Zeit eingestellt«, antwortete Alvirah. Nach Elyses Seitenhieb bezüglich der Lotterie lag es ihr auf der Zunge zu sagen, daß sie sich lieber in die Falle hauen würden, aber sie entschied sich dagegen. »Und ich glaube, wir sollten uns besser zurückziehen«, führte sie den Satz zu Ende.

Gemessenen Schritts folgte Willy Alvirah durch den Speisesaal; sobald sie draußen waren, beschleunigte sie jedoch das Tempo. »Laß uns gehen«, sagte sie. »Ich brenne darauf, mich mit Nadine zu unterhalten. Nach allem, was ich über Cotter Haywards Einstellung in puncto Geld gehört habe, gibt es für mich keinen Zweifel, daß ihn nichts davon abhalten wird, den Diebstahl der Versicherungsgesellschaft zu melden.«

Als sie Nadines Cottage erreichten, war durch das offene Fenster das Gemurmel zweier Stimmen zu hören. »Ob ihr Mann wohl zurückgekommen ist?« flüsterte Alvirah, aber auf ihr Klopfen hin wurde die Tür von einem gutaussehenden jungen Mann geöffnet, der, wie man trotz des schlechten Lichtes sofort sah, Nadine wie aus dem Gesicht geschnitten war.

Willy und Alvirah nahmen Nadine und Bobby gegenüber auf dem in Hellblau und Weiß bezogenen Sofa in dem harmonisch eingerichteten Wohnzimmer Platz, während Nadine ihrem Sohn eröffnete, daß die Meehans über den Diebstahl im Bilde seien und ihnen helfen wollten.

Alvirah war klar, daß Bobby vollkommen außer sich war, aber trotzdem gefiel es ihr nicht, wie er versuchte, sich für seine Missetat zu rechtfertigen. »Mom, ich schwöre dir, das ist das erste Mal, daß ich einen Prämienscheck zu Geld gemacht habe«, sagte er mit schriller Stimme. »Ich hatte eine Wette laufen. Es war eine sichere Sache.«

»›Eine sichere Sache.‹« Nadines Stimme brach, und ihre nächsten Worte klangen, als könnte sie nur mühsam die Tränen unterdrücken. »Das sind die Worte deines Vaters. Ich habe sie zum ersten Mal gehört, als ich siebzehn war. Ich will sie nie wieder hören.«

»Mom, ich werde die Police wieder aufleben lassen, das schwöre ich.«

»Hat die Versicherung denn kein Schreiben verschickt, in dem sie auf die Kündigung der Police aufmerksam machte?« wollte Alvirah wissen.

Bobby schaute weg. »Ich wußte, daß es unterwegs war.«

»Und Sie haben das Schreiben vernichtet?« hakte Alvirah nach.

»Ja.«

»Das ist ebenfalls eine Straftat«, sagte sie ernst.

»Bobby«, rief Nadine. »Ich habe Cotter dazu überredet, die Versicherung für den Schmuck zu wechseln, weil du den Job bei Heskill bekommen hattest. Dann habe ich ihn überredet, dich in dem New Yorker Apartment wohnen zu lassen.«

Wie ähnlich er seinem Vater doch ist, dachte sie. Das reuige Gesicht, die niedergeschlagene Haltung.

Es war, als könnte Bobby ihre Gedanken lesen. »Mom, ich bin nicht wie Dad, nicht so, wie du denkst. Wenn ich früher gewettet habe, dann immer mit meinem eigenen Geld.«

»Das stimmt nicht. Ein paar Mal mußte ich für deine Verluste geradestehen.«

»Aber es war nie viel. Mom, wenn du Cotter dazu bringen könntest, keine Anklage zu erheben, dann tu ich es nie, nie wieder, das schwöre ich dir. Ich will nicht ins Gefängnis.«

Bobby vergrub sein Gesicht in den Händen.

Nadine legte ihre Arme um ihn. »Bobby«, sagte sie. »Verstehst du denn nicht? Ich kann ihn nicht aufhalten.«

Dann hielt sie plötzlich inne. »Oder vielleicht doch?«

Eine Stunde später, als Willy und Alvirah im Bett lagen, begann Alvirah laut nachzudenken. »Nadines Sohn Bobby hat kein Rückgrat und ist ein ziemlicher Egoist. Ich meine, wenn man so darüber nachdenkt – seine Mutter hat Cotter Hayward überredet, den Schmuck bei seiner Gesellschaft zu versichern, damit Bobby die Provision kassieren konnte. Dann verspielt er den Prämienscheck. Und meiner Ansicht nach macht er sich viel mehr Sorgen darüber, eventuell ins Gefängnis zu kommen, als darüber, daß er mit dieser Geschichte das Ende von Nadines Ehe eingeläutet haben könnte.«

»Hmhm«, stimmte Willy ihr verschlafen zu.

»Nicht, daß ich Cotter Hayward für einen so tollen Fang hielte«, fuhr Alvirah fort. »Er erinnert mich an Mr. Parker. Du weißt doch, ich habe mittwochs immer bei den Parkers geputzt, bis sie nach Florida zogen. Ich glaube, sie ist tot. Die Netten sterben immer, nicht wahr, und die abscheulichen alten Knacker sind unverwüstlich. Aber wie dem auch sei – er war ein Meckerfritze! Hatte an allem was auszusetzen. Und *geizig!* Eines Tages hat Mr. Parker seine arme Frau angeschrieen, weil sie einen seiner alten Anzüge weggegeben hatte. Er hatte einen ganzen Kleiderschrank voll davon, konnte sich aber nicht mal von einer alten, überzähligen Socke trennen.«

Willys gleichmäßiger Atem war sein einziger Kommentar.

»Es gibt nur eine Möglichkeit, wie wir Bobby Crandell vor dem Gefängnis bewahren können. Wir müssen den Dieb finden«, überlegte Alvirah laut. »Die Sache ist, daß Nadine am Abend des Diebstahls die Tür ihres Cottages abgeschlossen hat, aber da Bobby meinte, er habe heute abend problemlos durch die gläserne Schiebetür des Wintergartens hineinkommen können, liegt wohl auf der Hand, daß jeder andere das ebenfalls geschafft hätte. Im Grunde kümmert sich niemand hier viel um Schlösser und dergleichen.«

Und dann schoß ihr ein Gedanke durch den Kopf, der sie aufkeuchen ließ. Wie schwer war Bobby Crandell in seine Spielsucht verstrickt? Er wußte, daß seine Mutter die Juwelen bei sich hatte. Nadine hatte ihnen erzählt, daß sie in einem Hotel grundsätzlich dieselbe Kombination für ihren Safe wählte: den Monat und den Tag ihrer Geburt, eins – neun – vierundzwanzig. Bobby wußte das wahrscheinlich ebenfalls.

Alvirah dachte über die Möglichkeit nach, daß Bobby Crandell vielleicht aufgrund irgendwelcher Spielschulden in ernsten Schwierigkeiten steckte. Angenommen, sein Leben stand auf dem Spiel, wenn er das Geld, das er schuldig war, nicht beschaffen konnte? Angenommen, er schuldete wirklich große Summen? Angenommen, er hatte beschlossen, den Schmuck zu stehlen, obwohl er bereits das Prämiengeld gestohlen hatte? Vielleicht war er verzweifelt genug zu hoffen, daß seine Mutter Cotter Hayward überreden konnte, keine Anklage wegen des verschwundenen Schmucks zu erheben, dachte sie.

Noch eine weitere Frage ging Alvirah durch den Kopf, bevor sie endlich einschlief. Warum hatte Cotter Hayward so plötzlich beschlossen, heute abend mit Nadine zu essen?

Der Anruf kam um elf Uhr, kurz nachdem er zu Bett gegangen war. Cotter Hayward, der noch immer hellwach war, griff nach dem Hörer und blaffte ein lautes Hallo hinein.

Kurz darauf stieg Hayward aus dem Bett und zog sich Khakihosen und einen Pullover an. Dann fiel ihm plötzlich noch ein, daß er Lust auf einen Martini hatte. Ich sollte wahrscheinlich besser drauf verzichten, dachte er verdrossen. Aber angesichts der Entwicklung, die der Abend genommen hatte, konnte er einen Drink wirklich gut gebrauchen.

Um Viertel vor zwölf verließ er seine Wohnung, die

auf dem Grundstück des Pebble Beach Club lag, und ging in der Dunkelheit auf das sechzehnte Loch zu. An einem Wäldchen in der Nähe des Grüns blieb stehen, um zu warten.

Ein leises Blätterrascheln machte ihn darauf aufmerksam, daß jemand näherkam. Erwartungsvoll drehte er sich um, und im selben Augenblick riß die Wolkendecke auf. In der Sekunde, bevor er starb, erlebte Cotter Hayward sein ganzes Leben noch einmal. Er sah, wer ihn angriff, bemerkte, daß es ein Golfschläger war, der gleich auf seinen Schädel niederkrachen würde, und hatte sogar noch Zeit genug, um einzusehen, was für ein Narr er gewesen war.

Am nächsten Morgen um Viertel vor sechs stach Alvirah gerade im Traum auf der Queen Elizabeth 2 von Southampton aus in See. Aber bald merkte sie, daß das anhaltende Klingeln nicht etwa eine Schiffsglocke war, sondern das Schrillen des Telefons. Min war am Apparat.

»Alvirah, bitte komm sofort zum Haupthaus. Wir haben ein Problem.«

Alvirah zwängte sich in einen hellgelben Trainingsanzug von Dior und die dazu passenden Turnschuhe, während Willy sich noch den Schlaf aus den Augen wischte. »Was ist jetzt schon wieder los?« wollte er wissen.

»Das weiß ich noch nicht. O verdorri, jetzt hab' ich das Oberteil verkehrt rum angezogen.«

Willy blinzelte zur Uhr hinüber. »Ich dachte, die Leute kämen hierher, um sich zu entspannen.«

»Einige tun das auch. Steh auf und zieh dich an, damit du mitkommen kannst. Ich habe irgendwie ein ungutes Gefühl.«

Ein paar Minuten später wurde Alvirahs ungutes Gefühl noch bestärkt von der Tatsache, daß vor dem Haupteingang des Kurhotels ein Wagen mit dem Emblem des Sheriffs von Monterey County stand. »Scott ist hier«, sagte sie scharf.

Scott Alshorne saß in Mins Büro. Min und Helmut trugen noch immer ihre Morgenmäntel. Obwohl sie beide völlig fassungslos wirkten, konnte Alvirah nicht umhin, beide einen Augenblick lang ehrlich dafür zu bewundern, daß es ihnen gelungen war, zu dieser frühen Stunde, nachdem man sie offensichtlich aus dem Bett gerissen hatte, auszusehen, als seien sie einem Modejournal entstiegen. Mins Bademantel war ein Traum aus schimmerndem, pinkfarbenem Satin, der Kragen in Spitze eingefaßt, der Gürtel raffiniert geflochten. Und auch Helmuts kastanienbrauner, knielanger Seidenmorgenmantel konnte als Meisterwerk der Schneiderkunst gelten und gab den Blick auf einen farblich passenden Pyjama frei.

Glücklicherweise war Sheriff Alshorne immer noch der alte. Seine teddybärähnliche Gestalt, sein zerklüftetes und gebräuntes Gesicht, sein weißes, ungebärdiges Haar und der stechende Blick blieben ihm immer treu. So warmherzig er einen Freund umarmte, so unnahbar konnte er sein, wenn er einen Verbrecher hinter sich herzog.

Er umarmte Alvirah und schüttelte Willy die Hand. Dann kam er ohne weitere Höflichkeitsfloskeln zur Sache: »Ein Wartungsmonteur hat vor einer Stunde den Leichnam von Cotter Hayward auf dem Grundstück des Pebble Beach Clubs gefunden.«

»Der Himmel stehe uns bei«, stieß Alvirah hervor und dachte gleichzeitig: »Wer von beiden mag's getan haben, Nadine oder Bobby?«

»Kräftige Schläge mit einem schweren Gegenstand. Wer immer ihn getötet hat, wollte ganz sicher gehen, daß er auch wirklich tot war.« Scott sah Alvirah abschätzend an. »Nach allem, was Min mir erzählt, sind Sie nicht nur hier, um sich verwöhnen zu lassen.«

»Nicht direkt.« Alvirahs Gedanken überschlugen sich. »Weiß Nadine schon, was ihrem Mann zugestoßen ist?«

»Scott ist zuerst hierhergekommen«, sagte Min. »Wir werden ihn begleiten, wenn er es ihr sagt. Vielleicht braucht sie auch Helmuts ärztliche Hilfe. Ich wünschte nur, ich wüßte, wo ich Nadines Sohn finden kann, damit er ihr in dieser schwierigen Situation beistehen kann.«

»Bobby ist ...« Ein warnender Blick von Alvirah brachte Willy zum Schweigen.

Seine Bemerkung verhallte jedoch nicht ungehört. »Wissen Sie, wo dieser Bobby steckt?« fragte Scott Alshorne.

»Wir haben ihn kennengelernt«, erwiderte Alvirah ausweichend und begriff dann, daß es sinnlos war, die Tatsache, daß Bobby Crandell gestern abend um zehn Uhr in Nadines Cottage gewesen war, vor Scott zu verbergen.

»Ist er hier bei seiner Mutter?« hakte Scott nach.

»Gestern abend war er jedenfalls da«, gab Alvirah zu. »Nadine hat eins der Cottages mit zwei Schlafzimmern.«

Scott stand auf und überragte die anderen plötzlich um mindestens einen Kopf. »Alvirah, meine liebe Freundin«, sagte er, »lassen Sie uns eine Sache gleich ganz klarstellen. Vor drei Tagen hat es auf diesem Grundstück einen größeren Diebstahl gegeben. Ich hätte davon in Kenntnis gesetzt werden müssen – *sofort*. Min hat mir den Hintergrund der Sache geschildert, aber das rechtfertigt noch lange nicht ihre Entscheidung, Nadine Haywards Wunsch nachzukommen und das Verbrechen zu verschleiern. Was ihr Leute anscheinend nicht begreift, ist, daß wir Proben vom Safe hätten entnehmen können, für DNS-Tests. Jetzt ist es dafür natürlich zu spät.«

Er ging einen Schritt auf Alvirah zu. »Statt mich zu verständigen, haben sie Sie verständigt. Jetzt haben wir es nicht mehr nur mit schwerem Diebstahl zu tun, sondern mit Mord. Ich will von Ihnen alle Informationen, die Sie seit Ihrer Ankunft gestern gesammelt haben. Habe ich mich klar ausgedrückt?«

»Ich möchte mich ebenfalls klar ausdrücken«, sagte Willy, und seine Stimme klang eiskalt. »Versuchen Sie nicht, meine Frau zu schikanieren.«

»Ach Schatz, Scott schikaniert mich doch nicht«, sagte Alvirah beschwichtigend. »Das ist nur seine Art, mich über meine Rechte zu belehren.« Sie blickte zu Scott auf. »Ich weiß, was Sie denken – daß nämlich Nadine und Bobby ein hervorragendes Motiv für die Tat haben. Aber ich weiß auch, daß Sie ein fähiger Mann sind und für andere Möglichkeiten offenbleiben. Ich habe Cotter Hayward vor ein paar Jahren kennengelernt, als er mit seiner damaligen Frau Elyse hier war. Die beiden haben sich damals wahrhaftig nicht wie zwei Turteltäubchen benommen, und glauben Sie mir, nach allem, was ich gestern abend beobachtet habe, hat diese Dame ihn gehaßt. Aber sein Tod brachte ihr keine Vorteile – zumindest nicht, soweit wir es abschätzen können. Andererseits möchte ich wetten, daß Cotter Hayward genug Feinde hatte; bevor Sie also irgendwelche voreiligen Schlüsse ziehen, werfen Sie doch bitte erstmal einen Blick auf einige der Männer, die an dem Golfturnier teilgenommen haben, und finden Sie heraus, welcher von ihnen ebenfalls einen guten Grund gehabt hat, Hayward zu hassen.«

Min zeigte auf die Uhr. »Wir haben gleich halb sieben«, meinte sie nervös. »In fünfzehn Minuten beginnt der Morgenspaziergang. Wir müssen Nadine mitteilen, was passiert ist.«

»Und ich finde, auch Elyse sollte davon wissen, bevor die Gerüchteküche aktiv wird«, bemerkte Alvirah. »Wenn du willst, gehe ich zu ihr und rede mit ihr.«

»Nicht ohne mich«, brauste Scott auf und fügte dann mit einem widerwilligen Grinsen hinzu: »Na schön, Alvirah. Sie können mitkommen, wenn wir zu Haywards Witwe gehen.«

Min und Helmut eilten nach oben, um sich ihre Jogginganzüge anzuziehen, und kurz darauf verließ die düster dreinschauende, kleine Prozession das Haupthaus. Willy zog es vor, in sein eigenes Cottage zurückzukehren. »Ich wäre sowieso nur im Weg«, sagte er.

Auf dem Weg zu Nadines Cottage begegneten sie einigen Zimmermädchen, die gerade die Frühstückstabletts verteilten. Alvirah konnte ihre neugierigen Blicke fast körperlich spüren.

Wie sich herausstellte, wurden Helmuts ärztliche Fähigkeiten tatsächlich benötigt. Sie trafen Nadine im Wohnzimmer ihres Cottages an. Nadine sah aus, als hätte sie die ganze Nacht kein Auge zugemacht. Ihren Morgenmantel hatte sie auf links angezogen, wie Alvirah sofort bemerkte. Sie muß sich ziemlich eilig angezogen haben, dachte sie. Aber warum?

Nadines Milch-und-Honig-Teint wurde beim Anblick ihrer Besucher aschgrau. »Was ist passiert? Ist Bobby etwas zugestoßen?«

Das ist es also, dachte Alvirah. Bobby ist verschwunden, und sie weiß nicht, wo er steckt. Sie sah zu, wie Min und Helmut sich schützend neben Nadine stellten, als Scott ihr erzählte, daß ihr Ehemann das Opfer eines widerwärtigen Verbrechens geworden war.

Nadine sagte nichts. Dann seufzte sie und fiel ohnmächtig zu Boden.

»Wenn Nadine schon ein Nervenbündel war, dann hättest du mal Bobby sehen sollen«, erzählte Alvirah Willy eine Stunde später. »Er kam herbei, während Helmut versuchte, seine Mutter wiederzubeleben, und ich schätze, er dachte, sie sei tot. Er hatte geweint, das konnte man deutlich sehen. Und ohne einen Augenblick zu zögern, schob er Helmut zur Seite und sagte immer wieder: ›Mom, es ist meine Schuld, es tut mir leid. Es tut mir leid.‹«

»Meinte er den Diebstahl der Prämie, oder hatten die beiden einen Streit?« fragte Willy.

»Genau das versuche ich herauszufinden. Als Nadine wieder zu sich kam und Helmut ihr ein Beruhigungsmittel verabreichte und sie zu Bett brachte, unterhielt Scott sich mit Bobby. Aber der sagte nur, er habe nicht schlafen können und sei früh aufgestanden, um ein wenig zu joggen. Dann meinte er, er würde kein Wort mehr ohne seinen Rechtsanwalt sagen.«

Willy stieß einen lautlosen Pfiff aus. »Das klingt für mich nicht so, als spräche da ein Unschuldiger.«

Alvirah nickte widerwillig. »Man merkt, daß er eigentlich kein schlechter Kerl ist, Willy, und mit Sicherheit liebt er seine Mutter, aber ich halte ihn auf jeden Fall für einen Menschen, der nicht weiter als bis zu seiner Nasenspitze denkt. Ich meine, so ungern ich es sage, aber ich könnte mir vorstellen, daß er zu dem Schluß gekommen ist, seine Mutter würde das Verschwinden des Schmuckes niemals melden, wenn Cotter Hayward aus dem Weg wäre.«

Willy reichte ihr eine Tasse Kaffee. »Du hast noch nichts gegessen. Das Zimmermädchen hat eine Thermosflasche dagelassen und etwas, das angeblich ein Muffin ist. Man braucht ein Vergrößerungsglas, um es auf dem Teller zu finden.«

»Neunhundert Kalorien am Tag, mein Schatz. Das ist der Grund, warum die Leute, wenn sie von hier weggehen, so gut aussehen.« Alvirah verschlang ihr Muffin mit einem einzigen Bissen. »Aber weißt du, was wirklich interessant ist? Als wir Elyse die Sache mit ihrem Ex-Mann erzählten, wurde sie völlig hysterisch.«

»Ich dachte, sie könnte ihn nicht ausstehen.«

»Das dachte ich auch. Und vielleicht konnte sie es auch nicht. Aber sie wußte, daß Cotter Hayward solche Angst vorm Tod hatte, daß er nie ein Testament gemacht hat. Er hat keine Kinder, und das bedeutet ...«

»... daß Nadine möglicherweise eine sehr wohlhabende Witwe wird«, beendete Willy den Satz für sie. »Und ich schätze, daß ihr Sohn es sich jetzt leisten kann, einen guten Anwalt hinzuzuziehen.«

Um zwölf Uhr kehrte Scott mit einem Durchsuchungsbefehl für Nadines Cottage in das Kurhotel zurück. Zu diesem Zeitpunkt hatten die Medien bereits vor den Toren des Kurhotels ihr Lager aufgeschlagen, und die Polizei hatte Barrikaden aufgestellt, um die Journalisten zurückzuhalten.

Sheriff Alshorne wurde von allen Seiten bedrängt, eine Erklärung abzugeben. Er stieg aus dem Wagen und baute sich vor den Kameras und Mikrophonen auf. »Die Nachforschungen sind in vollem Gang«, sagte er. »Zur Zeit findet die Autopsie statt. Sie werden über die Entwicklung der Dinge auf dem laufenden gehalten.«

Die Leute riefen ihm weitere Fragen zu: »Sheriff, stimmt es, daß Mr. Haywards Sohn einen Anwalt engagiert hat?« – »Stimmt es, daß Mrs. Haywards Schmuck vor ein paar Tagen gestohlen wurde und man Sie nicht darüber in Kenntnis gesetzt hat?« – »Stimmt es, daß Mr. Hayward gestern abend beim Dinner einen Streit mit seiner Ex-Frau hatte?«

»Kein Kommentar«, erwiderte Scott schroff auf alle Fragen, die ihm entgegengeschleudert wurden. Dann stieg er wieder in seinen Wagen und befahl seinem Hilfssheriff gereizt, endlich loszufahren. Sie wurden an der Barrikade vorbeigewinkt und entkamen auf das Gelände des Kurhotels. »Ich frage mich, wer alles vom Personal seine Insidergeschichten an irgendwelche Skandalblätter verkaufen wird«, wütete er, während sie auf das Cottage der Witwe zusteuerten.

Nadine war fertig angekleidet und, wenn auch totenbleich, vollkommen gefaßt. »Ich verstehe«, sagte sie tonlos, als Scott ihr den Durchsuchungsbefehl zeigte. »Ich weiß nicht, wonach Sie suchen, und ich bin ganz sicher, daß Sie nichts finden, was uns mit dem Verbrechen in Zusammenhang bringt, aber bitte, tun Sie sich keinen Zwang an.«

»Wo ist Ihr Sohn?« fragte Scott.

»Ich habe ihn hinüber in das römische Bad geschickt. Eine Massage und ein paar Runden im Pool werden ihm sicher guttun.«

»Er weiß doch, daß er das Grundstück nicht verlassen darf?«

»Ich glaube, Sie haben sich da ganz klar ausgedrückt. Wenn Sie mich jetzt bitte entschuldigen möchten, ich werde in Baroneß von Schreibers Büro sein. Sie hilft mir bei den Arrangements für die Einäscherung meines Mannes, die stattfinden soll, sobald seine Leiche freigegeben wird.«

Die Durchsuchung des Cottages war gründlich, und die Ergebnisse waren gleich null. Wütend nahm Scott den Wandsafe unter die Lupe. »Das ist ein ziemlich stabiles Ding«, bemerkte er zu einem Hilfssheriff. »Es wurde nicht aufgebrochen, was bedeutet, daß wir es nicht mit einem professionellen Safeknacker zu tun haben, sondern mit jemandem, der die Kombination genau kannte.«

»Der Sohn?«

»Er war Mittwoch morgen in seinem New Yorker Büro. Die Juwelen sind am Dienstag nachmittag verschwunden. Wir überprüfen die Fluglisten, aber es ist natürlich nicht ausgeschlossen, daß er unter falschem Namen geflogen ist.«

Im zweiten Schlafzimmer, demjenigen, in dem Bobby die Nacht verbracht hatte, fand Scott etwas, das er für wichtig hielt – Nadines taschenbuchgroßes Telefonregister, das aufgeschlagen auf der H-Seite neben dem Telefon lag. Die ersten fünf Nummern auf der Seite gehörten zu Cotter Hayward; es waren die seines Büros, seines

Schiffes, der New Yorker Wohnung, der Ranch in New Mexico und der Pebble-Beach-Wohnung.

»Bobby war gestern abend hier«, sagte Scott. »Cotter war in seiner Wohnung im Pebble-Beach-Club. Ich frage mich, ob unser Freund Bobby ihn vielleicht telefonisch zu einem privaten Treffen eingeladen hat.«

Im Cypress Point wurde der Lunch gewöhnlich an Tischen serviert, die um den Pool herum standen. Die Gäste trugen Trainingsanzüge oder Morgenmäntel. Diejenigen, die mit dem Morgenprogramm fertig waren und am Nachmittag auf dem neuen Neun-Loch-Golfplatz spielen wollten, waren entsprechend gekleidet.

Alvirah hatte weder die Absicht, eine Schönheitskur über sich ergehen zu lassen, noch irgendwelche Gymnastikübungen zu machen, und einen Golfschläger hatte sie noch nie in ihrem Leben in der Hand gehalten. Nichtsdestoweniger zog sie sich hastig den dunkelblauen Trainingsanzug und den rosafarbenen Frotteebademantel über, die zur Standardausrüstung eines jeden Cottages zählten. Sie hatte Willy dazu überredet, ebenfalls die Badeshorts mit dem kurzen Morgenmantel überzustreifen, die das Kurhotel für seine männlichen Gäste vorgesehen hatte.

»Wir wollen nicht auffallen«, hatte sie ihn gedrängt. »Ich muß ein Gefühl dafür bekommen, was die Leute über den Mordfall reden.«

Ihr war klar, daß es wahrscheinlich etwas protzig gewirkt hätte, wenn sie ihre Brillantbrosche an den Bademantel gesteckt hätte. Selbst die Frauen, die zur abendlichen ›Cocktail‹-Party behängt wie ein Christbaum erschienen, würden das nicht tun. Trotzdem befestigte sie die Brosche an ihrem Revers. Als sie sich dem Pool näherten, schaltete sie den kleinen Rekorder darin ein. Sie wollte nicht, daß ihr irgend etwas von dem, was die Leute über den Mord sagten, entging.

Alvirah war überrascht, an einem der Tische Elyse zusammen mit Barra Snow und einigen anderen Gästen sitzen zu sehen. »Komm schon, Schatz«, zischte sie Willy zu, da ihr aufgefallen war, daß an bewußtem Tisch noch zwei Plätze frei waren.

Elyse, die jetzt vollkommen gefaßt wirkte, hatte den obligaten Trainingsanzug mitsamt Morgenmantel zugunsten einer gestreiften Baumwollbluse, eines weißen Rocks und Golfschuhen in ihrem Zimmer liegengelassen. »Ein furchtbarer Schock«, sagte sie zu der Frau, die gerade zu ihr an den Tisch gekommen war. »Immerhin war ich fünfzehn Jahre lang mit Cotter verheiratet, und zumindest eine Weile waren wir doch sehr glücklich. Ihm ist es zu verdanken, daß ich angefangen habe, Golf zu spielen, und zumindest dafür werde ich ihm immer dankbar sein. Er war ein hervorragender Lehrer. Das ist es auch, was uns in Wirklichkeit so lange zusammengehalten hat. Ich denke, daß wir, schon lange nachdem wir genug voneinander hatten, immer noch gern zusammen Golf spielten.«

»Sind Sie sicher, daß Sie heute nachmittag wirklich spielen wollen? Wir könnten sicher jemanden finden, der bei unserem Vierer für Sie einspringt.«

Die Frau, die mit Elyse sprach, war eine Vertreterin des schlanken, gebräunten, eleganten Typs mit beinahe englischem Akzent. Sie kommt mir nur deshalb bekannt vor, weil sie ein Clone der Hälfte der Frauen hier ist, befand Alvirah, nachdem sie sie eine Weile beobachtet hatte.

Barra Snow antwortete an Elyses Stelle. »Ich bin sicher, daß es für Elyse besser ist, wenn sie mit uns spielt. Ich habe schon einen Caddy gebeten, ihre Schläger aus ihrem Wagen zu holen. Sie darf nicht einfach nur dasitzen und grübeln.«

»Ich grüble nicht«, widersprach Elyse ihr scharf. »Wirklich, Barra, wenn du unbedingt dein Mitleid kundtun willst, spar es dir für Nadine. Ich höre, daß Bobby letzte Nacht bei ihr war, und wenn ich recht verstanden habe, hat sie ihn nicht erwartet. Ich würde liebend gern wissen, in was für einer Klemme er jetzt schon wieder steckt. Letztes Mal mußte Nadine Cotter um Geld bitten, um ihn rauszupauken. Er wird genauso wie sein Vater, dieser Junge.«

Alvirah erinnerte sich daran, daß Elyse eine entfernte Cousine von Bobbys verstorbenem Vater war. Woher wußte sie, daß Nadine Bobby aus der Klemme geholfen hatte? fragte sie sich. Hat sie das von Cotter erfahren? Sie dachte an Elyses hysterische Reaktion auf die Nachricht von seinem Tod. War es wirklich nur darum gegangen, daß Nadine eine Menge Geld erben würde, oder verband sie eine Art Haßliebe mit ihrem Ex-Mann? Sehr interessant, dachte sie.

Mrs. Jennings, die am Vorabend an ihrem Tisch gesessen hatte, eilte zu ihnen hinüber. »Ich habe gerade im Fernsehen gehört, daß das Gerücht geht, man habe Nadine vor einigen Tagen hier ihren Schmuck gestohlen. Ist das nicht unglaublich?«

»Der Schmuck«, stieß Elyse hervor. »Die Hayward-Juwelen! Mein Gott, hat Cotter davon gewußt? Dieses Zeug ist jetzt seit drei Generationen in der Familie. Sie haben es ihren Ehefrauen niemals geschenkt, müssen Sie wissen. Sie durften es lediglich tragen. Sein Vater war viermal verheiratet, und stellen Sie sich vor, alle vier Frauen haben ihre Porträts mit denselben Schmuckstücken malen lassen. Sie waren unter dem Spitznamen ›Hayward-Chorus-Line‹ bekannt. Ich dachte, Nadine würde schließlich diejenige sein, die alles behalten durfte. Cotter war der letzte Abkömmling seiner Familie.«

Sie ist überglücklich, daß der Schmuck gestohlen wurde, dachte Alvirah, oder sie muß eine gute Schauspielerin sein.

Ein freundlich aussehender Mann in der Uniform eines Kurhotel-Caddys trat mit einer Golftasche über der

Schulter an ihren Tisch. »Ich bringe Ihre Schläger, Mrs. Hayward«, sagte er, als er die Tasche absetzte, »aber ich finde, ich sollte vorher noch den Sand-Wedge reinigen. Die Schutzhülle fehlt, und er ist etwas verschmiert.«

»Das ist einfach lächerlich«, brauste Elyse auf. »Alle Schläger wurden gründlich gereinigt, bevor sie wieder in die Tasche gekommen sind.«

Verschmiert? Alvirahs Antennen begannen zu vibrieren. Sie sprang auf und sagte: »Das möchte ich mir bitte ansehen.«

Sie nahm dem überraschten Caddy die Golftasche ab und schaute hinein. Sorgsam darauf bedacht, nur ja keinen der Schläger zu berühren, beugte sie sich über die Tasche und betrachtete denjenigen, bei dem die Schutzhülle fehlte; der gewölbte Stahlkopf wies eindeutig dunkelbraune Flecken auf. Selbst mit bloßen Augen konnte sie sehen, daß kleine Überreste von Haut und Haaren an dem Metall klebten.

»Rufen Sie Sheriff Alshorne an«, sagte Alvirah mit ruhiger Stimme. »Sagen Sie ihm, ich hätte wahrscheinlich die Mordwaffe gefunden.«

Zwei Stunden später bekamen Alvirah und Willy in ihrem Cottage Besuch von Sheriff Scott Alshorne.

»Das war gute Arbeit, Alvirah«, gab Scott widerwillig zu. »Wenn dieser Caddy den Schläger gereinigt hätte, wäre ein wertvolles Beweisstück verlorengegangen.«

»DNS?« fragte Alvirah.

Alshorne zuckte die Achseln. »Vielleicht. Wir wissen, daß es sich um die Mordwaffe handelt, und wir wissen, daß sie in der Golftasche der Ex-Frau war, welche sich im Kofferraum ihres unverschlossenen Wagens auf dem Parkplatz befand.«

»Was bedeutet, jeder hätte den Schläger herausnehmen und später zurückbringen können«, bemerkte Willy.

»Jeder wußte, daß er dort war«, sagte Alvirah. »Stimmt's, Scott?«

»Ja.«

»Ich habe den Schläger nicht angerührt, aber es sieht so aus, als könnte er eine ziemlich abscheuliche Waffe abgeben. Habe ich recht?« Alvirahs Stirn war gefurcht, was immer ein Zeichen dafür war, daß ihr, wie sie es gern ausdrückte, der Kopf rauchte.

»Ja, das Ding gibt eine gefährliche Waffe ab«, stimmte Scott ihr zu. »Der Sand-Wedge ist der schwerste aller Golfschläger.«

»Das wußte ich nicht. Wenn ich jemandem mit einem Golfschläger den Kopf einschlagen wollte, würde ich mir wahrscheinlich irgendeinen Schläger greifen, denke ich.«

»Alvirah«, sagte Scott kopfschüttelnd. »Vielleicht kommt irgendwann der Tag, an dem ich Sie einstellen werde. Ja, ich bin zu demselben Schluß gekommen. Jemand, der entweder selbst Golf spielt oder sich damit *auskennt,* hat diesen Schläger für seine oder ihre Begegnung mit Cotter Hayward ausgesucht.«

»Und Sie konzentrieren sich auf Bobby Crandell, nicht wahr?«

Er zuckte die Achseln. »Oder auf seine Mutter. Die Gründe sind Ihnen ja bekannt.«

Alvirah dachte über Bobby nach, das erschrockene, hübsche, junge Gesicht, den Versuch, sich zu rechtfertigen, indem er behauptete, bisher immer selbst für seine Verluste geradegestanden zu haben. Sie glaubte allerdings, daß es der Wahrheit näherkam, wenn sie davon ausging, daß Nadine ihm für gewöhnlich aus der Klemme geholfen hatte und daß er nun zu ihr gelaufen war in der Erwartung, sie würde es auch in diesem Falle tun. Gestern abend hatte Alvirah mit eigenen Augen gesehen, daß er begriffen hatte, daß *diesmal* seine Mutter nicht die Macht hatte, ihn zu retten. Und es war ziemlich offensichtlich, daß Nadine alles tun würde, um ihren

Sohn nicht im Gefängnis zu sehen. Etwas derartiges hatte sie ja gesagt …

»Dann sieht es ziemlich schlimm aus für die beiden«, sagte sie langsam, »aber wissen Sie was, Scott? Sie sind beide unschuldig. Ich habe es einfach im Gefühl.«

Sie saßen im Wohnzimmer des Cottages. Die gläserne Schiebetür stand offen, und eine erfrischend kühle Brise vom Pazifik hatte die Mittagshitze verscheucht.

Plötzlich hörte man draußen hastige Schritte auf der kleinen Terrasse, und Nadine schob den Fliegenschutz zur Seite. »Alvirah, du mußt mir helfen«, schluchzte sie. »Bobby will den Mord an Cotter gestehen. Bitte, du mußt ihn aufhalten, bitte.« Dann sah sie den Sheriff. »O mein Gott!« wimmerte sie.

Scott stand auf. »Mrs. Hayward, ich sollte wohl besser zu Ihrem Sohn gehen und mir anhören, was er zu sagen hat. Und ich schlage Ihnen vor, einen Blick in Ihr eigenes Herz zu tun und herauszufinden, warum er es plötzlich für notwendig erachtet, sich dieses Mordes schuldig zu bekennen.«

Flankiert von Scott Alshorne und zwei Hilfssheriffs wurde Bobby Crandell aufs Polizeirevier von Monterey County gebracht. Ein paar Minuten später folgte Nadine in Begleitung von Alvirah und Willy in der Limousine des Kurhotels.

Nadine hatte aufgehört zu schluchzen. Ohne während der kurzen Fahrt ein Wort zu verlieren, verlangte sie, als sie auf dem Polizeirevier eintrafen, sofort nach dem Sheriff. »Ich muß ihm etwas sehr Wichtiges mitteilen«, sagte sie.

Instinktiv wußte Alvirah, was Nadine vorhatte. »Nadine, ich möchte, daß du dir einen Anwalt nimmst, bevor du noch ein weiteres Wort sagst.«

»Ein Anwalt kann mir auch nicht helfen. Das kann niemand.«

Sie wurden in ein Wartezimmer geführt, wo sie eine Stunde lang warteten, bis Scott sie holen ließ. Zu diesem Zeitpunkt machte Alvirah sich bereits solche Sorgen, daß sie beinahe vergessen hätte, den Rekorder in ihrer Brillantrosette einzuschalten.

»Wo ist Bobby?« wollte Nadine wissen, als man sie endlich in Scotts Büro brachte.

»Er wartet darauf, daß sein Geständnis getippt wird.«

»Er hat nichts zu gestehen«, rief Nadine. »Ich …«

Scott unterbrach sie. »Mrs. Hayward, bitte sagen Sie kein Wort mehr, bis ich ausgesprochen habe. Sind Sie sich über Ihre Rechte im klaren?«

»Ja.«

Alvirah spürte, wie Willys Hand sich tröstend um die ihre schloß, während Scott Nadine ihre Rechte vorlas, sie anschließend bat, sie selbst noch einmal durchzulesen, und fragte, ob sie alles verstanden habe.

»Jaja, und ich weiß auch, daß ich das Recht auf einen Anwalt habe.«

»Na gut.« Scott drehte sich zu einem seiner Hilfssheriffs um. »Holen Sie die Stenographin rein. Alvirah, Sie und Willy warten bitte draußen.«

»O nein, bitte erlauben Sie ihnen zu bleiben.« Nadine zitterte am ganzen Leib.

Alvirah legte einen Arm um sie. »Lassen Sie mich bei ihr bleiben, Scott.«

Nadines Geständnis war unmißverständlich. »Ich habe Cotter in seiner Wohnung angerufen. Ich sagte ihm, ich müsse mit ihm reden.«

»Um wieviel Uhr war das?«

»Ich … ich weiß nicht. Ich war schon im Bett. Ich konnte nicht schlafen.«

»Worüber wollten Sie mit ihm reden?« fragte Scott.

»Ich wollte ihm von dem Juwelendiebstahl erzählen und ihn bitten, ihn nicht zu melden. Alvirah, Sie sind so klug. Ich dachte, es gäbe eine Hoffnung, eine *winzige*

Hoffnung, daß Sie herausfinden würden, wer die Juwelen gestohlen hat. Ich habe am Vorabend des Diebstahls tatsächlich einige der Schmuckstücke getragen. Eine ganze Reihe von Leuten hat sie bewundert, und all diese Leute sind noch hier. Vielleicht liegt alles in einem der anderen Cottages im Safe.«

»War er mit dem Treffen einverstanden?« wollte Scott wissen.

»Ja, er wollte mich auf dem Golfplatz treffen.«

»Warum nicht in der Wohnung?« fragte Alvirah. »Sie sind seine Frau.«

»Er ... er sagte, ihm wäre nach einem Spaziergang, so daß wir uns sozusagen auf halber Strecke treffen könnten. Er hat mir genau gesagt, wie ich dort hinkomme.«

»Warum haben Sie einen Golfschläger mitgenommen?« fragte Scott.

Nadine biß sich auf die Lippen. »Cotter konnte ziemlich gewalttätig werden. Ich hatte Angst, daß er, wenn er in Wut geriet ... Und genau das ist dann auch passiert. Als ich ihm von dem Diebstahl und der Prämie erzählte, wurde er furchtbar wütend. Er holte aus und wollte mich schlagen. Ich bin einen Schritt zurückgewichen und habe den Schläger hochgehoben und ...« Ihre Stimme verlor sich. Dann flüsterte sie: »Ich erinnere mich nicht daran, ihn geschlagen zu haben, aber dann lag er plötzlich da, und ich wußte, daß er tot war.«

»Sie haben den Golfschläger wieder in Elyse Haywards Wagen gelegt?«

»Ja. Ich wollte ihn einfach loswerden.«

»Warum in *ihren* Wagen?«

»Ich wußte, daß sie ihre Schläger dort aufbewahrte. Ich hatte sie dort gesehen. Auf dem Weg zum Hotel habe ich die Abkürzung über den Parkplatz genommen.«

Nicht nur seine Stirn, sondern Scotts ganzes Gesicht legte sich nachdenklich in Falten. »Sie legen ein glaubwürdigeres Geständnis ab, als Ihr Sohn es getan hat«, sagte er. »Es tut mir leid für Sie, Mrs. Hayward. Sie hätten Bobby einen viel größeren Gefallen getan, wenn Sie ihn die Sache mit dem Prämienscheck hätten ausbaden lassen. Er wäre schon irgendwie damit fertig geworden. Er wollte lieber die Gaskammer auf sich nehmen, als zuzulassen, daß man Sie für den Mord an Ihrem Mann verhaftete. Ich kann Ihnen jetzt ja ruhig sagen, daß sein Geständnis nicht glaubwürdig war.«

Scott stand auf. »Wenn Ihre Aussage getippt und unterzeichnet ist, wird offiziell Anklage erhoben. Für den Augenblick verhafte ich Sie wegen Mordes an Ihrem Mann.«

Alvirah und Willy waren mit Nadine aufs Polizeirevier gefahren und kehrten jetzt mit Bobby ins Hotel zurück. Wie ein Häufchen Elend hockte er im Wagen, das Kinn auf die gefalteten Hände gestützt, die Augen halb geschlossen. Sofort waren Alvirahs mütterliche Instinkte entflammt. Er ist so unglücklich, dachte sie, und er gibt sich die Schuld an allem. Schließlich sagte sie zu ihm: »Bobby, Sie bleiben doch in dem Cottage Ihrer Mutter, oder?«

»Ja, wenn Baroneß von Schreiber es erlaubt. Meine Mutter sollte eigentlich nur bis Samstag bleiben.«

»Ich weiß, daß Min einen Platz für Sie finden wird.« Sie wandte sich an Willy. »Ich glaube, du und Bobby, ihr solltet den Rest des Tages zusammen verbringen. Geh mit ihm in die Sporthalle oder an den Pool.«

Dann verfiel sie in Schweigen, denn sie wollte nichts versprechen, was sie nicht auch wirklich halten konnte. Aber als die Limousine über den Seventeen-Mile-Drive fuhr, rang sie sich doch zu einem Entschluß durch. »Bobby, ich weiß, Sie haben Cotter Hayward nicht getötet, und ich bin sicher, Ihre Mutter hat ihn auch nicht getötet. Sie glaubt, Sie beschützen zu müssen, genauso wie Sie geglaubt haben, Ihre Mutter beschützen zu müssen.

Ich will jetzt die Wahrheit wissen. Was ist passiert, nachdem Willy und ich gestern abend gegangen sind?«

Ein schwacher Hoffnungsschimmer ließ Bobbys Gesicht aufleuchten. Er strich sich das dunkelblonde Haar aus der Stirn, das dem seiner Mutter so ähnlich war. »Mom und ich waren ziemlich fertig. Sie sagte, Cotter würde sicher darüber nachdenken, warum sie beim Dinner keinen Schmuck getragen habe, und es wäre besser, ihm zu sagen, was passiert sei, statt bis Samstag zu warten. Dann gingen wir beide zu Bett, und ich konnte sie noch eine Weile weinen hören, aber ich wußte nicht, ob ich zu ihr gehen sollte oder nicht. Schließlich bin ich eingeschlafen.«

Er schaute nervös zum Fahrersitz hinüber und stellte dann fest, daß Alvirah auf den Knopf gedrückt hatte, der die Glasscheibe zwischen dem Chauffeur und den Fahrgästen in die Höhe fahren ließ. »Ich bin um fünf Uhr aufgewacht und habe bei Mom vorbeigeschaut. Sie war nicht in ihrem Zimmer. Ich fand ihr Adreßbuch und habe in Haywards Wohnung angerufen, aber da ist niemand an den Apparat gegangen. Ich hatte Angst und beschloß, selbst nachzusehen. Ich fürchtete, sie sei zu ihm gegangen und ihr könne vielleicht etwas zugestoßen sein. Also bin ich hinübergelaufen, aber als ich dort ankam, habe ich die Streifenwagen gesehen; ein Wartungsmonteur erzählte mir, was geschehen war. Danach bin ich irgendwie in Panik geraten. Das ist auch der Grund, warum ich den Mord gestanden habe. Denn wenn meine Mutter es getan hat, hat sie es für mich getan.«

Alvirah sah den jungen Mann an, dessen Gesicht sein ganzes Unglück widerspiegelte. »Ich glaube nicht, daß sie es war«, meinte Alvirah. »Ich habe bereits zu Sheriff Alshorne gesagt, daß es möglicherweise noch andere Leute gab, die einen guten Grund hatten, ihren Stiefvater zu töten. Mein Job ist es jetzt, herauszufinden, wer von ihnen es wirklich getan hat.«

In dem Cottage der Meehans wartete bereits ein großer brauner Umschlag auf Alvirah. Es war das Material, um das sie Charley Evans gebeten hatte, den Redakteur beim *New York Globe*. Der Umschlag enthielt reichlich Zeitungs- und Zeitschriftenausschnitte mit Geschichten über Cotter Hayward. Als Alvirah sich darüber hermachte, vergaß sie beinahe, daß sie den Lunch ausgelassen hatte; dann fiel ihr das Frühstück mit dem Mini-Muffin ein, und ihr wurde klar, daß ihre Kopfschmerzen nicht allein auf Streß zurückzuführen waren. Sie rief den Zimmerservice an.

Zehn Minuten später erschien eine lächelnde Kellnerin mit einem Glas Quellwasser, einer Kanne Kräutertee und einem Karotten-Gurken-Salat, das Mittagsmenü des Tages. Alvirah dachte sehnsüchtig an einen schönen, saftigen Hamburger und erinnerte sich dann an Barra Snows Bemerkung über ihre Schwester, der bei der Scheidung eine Mc-Donalds-Konzession zugefallen war. Sie brachte ein schiefes Lächeln zustande und dachte, daß sie im Augenblick sicher hungrig genug war, um den gesamten Profit dieser Schwester auf einmal zu verzehren.

Das umfangreiche Material über Cotter J. Hayward war für Alvirah eine ausgesprochen faszinierende Lektüre. Er war in Darien, Connecticut, geboren worden, als Enkel des Erfinders einer neuen Trägertechnik für Telefongespräche über weite Entfernungen, der seine Erfindung für sechzig Millionen Dollar an AT&T verkauft hatte.

»'Ne ganze Menge Geld damals«, dachte Alvirah, während sie sich etwas auf ihrem Block notierte. Damals hatte Cotter der Erste auch den Schmuck für seine Frau gekauft. Weil er als notorischer Geizhals bekannt war, machte der Kauf Schlagzeilen. Die Juwelen gingen schließlich in den Besitz Cotters des Zweiten, seines Sohnes, über; das war der Playboy, dessen vier Ehefrauen den Schmuck nacheinander getragen hatten. Zwar hielt er die Juwelen in der Familie, dezimierte aber das sonstige Familienvermögen durch seinen üppigen Lebensstil und seine Eheverträge stark.

Cotter der Dritte, Nadines ermordeter Ehemann und Elyses Ex-Ehemann, schien von beiden seiner Vorfahren etwas geerbt zu haben. Es gab Dutzende von Fotos von ihm in jüngeren Jahren, auf denen er in Begleitung von Filmstars und Debütantinnen zu sehen war. Mit fünfunddreißig hatte er Elyse geheiratet, und wie sein Großvater war er für seine Knauserigkeit bekannt. Er verwaltete sein Vermögen selbst, und es ging das Gerücht um, daß er mehr als einhundert Millionen Dollar schwer sei, aber konkrete Zahlen standen nicht zur Verfügung.

Er muß ein ungeheuer guter Golfspieler gewesen sein, dachte Alvirah. Viele Fotos von ihm waren auf dem Golfplatz aufgenommen worden, und er hatte mit Leuten wie Jack Nicklaus und dem ehemaligen Präsidenten Ford gespielt. Die älteren Fotos zeigten ihn Arm in Arm mit Elyse, beide in Golfkleidung, und häufig bei der Entgegennahme von Siegestrophäen. Die jüngeren Fotos, und zwar die aus den letzten drei Jahren, zeigten ihn mit Nadine bei gesellschaftlichen Anlässen, aber sie trat auf keinem einzigen Golfbild mit ihm in Erscheinung.

Ein Foto fiel Alvirah besonders auf. Es zeigte Elyse und Barra Snow bei einem Wohltätigkeitsturnier im Ridgewood Country Club in New Jersey mit zwei gleichartigen Trophäen, die ihnen von Cotter Hayward als Schirmherr des Turniers überreicht wurden. Das war erst sechs Wochen her, dachte sie.

Cotters Lächeln auf diesem Foto, das ihn zwischen den beiden Frauen zeigte, wirkte durch und durch echt. Elyse schaute lächelnd zu ihm auf. Haßliebe, dachte Alvirah. Genau das war es, was Elyse für ihren Ex empfand. Sie las die Bildunterschrift und runzelte dann die Stirn. Ach herrje, dachte sie. Ach herrje.

Dann griff sie nach dem Telefonhörer und rief Charley beim *Globe* an, bedankte sich für das Material, das er ihr zugeschickt hatte, und bat ihn darum, ihr so bald wie möglich weiteres Material zuzufaxen. »Ich weiß, es ist acht Uhr in New York, aber wenn du sofort jemand auf die Sache ansetzt, werde ich Min bitten, mir einen Schlüssel fürs Büro zu geben, so daß ich mir das Fax heute nacht noch holen kann.«

Ihre nächste Aufgabe bestand darin, sich die Aufzeichnungen, die sie gestern abend beim Essen gemacht hatte, noch einmal anzuhören. Anschließend kamen dann die Aufzeichnungen aus Nadines Cottage an die Reihe und zum Schluß die vom Mittagessen. Sie hörte alles ab und machte sich dabei Notizen.

Um sechs Uhr kam ein völlig erschöpfter Willy zurück ins Cottage. »Wir sind geschwommen, und wir haben uns an diesen Trainingsmaschinen versucht. Bobby kennt sich bestens mit den Dingern aus. Dann haben wir zusammen ein Glas Orangensaft getrunken und uns unterhalten. Er ist ein netter junger Mann, Schätzchen, und weiß, daß seine Mutter nur seinetwegen in ihrer schwierigen Situation ist. Ich sage dir, wenn der wirkliche Mörder irgendwie gefunden werden kann und Nadine aus der Sache rauskommt, dann wird Bobby Crandell nicht mal mehr einen Lotterieschein anrühren.« Plötzlich bemerkte Willy den Stapel Zeitungsausschnitte auf dem Tisch. »Irgendwas gefunden?«

»Ich bin mir nicht sicher. Das Dinner dürfte jedenfalls interessant werden.«

Zu Alvirahs Erleichterung erschienen alle Gäste, die an ihrem Tisch saßen, zum Abendessen. Sie hatte befürchtet, Elyse könne sich das Dinner in ihrem Cottage servieren lassen. Aber die erste Mrs. Hayward, die immer noch eiskalt und gefaßt wirkte, saß, elegant bekleidet mit einem dunkelblauen, knöchellangen Futteralkleid, am Tisch.

Barra Snow trug einen weißen Seidenhosenanzug, der ihre silberblonde Schönheit noch unterstrich. Aber sie ist nicht so makellos schön wie ihre Bilder in diesen Zeitungsannoncen, dachte Alvirah – um Barras Augen und Mund zeigten sich erste kleine Fältchen.

Die Unterhaltung schien sich ganz um Nadines Verhaftung zu drehen. »Ihr ist doch hoffentlich klar, daß sie, wenn sie verurteilt wird, keinen roten Heller von Cotters Geld zu sehen bekommt«, sagte Elyse mit unüberhörbarer Befriedigung in der Stimme.

»Wie Sie bereits sagten, man muß das neunte Gebot befolgen«, bemerkte Alvirah. »Ich meine, wenn man so darüber nachdenkt – wenn Sie und Mr. Hayward sich vor vier Jahren wieder versöhnt hätten … Ich denke, Sie haben das sicher sehr oft getan, nicht wahr? Streiten und Versöhnen, Streiten und Versöhnen? Dann wären *Sie* jetzt seine Witwe. Statt dessen wandte er sich Nadine zu. Es tut mir so leid für sie. Einen Ehemann zu verlieren, findet jeder schrecklich, aber gegen das Dasein einer reichen Witwe ist nichts einzuwenden.«

»Ich finde Ihre Bemerkungen wirklich äußerst geschmacklos, Mrs. Meehan«, sagte Elyse scharf. »Man hat mir von Ihrem Ruf als Amateurdetektivin erzählt, aber bitte ersparen Sie mir die Ergebnisse Ihrer Überlegungen.«

Alvirah setzte eine bekümmerte Miene auf. »Entschuldigen Sie bitte. Ich wollte Sie nicht beleidigen.« Sie hoffte, ziemlich zerknirscht zu wirken. »Es tut mir nur so leid um Nadine. Ich meine, sie ist doch bestimmt keine Golfspielerin. Sie hat so helle Haut, und ihr Sohn hat Willy erzählt, daß sie die schlechteste Sportlerin auf der Welt ist. Sie ist eher ein künstlerischer Typ, finde ich. Na ja, was ich eigentlich sagen wollte, ist, daß es ein großes Unglück für alle Beteiligten war, daß Sie und Cotter sich nicht ausgesöhnt haben, nicht wahr? Und ein Unglück für Sie, daß sie ausgerechnet *Ihren* Golfschläger dabei hatte, als sie sich mit ihm traf. Ich hoffe doch, sie wollte nicht versuchen, den Verdacht auf Sie zu lenken, aber manchmal geraten Mörder so durcheinander, daß sie eben Fehler machen.«

Elyse ignorierte Alvirah und ihre Bemerkungen demonstrativ und unterhielt sich nunmehr ausschließlich mit dem Ehepaar Jennings, während Barra halbherzig mit dem früheren Kongreßabgeordneten flirtete. Beim Dessert war Alvirah ziemlich entsetzt, als sie erfuhr, daß Elyse am Samstag abfahren wollte.

»Ich möchte einfach weg von hier«, sagte Elyse. »Ich fühle mich hier total niedergeschlagen, und ich habe noch nie in meinem Leben so schlecht Golf gespielt. Ich *wußte*, daß ich heute eine ganz lausige Runde liefern würde.«

Daraufhin meinte Barra: »Ich reise auch ab. Ich habe einen Anruf von meiner Agentur bekommen. Ich muß in New York für eine Fotoserie für Adrian ein paar Wiederholungsaufnahmen machen. Ich muß meine zweite Woche hier leider absagen.«

Alvirah fiel es schwer, Elyse nicht entgeistert anzustarren. Das Mikrofon war eingeschaltet, und später würde sie sich jedes einzelne Wort anhören müssen, das bei Tisch gefallen war. Elyse hatte sich in irgendeiner Hinsicht verraten. Aber in welcher?

Das Abendprogramm sah eine Diashow und einen Vortrag über die spanische Kunst im vierzehnten Jahrhundert vor. Während die Leute in den hinteren Salon schlenderten, wo Stühle aufgestellt worden waren, bat Alvirah Min um einen Schlüssel zu ihrem Büro. »Ich erwarte noch ein Fax und würde es mir gern heute abend noch ansehen.«

Mins warmherziges Lächeln sollte eventuelle Beobachter irreführen. Aber als sie sprach, war die Angst in ihrer Stimme unüberhörbar: »Sechs Gäste haben ihre Buchung für die nächste Woche storniert. Sie sind wütend über die Medien, die sich draußen vor den Toren breitgemacht haben. Alvirah, warum konnte Nadine Cotter nicht mit einem seiner *eigenen* Golfschläger umbringen? Warum mußte sie einen von hier mitnehmen? Wollte sie, daß es so aussah, als hätte Elyse das Verbrechen begangen?«

»Genau diese Frage läßt mir auch keine Ruhe«, erwiderte Alvirah mit einem Nicken. »Ich verstehe es einfach nicht. Warum sollte man einen blutverschmierten Schläger zurücklegen, wenn man nicht will, daß er gefunden wird?«

Am nächsten Morgen kam Scott Alshorne auf Alvirahs Bitte hin auf eine Tasse Kaffee ins Tranquility-Cottage. »Sind Sie zufrieden?« fragte sie ihn auf den Kopf zu. »Ich meine, absolut und vollkommen zufrieden mit der Lösung des Falles? Daß Nadine ihren Mann getötet hat?«

Scott studierte den Inhalt seiner Tasse. »Guter Kaffee.«

»Sie haben Alvirahs Frage nicht beantwortet«, hakte Willy unerbittlich nach.

Alvirah lächelte bei sich. Sie wußte, daß Willy immer noch ein wenig über die Schroffheit, mit der Scott sie gestern behandelt hatte, verstimmt war.

»Ich bin mir nicht so sicher, ob ich das kann«, sagte Scott langsam. »Nadine hat gestanden. Sie hatte ein Motiv, ein sehr starkes sogar. Auf der Rechnung für ihr Cottage stehen zwei Ortsgespräche. Eins wurde am Neunten geführt. Das war Dienstag. Eins dann am Zehnten. Das war gestern und würde mit ihrer Behauptung übereinstimmen, daß sie Cotter Hayward am Mittwochabend angerufen hat, sowie mit Bobbys Behauptung, er habe versucht, Cotter ziemlich früh am Dienstagmorgen zu erreichen. Weshalb also sollte ich an ihrer Aussage zweifeln?«

»Sheriff, haben Sie jemals ein Gerücht verbreitet, um

einen Mörder aufzuscheuchen?« fragte Alvirah. »Ich meine, die Strafverteidiger in Kalifornien tun das andauernd, um ihre Klienten zu retten, warum sollten wir es dann nicht auch einmal versuchen, wenn wir auf diese Weise vielleicht eine unschuldige Frau aus dem Gefängnis holen können?«

Als er den Kopf schüttelte, versuchte sie ihn zu überreden: »Scott, die ganze Sache hat irgendwie mit den Juwelen zu tun. Verstehen Sie das nicht? Die Juwelen sind immer noch nicht aufgetaucht. Wollen wir annehmen, Nadine wußte, daß Cotter Hayward sie aufs Abstellgleis schieben wollte, und hat einen Diebstahl fingiert, so daß sie am Ende ihrer Ehe zumindest den Schmuck besaß, den sie auf irgendeine Weise zu verkaufen hoffte. Als sie Bobby anrief, um den Verlust des Schmuckes zu melden, und herausfand, daß er die Police hatte verschwinden lassen, hätte sie den Diebstahl doch lediglich abzusagen brauchen. Sie hat Bobby angerufen, bevor sie Min von der Sache erzählte. Und lassen Sie sich versichert sein, als ich sie traf, war Nadine vollkommen außer sich vor Verzweiflung.«

»Na schön, sie hat ihren eigenen Schmuck also nicht gestohlen. Das will ich Ihnen gerne glauben.«

»Sind Sie sicher, daß Bobby am Nachmittag des Diebstahls noch in New York war?«

»Ja. Wir sind der Sache nachgegangen.«

»Dann hat jemand anders das Zeug gestohlen, und ich wette eins zu tausend, daß diese Person auch der Mörder ist. Scott, bitte helfen Sie mir dabei, diese Sache aufzuklären.«

Es war ein wunderschöner Tag, und die Morgensonne schien warm und leuchtend auf den riesengroßen Swimmingpool und die ringsum aufgestellten Tische mit ihren regenbogenfarbenen Sonnenschirmen. Auf einem der Tische stand ein tragbares Radio, aus dem in voller Lautstärke die Lokalnachrichten ertönten. Gespannte Aufmerksamkeit war an die Stelle der ruhigen Trägheit der Gäste getreten, die zwischen ihren Gymnastikübungen Gesichtsmasken, Seetangpackungen und Massagen eingeschoben hatten.

Die Stimme aus dem Radio berichtete, gerüchteweise sei bekanntgeworden, daß der Sheriff möglicherweise wichtige Informationen zurückhielt. Man habe in dem Waldstückchen am sechzehnten Loch deutliche Fußabdrücke gefunden, genau dort, wo Cotter Hayward ermordet worden war. Angeblich glaubte der Sheriff, daß die Fußabdrücke von dem Mörder stammten, der anscheinend an dieser Stelle auf Hayward gewartet hatte. Was seine Entdeckung besonders bedeutungsvoll erscheinen ließ, war die Tatsache, daß diese Fußabdrücke, die ganz eindeutig einer Frau gehörten, und eindeutig viel größer waren als die der geständigen Mörderin, welche Schuhgröße fünfeinhalb hatte.

»Und das Schockierendste«, fuhr der Nachrichtensprecher fort, »ist die Feststellung, daß die gestohlenen Juwelen in Wirklichkeit nur Fälschungen waren, die Hayward hatte anfertigen lassen, als er den Schmuck bei einer anderen Gesellschaft versichern ließ. Er hatte von Anfang an befürchtet, daß Bobby Crandell genau das tun würde, was er schließlich auch *tat* – den Prämienscheck zu Geld machen und die Police platzen lassen. Also sieht es jetzt so aus, als hätte, wer auch immer den Hayward-Schmuck gestohlen hat, nichts als wertlosen Plunder in der Hand.«

Alvirah war es an diesem Nachmittag nicht gelungen, an Elyse Haywards Tisch Platz zu nehmen, aber sie hatte einen Stuhl am Nebentisch ergattern können. Jetzt stellte sie ihren Rekorder an und drehte ihren Stuhl zu Elyse um, bevor sie mit lautstarker Stimme verkündete: »Das ist aber noch nicht alles. Sie wissen ja, ich schnüffle gern ein wenig herum, und ich habe gehört, daß die Polizei davon ausgeht, daß der Mörder ein Gast dieses Hauses ist, und der Sheriff eine gerichtliche Verfügung bekommen wird, die ihn ermächtigt, die Schuhgrößen aller Frauen hier zu überprüfen. Wenn er eine Frau mit der passenden Schuhgröße findet, wird der Richter ihm einen Durchsuchungsbefehl für deren Cottage ausstellen, damit er nach dem Schmuck suchen kann.«

»Das ist illegal«, protestierte jemand.

»Wir leben in Kalifornien«, erwiderte Alvirah. Sie lehnte sich zurück, soweit sie das wagen konnte, ohne daß ihr Stuhl umkippte, und konnte auf diese Weise mit eigenen Ohren hören, wie Elyse ganz leise sagte: »Wie typisch für Cotter. Wie ausgesprochen typisch für Cotter.« Dann schob sie ihren Stuhl zurück und entschuldigte sich.

Alvirah wußte, daß eine Polizistin in der Uniform eines Zimmermädchens Elyse folgen würde. Sie hatte jedoch noch einen weiteren Plan. Als es Zeit war, zu den Nachmittagsanwendungen aufzubrechen, folgte sie unbemerkt Barra Snow zu deren Cottage, huschte dann schnell über die kleine Terrasse und drückte sich flach an die Wand neben der Schiebetür, um hineinzuspähen.

Sie zog ihren Kopf hastig zurück, als Barra sich umsah, dann schob sie sich gerade weit genug vor, um sehen zu können, wie Barra das Porträt von Min und Helmut beiseite schob und die Kombination ihres Safes eingab. Eine Sekunde später zog sie eine Plastiktüte heraus, in der eine Handvoll funkelnder Schmuckstücke lag.

»*Ich habe es mir doch gedacht!*« flüsterte Alvirah. »Ich habe es mir *gedacht!* Jetzt muß Barra das Zeug loswerden ...«

Sie trat einen Schritt zurück. Barras Cottage war genau wie das von Nadine ziemlich weit vom Haupthaus entfernt, ein wenig entlegen mit einem kleinen Wäldchen dahinter. Wo würde Barra die Sachen verstecken? fragte sich Alvirah.

Ich war mir ganz sicher, daß es Elyse gewesen ist, dachte Alvirah, aber als ich dann von Charley Evans die Archivfotos von diesem Turnier im Ridgewood Country Club bekam, ergab sich plötzlich ein ganz anderes Bild. Auf einigen Fotos schauen sich Cotter und Barra einander ausgesprochen verräterisch an. Außerdem geht aus meinen Rekorderaufnahmen hervor, daß Elyse gestern von Barra zum Golfspielen überredet worden ist. Barra war diejenige, die den Caddy nach den Schlägern geschickt hat, da sie genau wußte was er finden würde. Es schien ihr egal zu sein, ob der Verdacht nun auf Elyse fiel oder ob Nadine weiterhin die Hauptverdächtige blieb. So oder so würde niemand sie selbst mit dem Mord in Verbindung bringen.

Alvirahs Verdacht hatte sich noch vertieft, als Barra erzählte, sie müsse zu Fotoaufnahmen nach New York zurückkehren. Alvirah wußte, daß das nicht stimmte. In der Bildunterschrift wurde sie als ehemaliges Adrian-Model bezeichnet. Genau diese Information war Alvirah sofort ins Auge gefallen.

Außerdem hatte sie diese scherzhafte Bemerkung über ihre Schwester gemacht, die bei ihrer Scheidung einen Mc-Donalds-Franchise-Vertrag zugesprochen bekommen hatte ... Was hatte Barra noch gesagt? »*Ich* hatte nicht solches Glück.« Ich wette, sie hat überhaupt kein Geld, dachte Alvirah bei sich.

Nach wie vor stellte sich jedoch die Frage, ob sie den Diebstahl ganz allein begangen und woher sie die Kombination von Nadines Safe gewußt hatte.

Es gab nur eine Person, die ihr die Kombination genannt haben konnte, das war Alvirah plötzlich ganz klar – Cotter Hayward. Hätte er seinen eigenen Schmuck gestohlen, um die Versicherungsprämie zu kassieren, damit ihm die letzten drei Millionen, die er Elyse schuldete, nicht übermäßig wehtaten?

Es war jetzt sehr still im Cottage. Barra denkt sicher

angestrengt darüber nach, wie sie den Schmuck loswerden kann, den sie jetzt für wertlos hält. Dann fand ihr Tagtraum ein jähes Ende, als sich etwas Kleines und Hartes in ihren Rücken bohrte und sie Barra Snow murmeln hörte: »Sie sind viel cleverer, als Ihnen guttut, Mrs. Meehan.«

Scott Alshorne war schlecht gelaunt. Ihm gefiel der Gedanke nicht, während der Nachforschungen in einem Mordfall falsche Gerüchte auszustreuen. Daher fiel es ihm nicht besonders schwer, eine Miene kalten Zornes aufzusetzen, als er wieder einmal vor den Toren des Kurhotels aus dem Wagen stieg, um sich den Medien zu stellen.

»Zu den angeblichen Fußabdrücken in der Nähe des Tatorts habe ich nichts zu sagen«, stellte er mit frostigem Ton fest. »Ebenso werde ich nicht über das Gerücht sprechen, wonach die gestohlenen Juwelen lediglich Kopien der Hayward-Schmuckstücke waren. Ich werde höchstpersönlich der Frage nachgehen, ob irgend jemand aus meinem Büro unerlaubterweise Informationen an die Medien weitergegeben hat.«

Und soviel zumindest stimmte, dachte er, als er sich an den Mikrofonen und Kameras vorbei zurück in seinen Wagen manövrierte. Das Kurhotel machte einen verlassenen Eindruck, und Scott wußte, daß nach dem Mittagessen die ernsthafte Beschäftigung mit der Schönheit wieder ins Zentrum des Geschehens rückte. Min setzte ihm ständig zu, sich doch einmal einen Tag lang als ihr Gast dieser Prozedur zu unterziehen. Das hat mir gerade noch gefehlt, dachte er gereizt, mich in Seetang einpacken zu lassen.

Er ging direkt in Mins Büro, wo Walt Pierce, einer seiner Hilfssheriffs, Min, Helmut und Willy bereits auf ihn warteten. »Wo ist Alvirah?« fragte er.

»Sie müßte jeden Augenblick kommen«, antwortete

Willy ausweichend. »Das heißt, sie führt irgend etwas im Schilde«, sagte Scott und gratulierte sich im stillen dafür, daß er Liz Hill, einen weiblichen Hilfssheriff, auf Alvirah angesetzt hatte.

Er drehte sich zu Pierce um. »Gibt es schon irgendwelche Neuigkeiten?«

»Darva hat sich gemeldet«, antwortete Pierce. »Sie ist Elyse Hayward zu deren Cottage gefolgt. Sie beobachtet sie im Augenblick.«

»Irgendwelche Hinweise darauf, daß die Hayward den Schmuck hat?« wollte Scott wissen.

»Sie ist direkt zu ihrem Safe gegangen«, informierte Pierce ihn. »Sie hatte eine Flasche Gin darin versteckt.«

»Gin!« rief Min. »Es gehört zu unserem Ehrenkodex, daß die Gäste keinen Alkohol im Safe aufbewahren dürfen. Die Zimmermädchen haben Anweisung, jegliche Anzeichen von Alkohol in den Cottages zu melden, aber natürlich haben sie keinen Zugang zu den Safes.«

»Wie sollen unsere Gäste denn abnehmen, wenn sie trinken?« seufzte Helmut. »Wie sollen sie die frische Blüte der Jugend wiedererlangen?«

Ihr schafft das schon, dachte Willy. »Darva beobachtet Elyse Hayward mit dem Fernglas. Sie sagt, die Hayward weint und lacht und trinkt. Mit anderen Worten, sie säuft sich einen an«, fuhr Pierce fort.

»Und damit geht Alvirahs Theorie den Bach hinunter«, sagte Scott. »Wenn Elyse Hayward den Schmuck hätte, würde sie versuchen, ihn loszuwerden. Sich zu betrinken wäre das letzte, was sie jetzt täte. Walt, haben Sie etwas von Liz gehört?«

»Mrs. Meehan versteckt sich auf der Terrasse von Barra Snows Cottage. Liz kann das Innere des Cottages nicht sehen, sondern nur die Vorderseite gegenüber der Terrasse, aber bisher ist nichts passiert.«

»Wie lange ist Liz schon da?« fragte Scott.

»Etwa eine Viertelstunde.«

Das Walkie-talkie, das Pierce in der Hand hielt, summte. Er drückte auf einen Knopf und sagte: »Was ist los?« Dann veränderte sich sein Tonfall. Er schaute Min an. »Hilfssheriff Hill möchte wissen, ob Barra Snows Cottage noch einen weiteren Eingang hat.«

»Ja«, sagte Min. »Dieses Cottage hat eine gläserne Schiebetür, die aus dem Hauptschlafzimmer auf die hintere Terrasse führt.«

Scott nahm Pierce das Walkie-talkie der Hand. »Was ist da los?« Er hörte einen Augenblick lang zu und fragte dann: »Tragen Sie immer noch die Zimmermädchenuniform? … Sehr gut … Gehen Sie hinüber zu dem Cottage. Finden Sie irgendeine Ausrede, um hineinzugehen, und melden Sie sich dann wieder bei mir.«

Willy verspürte die vertraute Übelkeit, mit der sein Magen sich immer zusammenkrampfte, wenn er sich um Alvirah sorgte.

Ein paar Sekunden später summte das Walkie-talkie wieder. Hilfssheriff Hill machte nicht den Versuch, leise zu sprechen, und sie alle konnten sie hören. »Barra Snow und Mrs. Meehan sind nicht mehr da. Sie müssen durch die Hintertür gegangen sein. Von da sind es nur ein paar Meter bis in den Wald. Die Snow muß den Wandsafe geöffnet haben. Das Bild, das davorhängt, ist zur Seite geschoben worden.«

»Wir sind unterwegs«, sagte Scott zu ihr. »Versuchen Sie ihre Spur zu finden.«

Willy packte ihn am Arm. »Wo endet dieser Wald?«

»Am Pebble-Beach-Club«, erklärte Min ihm. »Wenn Barra den Schmuck hat, will sie ihn sicher irgendwo im Wald loswerden. Dort wäre er so gut wie unauffindbar. Der Wald ist mehr als dreißig Hektar groß, fast überall ziemlich dicht und an einigen Stellen sogar sumpfig.« Als Ausdruck in Willys Augen sah, fügte sie hastig hinzu: »Alvirah verfolgt sie vielleicht einfach nur. Ich bin sicher, es geht ihr gut.«

Alvirah stolperte durch das dicke Unterholz, gedrängt von der Pistole in ihrem Rücken. Die üppige Vegetation krallte sich an ihren Fußknöcheln fest, und zahllose Insekten schwirrten ihr um den Kopf. Ich ziehe die Moskitos förmlich an, dachte sie. Wenn es nur ein einziges Moskito auf der Welt gäbe, würde es mich bestimmt finden.

»Gehen Sie schneller«, befahl Barra.

Wenn ich sie doch nur irgendwie ablenken könnte, dachte Alvirah, während sie sich nach etwas umsah, das sie als Keule benutzen konnte, nach irgend etwas, mit dem sie sich hätte verteidigen können.

Beim nächsten Mal stolperte sie mit Absicht und ließ sich auf die Knie fallen. Dann nutzte sie den Augenblick, um wieder zu Atem zu kommen. »Wohin bringen Sie mich?« fragte sie und schaute zu Barra Snow hinauf.

Es fiel ihr schwer, diese Frau mit den harten Augen und den schmalen Lippen mit der kultivierten, amüsanten Person in Einklang zu bringen, mit der sie während der vergangenen Tage einen Tisch geteilt hatte. Es war, als hätte Barra sich eine Maske übergestülpt. Oder vielleicht, dachte Alvirah, war auch ihr anderes Gesicht die Maske gewesen.

»Sie haben Cotter Hayward getötet, nicht wahr?« fragte sie. »Sie haben den Schmuck gestohlen?«

Barra Snow richtete die Pistole auf sie. »Stehen Sie auf«, befahl sie. »Es sei denn, Sie wollen schon hier sterben.«

Alvirah beeilte sich, Barras Befehl Folge zu leisten. Sie hatte jedoch die Geistesgegenwart, beim Aufstehen den Rekorder in ihrer Brosche einzuschalten. Dann sorgte sie in der Hoffnung, daß Barra es nicht bemerkte, dafür, daß ihre kleine Schultertasche ihren Arm hinunterglitt; nachdem sie ein paar Schritte gegangen waren, ließ sie sie dann unbemerkt zu Boden fallen.

»So ist es schon besser. Immer schön weitergehen.«

»Schon gut. Schon gut.« Alvirah zog die Füße beim Gehen nach, weil sie hoffte, auf diese Weise eine Spur zu hinterlassen. Es war drückend heiß im Wald, und nicht einmal ein leiser Windhauch durchdrang das dichte Blätterwerk. Sie konnte kaum atmen. Aber was auch geschehen mochte, sie mußte unbedingt Barras Geständnis aufnehmen. »Sagen Sie mir eins«, stieß sie atemlos hervor, »haben Sie Cotter getötet?«

»Alvirah, Sie sind so klug, Sie müssen doch mittlerweile selbst die Antwort gefunden haben. Halten Sie einfach den Mund und BEWEGEN SIE SICH!«

Wieder spürte Alvirah die Pistole, diesmal an ihrem Hinterkopf. »So wie ich es sehe, haben Sie die Juwelen gestohlen und versucht, die Sache nach einem Einbruch aussehen zu lassen, indem sie alles auf den Kopf gestellt haben. Sie müssen wirklich erstaunt gewesen sein, daß Nadine den Diebstahl nicht meldete ... Ich gehe ja schon, so schnell ich kann«, keuchte sie. »Sie brauchen mir dieses Ding nicht dauernd in den Nacken zu halten.«

Dann fuhr sie fort: »Die Frage ist, warum haben Sie Hayward getötet? Er hat sich mit Ihnen auf dem Golfplatz getroffen, nicht wahr? Ich wette, Sie sollten ihm die Juwelen aushändigen. Habe ich recht?«

»Ja, das haben Sie.«

Klang da Belustigung aus Barra Snows Stimme? überlegte Alvirah.

Einige Sekunden später wurde der Wald plötzlich lichter, und sie kamen in einen sumpfigen Bereich. Der Schlamm unter Alvirahs Füßen machte leise, glucksende Geräusche. Direkt vor ihnen lag ein Teich, nur schleimiges Wasser und jede Menge Pflanzen. Wir müssen uns langsam dem Grundstück des Pebble-Beach-Clubs nähern, dachte Alvirah. Was hat sie vor?

»Ich wette, er hat Ihnen die Kombination für Nadines Safe gegeben und wollte die Versicherungsprämie kassieren, um Elyse auszuzahlen«, meinte sie.

»Treffer in allen Punkten«, erwiderte Barra. »Sie können jetzt stehenbleiben.«

Alvirah drehte sich um. »Die Sache ist nur, warum haben sie ihn umgebracht? Haben Sie es getan, weil Elyse erzählt hat, wie geizig er war und daß Nadine ohne einen Penny dastehen würde, wenn sie sich jemals von ihm scheiden ließ? Vielleicht dachten Sie, Sie wären mit dem Schmuck besser dran?« Sie zeigte auf die Tüte mit den Juwelen, die Barra in der Hand hielt.

»Wieder ein Treffer, Alvirah.« Diesmal richtete Barra Snow die Pistole auf Alvirahs Herz. »Und wenn ich gleich erzähle, daß ich gesehen hätte, wie Sie an meinem Cottage vorbei hinter einem Mann herrannten, der aussah wie einer der Caddys vom Pebble-Beach-Club, dann würden sie hier nach dem Mörder suchen und nicht im Hotel. Und ich werde rechtzeitig zu meiner Kosmetikbehandlung zurücksein.

Wenn man Sie findet – falls man Sie finden wird, denn dieser Teich ist sehr tief, und der Schlamm wird Sie wie Treibsand verschlingen –, werde ich schon weit weg sein.

Jetzt nehmen Sie diese unechten Juwelen in Ihre klebrigen kleinen Hände. Ich möchte Sie und den Schmuck schnellstens loswerden.« Während Alvirah gehorchte, trat Barra einen Schritt zurück und zielte abermals mit der Waffe auf Alvirahs Herz.

Während er auf Barras Cottage zulief, gab Scott Weisung, Streifenwagen zu beiden Seiten des Wäldchens zu schicken und die Hilfssheriffs die Suche nach Barra und Alvirah aufnehmen zu lassen. »Sie könnten überall hingegangen sein«, sagte er barsch. »Walt, wir teilen uns auf, bis Hilfe kommt. Min, Sie, der Baron und Willy halten sich da raus.«

Ohne dem Befehl des Sheriffs Beachtung zu schenken, stürzte Willy sich in das Dickicht und rief nach Alvirah.

Diese Frau ist eine Mörderin, sagte er sich immer wieder, und sie ist verzweifelt. Wenn sie weiß, daß Alvirah ihr folgt, sollte sie besser schleunigst merken, daß auch andere Leute in der Nähe sind, daß sie nicht mit einem weiteren Mord davonkommen wird.

Willy stellte fest, daß der Sheriff und der Hilfssheriff genau in die entgegengesetzte Richtung gingen wie er, aber seine Instinkte zogen ihn weiter. Vielleicht sollte ich besser in Richtung Meer gehen, dachte Willy, der befürchtete, daß seine Instinkte ihn vielleicht trügen könnten. Vielleicht versucht Barra Snow, Alvirah zum Strand hinunterzulocken.

Dann sah er sie. Alvirahs Handtasche. Er war sicher, daß sie sie absichtlich fallengelassen hatte. Nun sah er auch eine Stelle, an der das Gras niedergetrampelt war. Ja, das war die richtige Richtung.

Er rannte weiter und erreichte gerade noch rechtzeitig die Lichtung, um zu sehen, was geschah, aber nicht rechtzeitig, um Barra Snow aufzuhalten.

Als Barra abdrückte, sprang Alvirah zur Seite und spürte dann einen scharfen Schmerz, der etwa von der Stelle kam, an der sich ihre Brillantrosette befand. Als sie rückwärts ins Wasser taumelte, dachte sie: Mein Gott, sie hat mich erschossen.

Willy hechtete durch den Schlamm und packte Barras Arm gerade in der Sekunde, als sie die Waffe auf die Stelle richtete, an der Alvirah langsam versank. Der Schuß explodierte in der Luft, Willy riß Barra die Pistole aus der Hand, warf sie ins Wasser, schleuderte Barra zu Boden und sprang in den Teich.

»Ich habe dich, Schatz«, sagte er, als er Alvirahs Kopf über die Wasseroberfläche hob. »Ich habe dich.«

Alvirah spürte einen Schmerz in der Schulter. Die Brosche, dachte sie. Meine Brillantrosette hat die Kugel abgefangen. Sie hatte sich mit ihrem Ausweichmanöver gerettet – und sie hatte unglaubliches Glück gehabt! Durch ihre schnelle Bewegung hatte Barra ihr Ziel verfehlt, und die Kugel hatte die Brosche lediglich gestreift. Sie spürte den Schmerz, den die Wucht des Aufpralls hinterlassen hatte, aber ansonsten, dachte sie verwundert, ist mir nichts passiert. Ich weiß, daß mir nichts passiert ist. Und ich habe nicht einmal den Schmuck verloren.

Es gelang ihr, erst in Ohnmacht zu fallen, nachdem sie die Befriedigung gehabt hatte, zu sehen, wie Scott herbeigerannt kam und Barra Snow festnahm, die sich wie eine Furie seiner zu erwehren versuchte.

»Ich finde, der Anlaß rechtfertigt einen Bruch der Hauptregel des Cypress Point«, meinte Helmut, als er das Tranquility-Cottage betrat, ein Zimmermädchen im Gefolge, das ein Tablett mit einer Flasche Champagner und einigen Gläsern trug.

Alvirahs Arm steckte in einer Schlinge. Sie saß behaglich auf einem Sofa und strahlte Min, Scott, Nadine und Bobby glücklich an. Willy, der immer noch bleich vor Sorge um sie war, flatterte wie eine Glucke um sie herum.

»Ich finde, du brauchst jetzt Ruhe, mein Schatz«, sagte er ungefähr zum fünfzehnten Mal.

»Mir geht es bestens«, erwiderte Alvirah, »und ich werde für immer dankbar sein, daß ich mir ›für alle Fälle‹ meine Brosche angesteckt habe. Wenn ich auch beim besten Willen nie gedacht hätte, daß so ein Fall den Versuch, mich zu erschießen, einschließen könnte. Die Brosche ist total zerstört, aber die Aufnahme ist nach wie vor in Ordnung. Ich habe Barra Snow wunderbar in die Falle gelockt.« Bei diesem Gedanken strahlte sie abermals.

Scott Alshorne schüttelte den Kopf. Wieder einmal dankte er im stillen seinem Schöpfer, daß Alvirah Meehan am anderen Ende des Kontinents lebte. Diese Frau zog Scherereien geradezu an, das stand außer Frage.

Widerstrebend mußte er sich jedoch eingestehen, daß Alvirahs Plan mit den Gerüchten über Fußabdrücke am Tatort und den falschen Juwelen unbestreitbar aufgegangen war. Wenn er sich nicht damit einverstanden erklärt hätte, säße Nadine Hayward immer noch im Gefängnis und hielte an ihrer Geschichte fest, sie habe ihren Mann ermordet – nur um ihren Sohn zu schützen. Und Barra Snow würde ihre Koffer packen und nach Hause fahren, einen ermordeten Mann zurücklassen und einer Zukunft entgegensehen, die ihr mit gestohlenen Juwelen im Wert von vier Millionen Dollar sicher einiges geboten hätte.

Er nahm das Glas Champagner, das man ihm anbot, und als Helmut einen Trinkspruch auf Alvirah ausbrachte, stimmte er gern in das allgemeine Lob ihrer Tapferkeit ein. Im Hinblick auf die Zukunft fand er es jedoch an der Zeit, ein paar Worte zu sagen.

»Alvirah, meine liebe Freundin, Sie haben uns wieder einmal den Tag gerettet. Aber ich möchte Sie doch bitten, nicht zu vergessen, daß Sie, wenn Ihnen nicht ein Hilfssheriff gefolgt wäre …«

»Den *Sie* auf mich angesetzt haben«, unterbrach ihn Alvirah. »Das war sehr clever von Ihnen, Scott.«

»Vielen Dank. Ich möchte Sie darauf hinweisen, daß Sie heute um ein Haar ums Leben gekommen wären, und das alles, weil Sie es versäumt haben, um Hilfe zu bitten, als Sie Barra Snow verfolgten.«

Alvirahs Versuch, betroffen dreinzuschauen, war nicht besonders überzeugend. »Ich werde ganz ehrlich sein«, sagte sie. »Mein Hauptverdacht galt Elyse. Das ergab einfach irgendwie einen Sinn. Und lassen Sie mich Ihnen eins sagen, das Gefühl, das zwischen ihr und Cotter Hayward herrschte, war tatsächlich Haßliebe.«

»Zurückblickend gebe ich Ihnen vollkommen recht«, sagte Nadine leise. »Anscheinend war eines der Dinge, die Cotter zu mir hinzogen, die Tatsache, daß ich *nicht* Golf spielte. Wenn ich recht informiert bin, dann haben er und Elyse sich dauernd angeschrieen und einander Vorwürfe gemacht, was die Spielweise des anderen betraf. Aber nach vier Jahren, glaube ich, hat er sich mit mir gelangweilt und diese Art von Kameradschaft vermißt.«

»Nur daß er sie dann von Barra bekam statt von Elyse«, warf Scott ein. »Als Elyse Hayward erfuhr, was an diesem Nachmittag geschehen war, gab sie zu, daß sie ehrlich geglaubt hatte, Cotter würde sich wieder für sie interessieren. Dann spürte sie, daß da noch irgend jemand anders eine Rolle spielen mußte, aber sie hatte nicht erraten, daß es sich dabei um Barra handelte.« Nun wandte Scott sich an Nadine. Er lächelte ein wenig, als er den zutiefst friedlichen Blick in ihren Augen sah und die ungeheure Glückseligkeit, die von ihrem Sohn Bobby ausging. Aber dann zwang er sich, eine strenge Miene aufzusetzen. »Nadine, Sie und Bobby haben füreinander gelogen. Es war sehr leicht, Bobbys Versuch, für Sie in die Bresche zu springen, zu durchschauen, aber bitte führen Sie sich vor Augen, daß Sie vielleicht in der Gaskammer geendet wären, wenn der Richter oder die Geschworenen Ihnen Ihre Geschichte abgekauft hätten. Glücklicherweise hat Alvirah genau das nicht getan, und ich selbst hatte ebenfalls so meine Zweifel.«

Schlaf, Kindchen, schlaf

Das Kalenderblatt zeigte den 20. Dezember, und obwohl Alvirah diesen Tag später als den schrecklichsten Tag ihres Lebens bezeichnete, hätte er für sie gar nicht besser anfangen können.

Um sieben Uhr in der Früh klingelte das Telefon, und sie erhielt die freudige Nachricht, daß Joan Moore O'Brien gerade ihr erstes Kind zur Welt gebracht hatte, ein kleines Mädchen. »Ihr Name ist Marianne«, berichtete Gregg O'Brien glücklich, »sie wiegt dreitausendzweihundert Gramm und ist einfach ein Prachtkind.«

Joan Moore hatte seinerzeit in Queens in ihrem Nebenhaus gewohnt; Alvirah und Willy hatten sie aufwachsen sehen und sich im Laufe der Jahre mit ihr und ihrer Familie befreundet. Wie Alvirah es auszudrücken pflegte: »Ein netteres Mädchen hat es auf der ganzen Welt nie gegeben.«

Sie und Willy hatten den Kontakt zu Joan auch nach ihrem Umzug in die Central Park South in Manhattan aufrechterhalten, und sie waren stolz darauf gewesen, als Joan sie zu ihrer Hochzeit mit Gregg O'Brien, einem gutaussehenden jungen Ingenieur, eingeladen hatte. Jetzt besuchten sie die beiden jungen Leute regelmäßig in ihrer Wohnung in Tribeca und feierten jedesmal mit ihnen, wenn Gregg wieder einmal eine Sprosse auf der Erfolgsleiter seiner Firma aufgestiegen oder Joan in der Bank befördert worden war. Außerdem teilten sie natürlich die schreckliche Enttäuschung der O'Briens bei den drei Fehlgeburten, die Joan hatte.

»Aber jetzt haben sie endlich, dem Herrn sei Dank, ihr Baby«, krähte Alvirah Willy ins Ohr, während sie warme Waffeln auf seinen Teller häufte. »Weißt du, diesmal hatte ich wirklich das Gefühl, als würde alles gutgehen. Ich habe sogar schon ein paar Geschenke für das Baby gekauft, obwohl ich heute morgen, bevor wir ins Krankenhaus fahren, erst richtig zuschlagen werde. Schließlich sind wir ja so etwas wie Ersatzgroßeltern.«

Willy lächelte Alvirah an und betrachtete die Frau, mit der er die besten Jahre seines Lebens verbracht hatte, voller Liebe. Ihre blauen Augen strahlten vor Glück, und ihr Teint hatte eine rosige Farbe angenommen. Sie hatte sich gerade gestern erst die Haare gefärbt, so daß sie jetzt wieder in sanftem Rot leuchteten; jede Spur von Grau war entschlossen ausgemerzt worden. In dem Chenille-Bademantel, der sich an die Konturen ihres üppigen Körpers schmiegte, sah sie warm und anziehend aus. Willy lächelte; er fand sie immer noch schön.

»Wir hätten sechs Kinder haben sollen«, sagte er, »und zwanzig Enkelkinder.«

»Nun, der gütige Gott hat sie uns nicht gegeben, aber jetzt bekommen wir sicher jede Menge Spaß mit Joan und Greggs kleinem Mädchen, das wir bestimmt maßlos verwöhnen werden. Ich meine, das ist praktisch unsere Pflicht, da Joan selbst keine Eltern mehr hat.«

Um drei Uhr nachmittags traten sie in die überfüllte Eingangshalle des Empire-Hospitals auf der 23. Straße Ost.

»Ich kann es gar nicht erwarten, das Baby endlich zu sehen«, schwatzte Alvirah begeistert, während sie sich an den Schwestern am Empfang vorbeidrückte; sie war viel zu beschäftigt, um sich mit solchen Kleinigkeiten aufzuhalten. »Und ich kann es nicht erwarten, die Geschenke endlich abladen zu dürfen«, bemerkte Willy, der sich nach Kräften bemühte, keine der schweren Einkaufstaschen, die er trug, fallen zu lassen. »Warum verpacken die Leute wohl so winzig kleine Strampelhöschen in so riesigen Schachteln?«

»Weil sie noch nie etwas von dem alten Sprichwort

gehört haben, daß die besten Dinge in kleinen Päckchen stecken. Oh, sieht die Halle nicht fröhlich aus? Es geht doch nichts über Weihnachtsschmuck. Und so hübsch gemacht.«

»Ich würde einen lebensgroßen Luftballon von Rudolf dem rotnasigen Rentier allerdings nicht unbedingt als hübsch bezeichnen«, meinte Willy, als sie an einem Pappkartonschlitten vorbeikamen, komplett mit aufgeblähtem Nikolaus- und Rentierluftballon.

»Gregg sagte, Joan liegt in Zimmer 1121.« Alvirah blieb einen Augenblick lang stehen. »Da sind die Aufzüge.« Sie zog eine der Einkaufstaschen, die sie an sich preßte, ein Stückchen hoch und zeigte den Flur hinunter.

»Sollten wir uns keine Besucherausweise geben lassen?« fragte Willy.

»Joan meinte, wir sollten einfach schnurstracks durchgehen. Wenn man so aussieht, als wüßte man genau, wo man hin will, kümmert sich hier niemand um die Besucher.«

Sie hatten einen Aufzug um Haaresbreite verpaßt und waren nun die einzigen Passagiere, die noch warteten, als sich die Tür zu einem der anderen Aufzüge öffnete. In ihrer Eile wäre Alvirah beinahe mit einer Frau, die mit einem Säugling im Arm aus dem Aufzug kam, zusammengestoßen. Der dicke Schal, den die Frau sich um den Kopf geschlungen hatte, machte ihr Gesicht beinahe unsichtbar. Sie trug eine Skijacke und Jeans.

Mütterlich wie immer, schaute Alvirah voller Bewunderung auf das Baby herunter, das in einen gelben Kapuzenschlafsack gehüllt war. Blaue Augen öffneten sich weit, blickten zu ihr auf und schlossen sich dann wieder. Ein Gähnen bemächtigte sich des hellrosafarbenen Gesichtchens, und kleine Fäuste fuhren durch die Luft.

»Was für ein süßes, kleines Mäuschen«, seufzte Alvirah, als die Frau an ihr vorbeieilte, ohne ihr einen einzigen Blick zu gönnen.

Willy hielt mit den Schultern die Aufzugtür auf. »Komm schon, Schatz«, drängte er sie.

Als der Aufzug nach oben surrte und auf jeder Etage anhielt, um Passagiere aufzunehmen, ging Alvirah kurz der Gedanke durch den Kopf, daß die meisten Krankenhäuser eine junge Mutter mit ihrem Baby mit einem Rollstuhl zum Ausgang brachten, wenn sie entlassen wurden. Nun ja, die Zeiten ändern sich, überlegte sie.

Als sie schließlich vor dem Zimmer Nummer 1121 standen, stürmte Alvirah gleich hinein. Sie ignorierte Joan, die im Bett saß, sowie Gregg, der neben ihr stand, und eilte sofort zu dem kleinen Bettchen an der Wand. »Oh, sie ist nicht da«, jammerte sie.

Gregg lachte. »Marianne hat einen Hörtest. Ich kann mich dafür verbürgen, daß sie ihn mit fliegenden Fahnen bestehen wird. Als ich heute morgen mit dem Stuhl über den Boden scharrte, ist sie in Joans Armen zusammengezuckt und hat laut losgebrüllt.«

»Na, dann sollte ich meine Aufmerksamkeit wohl besser den stolzen Eltern zuwenden.« Alvirah beugte sich über Joan und preßte sie fest an sich. »Ich freue mich ja so für euch«, sagte sie, während die Tränen über ihre vollen Wangen strömten.

»Warum müssen Frauen immer weinen, wenn sie glücklich sind?« fragte Gregg Willy, der versuchte, die Einkaufstaschen in der Ecke aufzustapeln.

»Undichte Tränenkanäle«, brummte Willy, während er gleichzeitig nach Greggs Hand griff und sie energisch schüttelte. »Ich fange zwar nicht an zu heulen, aber ich freue mich auch schrecklich für euch beide.«

»Wartet erst mal, bis ihr sie zu sehen bekommt«, prahlte Gregg. »Sie ist einfach wunderbar, wie ihre Mama.«

»Sie hat deine Stirn und dein Kinn«, sagte Joan zu ihm.

»Und deine blauen Augen, den Porzellanteint und …«

»Tut mir leid, daß ich störe«, unterbrach sie eine freundliche Stimme. Sie drehten sich um und sahen eine lächelnde Krankenschwester in der Tür stehen. »Ich muß mir ihr Baby für ein paar Minuten ausleihen«, sagte sie.

»Oh, es war schon eine andere Krankenschwester da, die sie mitgenommen hat. Gerade vor ein paar Minuten«, sagte Gregg.

Als sie den bestürzten Blick auf dem Gesicht der Schwester sah, wußte Alvirah sofort, daß etwas Schreckliches passiert sein mußte.

»Was ist los?« fragte Joan, die sich aufgesetzt hatte und sich nun mit aschgrauem Gesicht vorbeugte. »Wo ist meine Tochter? Wer hat sie? Was ist hier los?«

Die Krankenschwester rannte aus dem Zimmer, und wenige Augenblicke später schrillte eine Alarmglocke durch das Krankenhaus. Eine eindringliche Stimme verkündete über Lautsprecher: »Code zwölf! Code zwölf!«

Alvirah wußte, was dieser Alarm zu bedeuten hatte. Alle Ausgänge des Krankenhauses wurden verschlossen. Aber sie wußte auch, daß es zu spät war. In ihren Gedanken sah sie wieder die Frau vor sich, die aus dem Aufzug gekommen war, mit dem sie hinaufgefahren waren. Sie hatte recht gehabt – neugeborene Babys und ihre Mütter verließen das Krankenhaus nicht ohne Begleitung. Alvirah lief aus dem Zimmer, um mit dem Sicherheitspersonal zu reden, während Joan in Greggs Armen zusammenbrach.

Eine Stunde später, also um vier Uhr nachmittags, saß die achtundsiebzigjährige Wanda Brown in einer kleinen, vollgestopften Wohnung auf der 90. Straße West behaglich mit einem Kissen im Rücken auf dem schäbigen Sofa und lächelte ihre Enkelin mit feuchten Augen an. »Was für eine wunderbare Überraschung«, sagte sie, »ein Weihnachtsbesuch. Daß du wirklich den ganzen Weg von Pittsburgh hierher mit deinem neugeborenen

Baby gefahren bist! Du hast deine Schwierigkeiten eindeutig überwunden, Vonny.«

»Das denke ich auch, Großmama.« Die Stimme war tonlos. Vonnys Augen, hellbraun und treuherzig, starrten ins Leere.

»So ein hübsches Kind. Ist sie brav?«

»Ich hoffe es.« Vonny preßte das Baby in ihren Armen fester an sich.

»Wie heißt sie?«

»Vonny, genau wie ich.«

»Oh, wie hübsch. Als du mir geschrieben hast, du seist schwanger, habe ich gebetet, daß nichts geschehen würde. Kein Mädchen hat es verdient, sein Baby auf diese Weise zu verlieren, und dir ist es sogar zweimal passiert.«

»Ich weiß, Großmama.«

»Obwohl es für dich besser war, daß du von New York weggegangen bist, habe ich dich vermißt, Vonny. Andererseits hat dir der Aufenthalt im Krankenhaus offensichtlich gutgetan. Erzähl mir von deinem neuen Ehemann. Kommt er bald nach?«

»Nein, Großmama. Er ist zu beschäftigt. Ich bleibe ein paar Tage hier und fahre dann wieder zurück nach Pittsburgh. Aber bitte, sprich nicht vom Krankenhaus. Ich möchte nicht über das Krankenhaus reden. Und stell keine Fragen. Ich hasse Fragen.«

»Vonny, ich habe nie, niemals zu irgend jemandem ein Wort gesagt. Dafür müßtest du mich eigentlich gut genug kennen. Ich bin jetzt seit fünf Jahren hier, und keiner meiner Nachbarn hat auch nur die geringste Ahnung von dem, was vorgefallen ist. Die Nonnen, die mich besuchen, sind wunderbar, und ich erzähle ihnen immer, was für ein nettes Mädchen du bist. Ich hatte erwähnt, daß du in der Weihnachtszeit dein Baby erwartest, und sie haben alle für dich gebetet.«

»Wie nett von ihnen.« Vonny lächelte kurz. Das Baby

in ihren Armen begann leise zu wimmern. »Halt den Mund!« fuhr sie das Kind an und schüttelte es. »Hast du *verstanden? Halt den Mund!*«

»Gib mir das Baby, Vonny«, bat Wanda Brown. »Und du könntest derweil ihre Flasche aufwärmen. Wo sind ihre Kleider?«

»Jemand hat mir im Bus ihren Koffer gestohlen«, sagte Vonny verdrossen. »Auf dem Weg von der Bushaltestelle Port Authority hierher habe ich ein paar Kleinigkeiten in einem Second-Hand-Laden gekauft, aber ich werde ihr wohl noch ein paar andere Sachen besorgen müssen.«

Um elf Uhr abends saßen Willy und Alvirah schweigend nebeneinander im Wohnzimmer ihres Apartments mit Blick auf den Central Park und sahen sich die lokalen CBS-Nachrichten an.

Gleich am Anfang kam ein Bericht über die dreiste Entführung der acht Stunden alten Marianne O'Brien aus dem Empire-Hospital.

Willy spürte, wie Alvirah sich verkrampfte, als der Moderator sagte: »Wahrscheinlich haben Freunde der Familie, Willy und Alvirah Meehan, die gekommen waren, um die stolzen und glücklichen Eltern zu besuchen, die Entführerin gesehen, kurz bevor sie das Krankenhaus verließ.

Mrs. Meehans Beschreibung des Säuglings läßt kaum einen Zweifel daran, daß sie das O'Brien-Baby gesehen hat. Unglücklicherweise konnten weder sie noch ihr Mann die Entführerin beschreiben, die sich anscheinend als Krankenschwester verkleidet hatte. Die O'Briens meinen, sie sei etwa dreißig Jahre alt, von mittlerer Größe, blond ...«

»Wieso sagen sie nichts von dem gelben Kapuzenschlafsack?« fragte Willy. »Den hast du doch besonders erwähnt.«

»Wahrscheinlich hält die Polizei diese Information zurück, damit sie echte Zeugen von Schwindlern unterscheiden kann.«

Alvirah drückte Willys Hand und hörte weiter zu, wie der Moderator sagte, die verzweifelte junge Mutter, Joan O'Brien, stehe unter schweren Betäubungsmitteln, und das Krankenhaus habe eine neue Konferenz angekündigt, in der der Vater mit einer Bitte an die Entführerin an die Öffentlichkeit treten wolle.

Plötzlich brach der Nachrichtensprecher mitten im Satz ab. »Wir gehen jetzt live ins Empire-Hospital, um Sie über den neuesten Stand der Dinge zu unterrichten«, sagte er.

Alvirah beugte sich vor und drückte noch einmal Willys Hand.

Nach einer kurzen Pause kam der Reporter, der direkt aus der Eingangshalle des Krankenhauses Bericht erstattete, ins Bild. »Von der Verwaltung hier erfahren wir, daß gerade eben die Uniform einer Krankenhausangestellten und eine blonde Perücke gefunden wurden, und zwar im Abfalleimer des Waschraumes auf der Etage, von der Baby Marianne entführt wurde. Der Waschraum ist eine Einrichtung ausschließlich zur Benutzung des Krankenhauspersonals und kann nur von jemandem betreten werden, der einen bestimmten Code eingibt.« Der Reporter machte eine kleine Kunstpause und sah dann direkt in die Kamera. »Die Verwaltung befürchtet jetzt, daß an dieser Entführung ein Insider beteiligt gewesen sein muß.«

Oder daß die Frau sich im Krankenhaus auskannte, dachte Alvirah. Vielleicht hatte sie dort gearbeitet oder war als Patientin dort gewesen. Oder sie hatte einfach irgend jemanden besucht und dabei die Lage gepeilt und genau aufgepaßt, was die Schwestern taten. Sie hatte eine blonde Perücke getragen. Das heißt, wir kennen nicht einmal ihre richtige Haarfarbe. Durch den Schal, den sie sich um den Kopf gewickelt hatte, ist mir das nicht aufgefallen.

Der Nachrichtenbeitrag über die Entführung endete mit der kurzen Ansprache eines Arztes, der erklärte, welche Nahrung der Säugling benötigte, und dem Versprechen eines Polizeikommissars, daß die Entführerin, falls sie das Baby heil zurückbrachte, mit mildernden Umständen und Hilfe rechnen könne. Jeder, der im Besitz irgendwelcher Informationen sei, wurde gebeten, eine Nummer anzurufen, die kurz darauf auf dem Bildschirm gezeigt wurde.

Willy drückte auf die Fernbedienung und stellte den Apparat aus; dann legte er einen Arm um Alvirah, die kopfschüttelnd neben ihm saß. »Du darfst dir keine Vorwürfe machen, mein Schatz. Und vergiß nicht, wenn eine Frau sich so verzweifelt nach einem Baby sehnt, wird sie sich bestimmt gut um Marianne kümmern, bis die Polizei sie findet.«

»O Willy, ich kann aber nicht umhin, mir Vorwürfe zu machen. Ich bin für gewöhnlich so aufmerksam und so empfänglich für Details. Aber ich war so aufgeregt, so begierig darauf, das Baby zu sehen und Joan und Gregg in die Arme zu nehmen. Ich weiß, daß da etwas war, irgend etwas Merkwürdiges, das mir in den Sekunden, in denen ich die Frau gesehen habe, aufgefallen ist.« Sie schüttelte noch einmal den Kopf. »Ich komme einfach nicht darauf.« Dann hielt sie plötzlich die Luft an, und ihre Augen leuchteten auf. »Ich hab's! Ich erinnere mich! Willy, es war der Kapuzenschlafsack, dieser gelbe Kapuzenschlafsack. *Den habe ich schon einmal gesehen!*«

Lange nachdem sie und Willy ins Bett gegangen waren, lag Alvirah noch wach und versuchte, sich daran zu erinnern, wo sie vor dem gestrigen Tag den gelben Kapuzenschlafsack schon einmal gesehen hatte und warum sie zwar irgend etwas mit ihm verband, sich aber nicht daran erinnern konnte, was es war; ausnahmsweise ließ ihr sonst so unfehlbares Gedächtnis sie jetzt im Stich.

Von Joans achtem Schwangerschaftsmonat an hatte Alvirah in dem Wissen, daß das Baby, selbst wenn es zu früh zur Welt käme, wahrscheinlich in Ordnung sein würde, für das Kind eingekauft.

Es hatte solchen Spaß gemacht, all die Winzigkeiten zu betrachten, die Kimonos, Hemdchen, Schlafsäcke, Häubchen und Decken zu erstehen. Ich glaube, ich bin nicht an einem einzigen Schaufenster vorbeigegangen, in dem Babykleider lagen, überlegte Alvirah. Aber wo habe ich diesen Kapuzenschlafsack gesehen oder wenigstens einen ähnlichen?

Nicht eins der Geschenke, die sie und Willy ins Krankenhaus gebracht hatten, war geöffnet worden; sie hatten sie einfach in den Schrank gestopft, der in Joans Zimmer stand. Ich muß alle Sachen durchgehen und eine Liste der Geschäfte machen, in denen ich war, beschloß Alvirah.

Erst nachdem sie diesen Plan geschmiedet hatte, konnte Alvirah sich genügend entspannen, um endlich einzuschlafen. Beim Frühstück erzählte sie Willy, was sie vorhatte. »Die Sache ist die, man sieht heutzutage nicht mehr so viele Kapuzenschlafsäcke wie früher«, erklärte sie ihm. »Die Leute scheinen sie nicht mehr so zu mögen. Und dieser war gelb und hatte auf der Innenseite eine weiße Satinkante, was wirklich ungewöhnlich ist.«

»Weißer Satin klingt teuer«, sagte Willy. »Ich habe ja nicht viel von der Frau gesehen, aber ihre Kleider sahen mehr nach Second-Hand-Shop als nach Haute Couture aus.«

»Das stimmt«, pflichtete Alvirah ihm bei. »Die dunkelblaue Nylonjacke war ziemlich mittelmäßig und die dunkelblaue Jeans von der Art, wie man sie auf dem Schnäppchenständer findet. Ich habe sie mir einfach nicht genau angesehen. Ich wollte nur einen Blick auf das Baby werfen. Aber du hast recht, ein Kapuzenschlafsack mit Satineinfassung *muß* teuer sein.«

Dann setzte ihr Herz einen entsetzlichen Augenblick lang aus. »Willy, glaubst du, sie hat das Baby entführt, um es jemandem zu verkaufen? Wenn sie das getan hat, haben wir überhaupt keinen Anhaltspunkt, wo Marianne jetzt sein könnte.« Sie schob ihren Stuhl zurück und stand auf. »Ich darf keine Zeit verlieren.«

Trotz des Pappkartonschlittens und der Ballons von Nikolaus und seinem Rentier hatte die Krankenhaushalle die fröhliche Atmosphäre, die Willy und Alvirah am Vortag dort wahrgenommen hatten, völlig verloren. Der Flur, der zu den Aufzügen führte, wurde jetzt von einem Sicherheitsbeamten überwacht, und niemand durfte ohne Besuchserlaubnis passieren.

Als Alvirah Joan O'Briens Namen nannte, bekam sie die unmißverständliche Auskunft, daß keine Besucher zu ihr durchgelassen würden. Schließlich konnte sie die Schwester am Empfang aber dazu bewegen, bei Gregg anzuklingeln, und von ihm erfuhr sie dann, daß Joan nicht mehr auf der Wöchnerinnenstation lag, sondern in einem anderen Flügel des Krankenhauses. »Ja, die Geschenke sind immer noch im Schrank von Nummer 1121«, sagte er, als Alvirah ihm erklärte, was sie wollte. »Wir treffen uns dort.«

Alvirah war erschrocken, als sie Gregg sah. Er schien über Nacht um zehn Jahre gealtert zu sein. Seine Augen waren blutunterlaufen, und auf seinem Gesicht zeichneten sich um Mund und Augen scharfe Linien ab. Sie war sicher, daß jede Mitleidsbekundung die Sache nur noch verschlimmert hätte; er wußte, was sie empfand.

»Hilf mir, diese Päckchen zu öffnen«, forderte sie ihn mit energischer Stimme auf. »Dann werde ich mir die Etiketten ansehen, um festzustellen, aus welchen Läden die Sachen kamen, und du kannst die Namen aufschreiben.«

Insgesamt waren es zwölf Geschäfte, und die Geschenke rangierten von großen Decken von Saks und Bloomingdale's bis hin zu handgearbeiteten Pullöverchen aus einem Spezialgeschäft auf der Madison Avenue und Kleinigkeiten wie Nachthemdchen und Kimonos aus allen möglichen Läden in Greenwich Village und der Upper West Side.

Als die Liste vollständig war, packte Alvirah die Sachen hastig zusammen und steckte sie in die größten Schachteln. Als sie den Deckel der letzten schloß, kam ein Polizeibeamter ins Zimmer, der nach Gregg suchte. »Wir haben einen Durchbruch in ihrem Fall erzielt, Mr. O'Brien«, sagte er. »Es ist ein Anruf eingegangen. Irgend jemand behauptet, die Frau seines Cousins sei gestern mit einem neugeborenen Baby nach Hause gekommen, das angeblich von ihr wäre. Die Sache ist nur, sie war nicht schwanger.«

Unaussprechliche Hoffnung zeigte sich auf Greggs Gesicht. »Wer ist der Mann? Wer ist er?«

»Er sagte, er stamme aus Long Island und würde wieder anrufen. Er meint, es müßte eine Zwanzigtausend-Dollar-Belohnung dabei rausspringen.«

»Ich stelle das Geld bereit«, sagte Alvirah mit tonloser Stimme, obwohl ihr eine düstere Vorahnung gleichzeitig sagte, daß diese Sache sich als falsche Spur erweisen würde.

»Vonny, das Baby braucht wirklich etwas anzuziehen«, sagte Wanda Brown schüchtern. Es war Mittwochnachmittag, und Vonny war jetzt schon einen ganzen Tag lang bei ihr, ohne die Kleidung des Babys gewechselt zu haben. »Meine Wohnung ist sehr zugig, und du hast nur einen Kimono zum Wechseln. Und für ein Baby von einem Monat ist deine Tochter wirklich klein und sehr zart.«

»Alle meine Babys waren klein«, erwiderte Vonny,

während sie die Flasche, die sie in der Hand hielt, betrachtete. »Sie trinkt langsam«, beklagte sie sich.

»Sie ist eingeschlafen. Du mußt Geduld haben. Wie wäre es, wenn ich sie zu Ende füttere und du einkaufen gehst? Wo hast du die Sachen her, die du für sie gekauft hast, nachdem ihr Koffer verschwunden war?«

»Aus dem Second-Hand-Shop, direkt neben der Port Authority Station. Aber sie hatten da nicht mehr viel für Säuglinge, nur den Kapuzenschlafsack und dieses Zeug hier.« Vonny zeigte auf den Schlafanzug und das Hemdchen, die im Augenblick beide über der Heizung trockneten. »Es hieß, sie bekämen noch mehr Sachen rein. Ich könnte es ja noch einmal versuchen.«

Sie stand auf und legte das schlafende Kind ihrer Großmutter in die Arme. Dann fiel ihr ein, daß sie auch noch die Flasche brauchen würde. »Die Milch ist schon ein bißchen kalt, aber das macht nichts. Und ich möchte nicht, daß du mit ihr rausgehst.«

»Das würde ich niemals tun.« Wanda Brown nahm das Baby entgegen und versuchte ihr Entsetzen über die eiskalte Flasche zu verbergen. Vonny hat die Milch überhaupt nicht angewärmt, dachte sie. Dann zuckte sie zusammen, als ihre Enkelin sich über sie beugte.

»Und vergiß nicht, Großmama, ich möchte nicht, daß irgendwelche Leute hier reinkommen und mit meinem Baby rummachen, solange ich nicht da bin.«

»Vonny, hier kommt nie jemand her außer den Nonnen, die mich ein oder zwei Mal die Woche besuchen. Du würdest sie mögen. Am häufigsten kommen Schwester Cordelia und Schwester Maeve Marie. Sie passen immer auf, daß Leute wie ich genug zu essen haben und daß wir nicht krank werden und daß die Heizung und die Leitungen funktionieren. Vergangenen Monat erst hat Schwester Cordelia ihren Bruder Willy, der von Beruf Installateur ist, hierhergeschickt, weil ich ein Loch unter der Küchenspüle hatte und die ganze Wohnung langsam modrig wurde. Was für ein netter Mann! Schwester Maeve Marie kam am Montag kurz vorbei, aber vor Heiligabend werden sie nicht noch mal hereinschauen. Dann bringen sie mir einen Weihnachtskorb. Da ist immer viel zu essen drin, und es wird sicher auch für dich reichen.«

»Bis dahin bin ich mit dem Baby weg.«

»Ja, natürlich. Du möchtest Weihnachten mit deinem Mann verbringen.«

Vonny zog sich ihre blaue Skijacke an. Ihr dunkles Haar fiel ihr wirr über die Schultern. An der Tür sah sie sich noch einmal um. »Ich werde ein paar hübsche Sachen für sie kaufen. Ich liebe mein Baby. Ich habe auch meine anderen Babys geliebt.« Ihr Gesicht verzerrte sich gequält. »Es war nicht meine Schuld.«

»Das weiß ich, mein Kind«, sagte Wanda beschwichtigend.

Sie wartete ein paar Augenblicke, bis Vonny Zeit genug hatte, um aus dem Haus heraus zu sein, dann legte Wanda das Baby auf die Couch und wickelte es in ihren Fransenschal ein. Als das Baby warm eingepackt war, griff sie nach der Flasche und humpelte in die Küche. Ein Baby sollte keine so kalte Milch trinken, dachte sie aufgebracht. Sie goß ein wenig Wasser in einen kleinen Kochtopf, setzte ihn auf den Herd, legte die Flasche hinein und stellte das Gas an. Während sie darauf wartete, daß die Flasche warm wurde, dachte sie voller Sorge über die lange, kalte Busfahrt nach Pittsburgh nach, die Vonny mit ihrem Kind unternehmen wollte. Dann kam ihr plötzlich ein anderer Gedanke. Bei ihrem letzten Besuch hatte Schwester Maeve Marie ihr erzählt, daß die Nonnen einen Second-Hand-Shop auf der 86. Straße eröffnen wollten. Dort konnten die Leute für wenig Geld Kleider kaufen oder bekamen sie, wenn sie mittellos waren, sogar umsonst. Vielleicht sollte sie die Schwestern einmal anrufen und ihnen davon erzählen, daß Vonny den Koffer des Babys verloren hatte. Möglicherweise hatten sie ja ein paar hübsche Babysachen da.

Als die Flasche eine zufriedenstellende Temperatur hatte, humpelte sie zum Sofa zurück. Während sie das Baby fütterte und ihm dabei sanft über die Wange strich, damit es nicht wieder einschlief, dachte Wanda über das Für und Wider eines Anrufs bei Schwester Maeve Marie nach. Nein, überlegte sie, sie würde doch lieber warten. Vielleicht hatte Vonny ja Glück und kam mit ein paar hübschen Babykleidern nach Hause. Und außerdem hatte Vonny gesagt, sie wolle nicht, daß andere Leute ihr Baby sähen. Das galt wahrscheinlich sogar für die Nonnen.

Das Baby trank gut hundert Milliliter. Nicht schlecht, dachte Wanda. Dann lauschte sie aufmerksam. Hatte das Baby da geniest? Oh, ich hoffe, sie bekommt keine Erkältung, dachte sie. Sie ist noch so klein, und es würde Vonny das Herz brechen, wenn ihr etwas zustieße ...

Der Fernseher war irgendwie nicht in Ordnung, daher stellte Wanda das Radio an, um die Mittagsnachrichten zu hören. An erster Stelle kam nach wie vor die Sache mit dem verschwundenen O'Brien-Baby. Der Anrufer, der behauptete, seine Cousine hätte das Kind, hatte wieder angerufen, und man hatte ihm zwanzigtausend Dollar Belohnung versprochen. Die Behörden warteten nun darauf, daß er zurückrief und sie die Frage der Geldübergabe klären konnten, damit der Mann die Polizei zu seiner Cousine nach Hause führen konnte.

Wie schrecklich, dachte Wanda, während sie Vonnys schlafendes Baby in den Armen wiegte. Wie *konnte* man nur ein fremdes Kind rauben?

Alvirah verbrachte den Rest des Mittwochs und den ganzen Donnerstag damit, die Geschäfte aufzusuchen, in denen sie Babykleider gekauft hatte.

»Haben sie einen gelben Kapuzenschlafsack mit weißer Satineinfassung? Oder haben sie kürzlich einen verkauft?«

Die Antwort lautete jedesmal nein.

Mehrere Verkäuferinnen erklärten ihr, daß die Nachfrage nach Kapuzenschlafsäcken ziemlich gering geworden sei, vor allem in Gelb. Und eine weiße Satineinfassung wäre auf jeden Fall ziemlich unpraktisch. Der Kapuzenschlafsack müßte doch in die Reinigung gegeben werden, oder?

Ich weiß, daß es gelbe Wolle und weißer Satin war, hatte Alvirah gedacht. Vielleicht habe ich ihn nur in einem Schaufenster gesehen? Mit diesem Gedanken im Kopf ging sie schließlich durch die unmittelbare Nachbarschaft der Geschäfte, in denen sie eingekauft hatte. Vielleicht fand sie im Schaufenster eines anderen Ladens irgendeinen Fingerzeig.

Am späten Nachmittag begann es zu schneien, und mit den feinen Schneeflocken kam ein scharfer, feuchter Wind auf. O Gott, dachte sie, als sie langsam nach Hause ging, wer immer das Baby hat, ich hoffe, er hält es warm und trocken und gibt ihm gut zu essen.

Die Eingangshalle des Hauses in der Central Park South, in dem sie ihre Wohnung hatten, schien sich mit ihrem festlichen Weihnachtsschmuck und ihrer wohligen Wärme über sie lustig zu machen. Als Alvirah endlich wieder in ihre Wohnung kam, machte sie sich eine Tasse Tee, rief im Krankenhaus an und ließ sich zu Gregg durchstellen.

»Ich bin bei Joan«, sagte er. »Sie weigert sich, irgendwelche Beruhigungsmittel zu nehmen. Sie weiß von dem Anruf und der Belohnung. Sie möchte mit dir reden.«

Alvirah hatte das Gefühl, als breche ihr das Herz, während Joan sich mit kaum hörbarer Stimme dafür bedankte, daß sie die Belohnung aufgebracht hatte, und ihr versprach, ihr jeden Cent zurückzuzahlen.

»Vergiß das Geld«, sagte sie und versuchte ihrer Stimme einen zuversichtlichen Klang zu geben. »Ich verlange nur, daß Mariannes zweiter Name Alvirah lautet.« Dann lauschte sie ein paar Herzschläge lang dem Schweigen am anderen Ende der Leitung und fügte hastig hinzu: »Das war nur ein Witz, Joanie. Alvirah ist kein Name für ein Baby, zumindest nicht in unserer Zeit.«

Gerade als sie den Hörer auflegte, kam Willy nach Hause. »Gute Nachrichten?« fragte er hoffnungsvoll.

»Ich wünschte, ich könnte es glauben. Willy, wenn du wüßtest, daß die Frau deines Cousins einer anderen das Kind weggenommen hat, und man hätte dir die Belohnung, die du verlangt hast, garantiert, warum würdest du dann nicht einfach sofort sagen, wo das Baby ist?«

»Vielleicht hat er Angst, die Frau seines Cousins könnte den Verstand verlieren, wenn man ihr das Baby abnimmt.«

»Er sollte sich besser Sorgen darüber machen, daß dem Kind etwas zustoßen könnte. Die Belohnung gibt es nur, wenn Marianne sicher zu ihren Eltern zurückkehrt. Das weiß er. Denk an meine Worte, Willy, der Anrufer versucht es mit einem faulen Trick. Er sucht nach einer Möglichkeit, an die Belohnung heranzukommen und dann zu verschwinden.«

Willy sah den Kummer in Alvirahs Gesicht und wußte, daß sie sich noch immer die Schuld an der Entführung gab. »Ich war gerade bei Cordelia«, sagte er. »Sie hat, direkt nachdem du aus dem Haus gegangen bist, angerufen. Sie und die Nonnen beten rund um die Uhr, und sie hat alle Leute, die sie kennt, ebenfalls dazu gebracht zu beten.«

Alvirah brachte ein schiefes Lächeln zustande. »Wie ich sie kenne, klingt ihr Gebet wahrscheinlich so: ›Also, jetzt hör mir mal gut zu, lieber Gott …‹«

»So ungefähr«, stimmte Willy ihr zu. »Nur daß sie im Augenblick außer dem Beten auch arbeiten muß. Ihre Idee mit dem Second-Hand-Shop hat wirklich eingeschlagen. Als ich gestern dort hereingeschaut habe, waren jede Menge Leute da, die ihr gute Kleider in ordentlichem Zustand gebracht haben.«

»Nun, Cordelia läßt sich bestimmt keine abgetragenen Sachen andrehen«, meinte Alvirah. »Und recht hat sie – nur weil man gerade eine Pechsträhne hat, heißt das ja nicht, daß man sich in Lumpen kleiden muß.«

»Und jetzt hat Cordelia noch ein Schild draußen aufgestellt mit der Bitte um Kinderspielzeug. Sie hat sogar ein paar Freiwillige aufgetrieben, die die Einkäufe der Leute in Weihnachtspapier packen. Sie meint, die Kinder sollten am Weihnachtsmorgen richtige Päckchen bekommen.«

»Das ist mal wieder typisch Cordelia – ein eiserner Wille und ein Herz aus Gold«, sagte Alvirah. Dann konnte sie nicht länger an sich halten und platzte mit ihren ganzen Sorgen heraus: »Willy, ich fühle mich so hilflos, so *verdammt* hilflos. Gebete sind natürlich wichtig, aber ich habe das Gefühl, mehr tun zu müssen. Irgend etwas tun zu müssen … aktiv zu werden. Dieses Warten macht mich völlig verrückt.«

Willy legte seine Arme um sie. »Dann sorg dafür, daß du was zu tun hast. Geh morgen zu Cordelia in den Second-Hand-Laden und hilf ihr bei der Arbeit. Sie hatte ja wahrhaftig schon alle Hände voll zu tun, als du ihr letzte Woche ausgeholfen hast. Und jetzt, zwei Tage vor Weihnachten, ist in dem Laden wahrscheinlich die Hölle los.«

Am Morgen des 23. Dezember erreichte die Spannung in der Einsatzzentrale, die für den Fall, der mittlerweile unter dem Namen ›Entführung des Kapuzenschlafsackbabys‹ bekannt war, ihren Höhepunkt.

Inzwischen zweifelte das ganze Team ernsthaft den Wert der Geschichte, die der Anrufer erzählt hatte, der angeblich wußte, wo das O'Brien-Baby steckte.

Sie hatten es geschafft, den Anrufer bei den letzten

zwei Gesprächen lange genug am Apparat zu halten, um die Gespräche zurückzuverfolgen. Beide kamen aus der Bronx, nicht aus Long Island, und zwar aus Telefonzellen, die nur wenige Häuserblocks voneinander entfernt waren. Jetzt kämmten Undercoveragenten der Polizei die Gegend zwischen der Fortham Road und Grand Concours durch, wobei sie vor allem die öffentlichen Telefonzellen im Auge behielten, um den mysteriösen Anrufer zu stellen.

Die Experten sahen sich die Sicherheitsvideos an, die am 20. Dezember im Empire-Hospital aufgezeichnet worden waren, wobei sie besonders den Kameras in der Eingangshalle und im Flur vor den Aufzügen ihr Augenmerk schenkten. Das Band, auf dem man vage Alvirah und Willy erkennen konnte, verriet nur wenig über die Frau, die den Säugling bei sich gehabt hatte. Das einzig Auffällige war der Kapuzenschlafsack, und das auch hauptsächlich wegen der weißen Satineinfassung. Man debattierte immer noch darüber, ob Details wie der gelbe Kapuzenschlafsack an die Öffentlichkeit weitergegeben werden sollten oder nicht. Natürlich hatte jeder Polizeibeamte in New York eine Beschreibung davon, aber wie einer der Polizisten meinte: »Sobald der Kidnapper die Beschreibung dieses Kapuzenschlafsacks hört, werden wir das Ding irgendwo im Müll finden. Auf diese Weise besteht wenigstens die Chance, daß die Entführerin das Kind mit dem Schlafsack nach draußen nimmt und einer von uns sie entdeckt.«

Der nächste Anruf des Informanten wurde um zehn Uhr am 23. Dezember erwartet. Während Joan und Gregg O'Brien sich in Erwartung einer Nachricht aneinander festhielten, wurde es zehn Uhr. Elf Uhr. Dann zwölf und immer noch kein Anruf.

Um drei kam der erwartete Anruf dann endlich. Der Mann hatte seine Meinung geändert. »Ich habe all diese Cops gesehen, die mich schnappen wollten«, fauchte er in den Hörer. »Sie werden das Baby nie wiedersehen. Soll die Frau meines Vetters die Kleine doch behalten!«

Er lügt. Alle Polizisten, die mit dem Fall befaßt waren, sahen das genauso. Der Mann war von Anfang an ein Betrüger.

Oder vielleicht nicht? Hatten sie die Übergabe verpfuscht? Ein paar Minuten später kamen verzweifelte Bitten über die Medien. Rufen Sie wieder an. Nehmen Sie den Kontakt wieder auf: Niemand wird Fragen stellen. Wenn Sie wegen eines Verbrechens gesucht werden, können Sie mit mildernden Umständen rechnen. Mariannes Eltern stehen am Ende eines Nervenzusammenbruchs. Haben Sie Mitleid mit den jungen Leuten.

Die Babykleider, die Vonny in dem Second-Hand-Shop in der Nähe der Port Authority Station gekauft hatte, waren viel zu groß für den kleinen Säugling.

»Sie waren so gut wie ausverkauft«, sagte sie ärgerlich. Es war nach der Mittagsmahlzeit, und sie versuchte die Ärmel eines Unterhemdchens hochzukrempeln, damit sie ihm nicht über die Hände rutschten. »Halt still!« fuhr sie den Säugling an.

»Komm, laß mich das machen«, sagte ihre Großmutter nervös. »Vonny, warum gehst du nicht nach unten ins Café und holst dir einen schönen, heißen Kaffee und ein Hörnchen. Du hast nicht gefrühstückt, und ich weiß, wie gern du aufgebackene Hörnchen magst.«

»Ja, vielleicht mache ich das.«

Sobald sich die Tür hinter ihrer Enkelin schloß, humpelte Wanda zum Telefon und wählte die Nummer der Wohnung, in der vier Häuserblocks entfernt Schwester Cordelia und Schwester Maeve Marie zusammen mit vier anderen Nonnen lebten. Die sechs Frauen nannten ihr Zuhause scherzhaft das Minikloster.

Eine der älteren Schwestern war am Apparat. Cordelia und Maeve Marie waren im Second-Hand-Shop, erzählte sie Wanda. Sie hätten ein paar wunderbare Spenden bekommen, die sie so schnell wie möglich durchsehen wollten. O ja, Maeve Marie hatte erzählt, sie hätten einen guten Vorrat an Babykleidern. »Schicken Sie Ihre Enkelin nur rüber. Sie soll sich aussuchen, was sie braucht.«

Aber als Vonny mit ihrem Kaffee und dem Hörnchen zurückkam, konnte Wanda sehen, daß ihre Laune noch schlimmer war als zuvor, also wagte sie es nicht, ihr von dem Second-Hand-Shop zu erzählen. Vonny würde sofort erraten, daß sie, Wanda, mit irgend jemandem über das Baby gesprochen hatte. Vielleicht ist sie morgen ja wieder das nette Mädchen, das sie früher war, dachte Wanda mit einem Seufzer. Sie hatte seit Vonnys Ankunft auf dem Sofa geschlafen, und die kaputten Sprungfedern hatte ihre chronische Arthritis, die ihr das Gehen so schwer machte, noch verschlimmert. Trotzdem hatte sie Vonny mit Freuden ihr Bett überlassen, obwohl es ihr etwas Angst machte, daß sie im selben Bett wie das Baby schlief. Angenommen, sie rollte sich im Schlaf auf den Säugling, so wie ihr es vor sechs Jahren mit dem ersten Kind passiert war. Wanda würde diese schreckliche Nacht im Empire-Hospital nie vergessen, als man ihnen sagte, das Baby sei tot. Oder angenommen, sie bekam wieder einen ihrer Schwindelanfälle und wurde ohnmächtig, während sie das Baby badete und das Baby ertrank. Das war mit dem zweiten Kind in Pittsburgh passiert. Es ist wirklich eine Schande, daß sie so kurze Zeit nach ihrer Entlassung aus der psychiatrischen Klinik ein drittes Kind bekommen hat, dachte Wanda. Ich glaube nicht, daß sie schon soweit ist, daß sie sich wieder um einen Säugling kümmern kann.

Alvirah stellte fest, daß es ihr in gewisser Hinsicht half, eine Beschäftigung zu haben, mit ihren Händen zu arbeiten und unter Menschen zu sein. In anderer Hinsicht jedoch fiel es ihr unglaublich schwer, Baby- und Kinderkleidung zu sortieren und zusammenzufalten, all die kleinen Schneeanzüge und Overalls und T-Shirts und Sweatshirts mit ihren fröhlichen Bildern von Micky Maus, Aschenputtel, der kleinen Meerjungfrau oder Barnie, dem Dinosaurier. All das erinnerte sie mit einem heftigen, scharfen Schmerz daran, daß Gregg und Joan ihre kleine Marianne vielleicht niemals in solchen Kleidern sehen würden.

»Ich beschäftige mich lieber mit den Sachen für Erwachsene«, sagte Alvirah zu Cordelia, nachdem sie eine Stunde lang Babykleidung sortiert hatte.

In die stahlgrauen Augen von Schwester Cordelia trat ein weicher Blick. »Alvirah, warum hast du so wenig Gottvertrauen? Warum betest du nicht lieber, statt dir die ganze Zeit über Vorwürfe zu machen?«

»Ich werde es versuchen.« Und wieder einmal traten Alvirah die Tränen in die Augen, als sie auf den Verkaufstisch zuging, auf dem Frauenkleidung lag. Cordelia hatte recht. Lieber Gott, dachte sie, diesmal tauge ich als Detektivin wohl nicht viel. Jetzt mußt du etwas tun.

Alvirah war normalerweise einem kleinen Schwätzchen nie abgeneigt. Es gab keinen Menschen, den sie nicht auf die eine oder andere Weise interessant fand. Aber heute blieb sie bei den Sortiertischen und stellte mit scharfem Blick fest, welche Röcke zu welchen Jacken gehörten, und sortierte die Kleidungsstücke nach der Größe, bevor sie sie zu den entsprechenden Theken hinüberbrachte. Trotzdem tat es ihr immer wieder gut, wenn Leute hereinkamen, die sich über die schönen Kleider freuten.

Gerade als sie ein Paar neue Teenagerröcke und -tops auf einen der Tische packte, rief eine Frau: »Die Sachen sehen überhaupt nicht getragen aus. Man könnte meinen, sie sind brandneu! Meine Tochter wird begeistert sein. Ich hätte nicht gedacht, daß ich es mir leisten kann, ihr so schöne Sachen für die Ferien zu kaufen, aber die Preise hier sind wirklich vernünftig. Und die Sachen sind so schön, man könnte meinen, sie kämen direkt von der Fifth Avenue!«

»Ja, das stimmt.«

Alvirah blieb, bis der Laden um acht Uhr schloß. Willy hatte recht gehabt – die Arbeit hier hatte ihr gut getan. Und doch wurde sie das Gefühl nicht los, daß ihr irgend etwas entgangen war. Und dieses ›irgend etwas‹ nagte an ihr, nagte an ihr den ganzen Weg bis nach Hause.

Willy hatte das Abendessen schon für sie vorbereitet, aber Alvirah stellte fest, daß sie kaum Appetit hatte und nur mit Mühe ein paar Bissen von den gefüllten Schweinekoteletts herunterbringen konnte, die seine Spezialität waren.

»Schätzchen, du wirst mir noch krank werden«, meinte er aufgeregt. »Vielleicht war es doch keine gute Idee, dich heute in den Laden zu schicken.«

»Nein, die Arbeit hat mir gut getan, wirklich. Und Willy, du hättest die Leute mal reden hören sollen, die bei uns eingekauft haben. Eine Frau hat ein paar Sachen für ihre Tochter zusammengestellt und meinte, sie könnten direkt von der Fifth Avenue kommen, so brandneu sähen sie aus.«

Plötzlich legte Alvirah ihre Gabel weg. »O mein Gott«, sagte sie. »Das ist es!«

»Wie meinst du das?«

»Willy, ich war doch letzte Woche auch in dem Second-Hand-Laden. Da habe ich den Kapuzenschlafsack gesehen. Ich bin mir ganz sicher. Ich habe mich zwar die ganze Zeit mit den Herrensachen abgegeben, aber eine der anderen freiwilligen Hilfskräfte stellte Babykleidung zusammen und hielt den Schlafsack hoch, als sie ihn zusammenfaltete.« Alvirah sprang auf, und alle Lethargie fiel von ihr ab. »Willy, die Entführerin muß in Cordelias Laden gewesen sein. Ich rufe sofort die Polizei an.«

Der Weihnachtsmorgen dämmerte und schwere Wolken ballten sich am Himmel zusammen. Im Wetterbericht hatte es geheißen, daß bis zum Abend fünfzehn Zentimeter Neuschnee fallen würden. Einer weißen Weihnacht stand nichts mehr im Wege.

Für Alvirah war es eine lange und ausgesprochen sorgenvolle Nacht gewesen. Mit den Polizisten, die sich mit Mariannes Entführung beschäftigten, wollte sie sich gleich um acht Uhr morgens, wenn der Laden öffnete, vor dem Second-Hand-Shop treffen. Aber als sie am Abend noch einmal mit Cordelia telefonierte, hatte diese eine ziemlich entmutigende Nachricht für sie. Vergangene Woche hatten sie einige ihrer Kleiderspenden, zu denen auch Babyausstattung gehörte, an verschiedene andere Läden geschickt, die das Kloster unterstützte. Zwei befanden sich in der Bronx und ein weiterer in der Nähe der Port Authority Station in der Stadtmitte von Manhattan. Bevor sie nicht alle Freiwilligen zusammentrommeln konnten, damit diese überlegten, wo die Kleider hingekommen sein mochten, konnte Alvirah nicht sicher sein, ob der Kapuzenschlafsack in der 88. Straße verkauft worden war oder in irgendeinem der anderen Geschäfte.

»Ich werde versuchen, so viele von meinen Freiwilligen zu erreichen wie nur möglich, und sie bitten, morgen früh in den Laden zu kommen«, hatte Cordelia versprochen. »Wollen wir hoffen, daß eine der Frauen sich erinnern kann, was aus dem Kapuzenschlafsack geworden ist. Und du darfst nicht aufhören zu beten, Alvirah. Du hast schon die ersten Antworten bekommen.«

Alvirah hatte während ihrer schlaflosen Stunden viel mit Willy über ihre schwierige Situation gesprochen. »Wenn sich herausstellen sollte, daß der Kapuzenschlafsack in die Bronx gegangen ist, dann besteht eine große Wahrscheinlichkeit, daß der Anrufer echt war und wirklich weiß, wo Marianne ist. Wenn der Schlafsack dagegen in den Laden in der Nähe der Port Authority Station gegangen ist, dann könnte die Frau das Baby einfach entführt haben und dann mit dem Bus Gott weiß wohin gefahren sein.«

Gegen sechs Uhr morgens war Alvirah sich endgültig sicher, die längste Nacht ihres Lebens hinter sich zu haben.

»Ich fahre heute nach Hause, Großmama«, verkündete Vonny, als sie um acht Uhr an diesem Morgen nach Hause kam, in der Hand eine Tüte mit zwei Bechern Kaffee und zwei Hörnchen.

Sie war guter Laune, das konnte Wanda sehen. Allein die Tatsache, daß sie daran gedacht hatte, auch ihrer Großmutter einen Becher Kaffee und ein Hörnchen mitzubringen, war Beweis genug. Vonny konnte so ein liebes Mädchen sein, dachte Wanda. Sie hatte das Baby während der Nacht einmal angeschrien, war dann aber aus dem Schlafzimmer herausgekommen und hatte dem Kind eine Flasche aufgewärmt. Also gewann sie wohl langsam ihre Fassung wieder.

Wanda beschloß, auch auf das Risiko hin, Vonny damit aufzuregen, gegen diesen Plan zu protestieren. »Aber der Wetterbericht ist wirklich nicht gut, und am Weihnachtsabend sind so viele Leute unterwegs.«

Vonny lächelte kurz. »Ich weiß, daß viel los sein wird, aber mir gefällt das. Ich reise gerne, wenn viel los ist.«

Wanda versuchte es noch einmal. »Vonny, ich habe bisher nichts gesagt. Du warst so enttäuscht darüber, daß der Second-Hand-Shop in der Stadt nicht viele Babysachen hatte. Aber weißt du, es gibt noch einen Second-Hand-Shop in der Gegend; meine Freunde, die Nonnen, betreiben ihn.« Sie wagte sich sogar noch einen Schritt weiter. »Als die Schwester mich neulich besuchte, erzählte sie mir, sie hätten wunderhübsche Kleider für Kinder und Säuglinge da. Warum holst du dir nicht ein paar Sachen, bevor du abfährst? Das Baby ist ein bißchen erkältet, und du solltest aufpassen, daß es sich auf der Reise nichts einfängt.«

»Ja, vielleicht mache ich das. Um wieviel Uhr, denkst du, werden diese Nonnen mit deinem Weihnachtskorb vorbeikommen?«

»Nicht vor drei.«

»Ich nehme den Zwei-Uhr-Bus.«

Sie will der Schwester nicht begegnen, dachte Wanda. Vonny war schon immer eine Einzelgängerin.

Um neun Uhr morgens hatten die Polizisten bereits alle freiwilligen Helfer befragt, die Schwester Cordelia hatte zusammentrommeln können, und das Wichtigste war, daß eine der Frauen sich genau daran erinnerte, daß die Schachtel mit dem gelben Kapuzenschlafsack an die Verkaufsstelle in der Nähe der Porth Authority Station geschickt worden war.

»Was für ein erbärmliches Pech«, sagte einer der Beamten zu Alvirah. »Wenn er hier verkauft worden wäre, könnten wir hoffen, daß die Entführerin hier in der Nachbarschaft wohnt, wenn er in die Bronx gegangen wäre, wäre immer noch die Hoffnung, daß der Anrufer echt war und nicht nur ein Trittbrettfahrer, der versucht hat, sich eine Belohnung zu ergaunern. Wir werden versuchen, herauszufinden, wer den Kapuzenschlafsack verkauft hat, aber selbst wenn uns das gelingen sollte und wir eine bessere Beschreibung der Frau bekämen, befürchte ich doch, daß sie und das Baby nicht mehr in New York sind.«

»Da bin ich Ihrer Meinung«, erwiderte Alivrah leise. »Aber ich gebe die Hoffnung noch nicht auf. Und ich werde weiter beten. Hat irgend jemand heute mit Gregg gesprochen?«

»Der Inspektor. Ursprünglich sollte Mrs. O'Brien heute entlassen werden, aber der Arzt war dagegen. Sie ist so depressiv, daß er Angst vor dem hat, was geschehen könnte, wenn sie nicht wenigstens bis morgen weiter unter Beobachtung steht. Der Heiligabend wird ein schrecklicher Tag für Joan O'Brien werden.«

»Aber Gregg wird bei ihr sein.«

»Der arme Junge ist so erschöpft daß der Arzt meint, er könnte im Stehen einschlafen.« Der Polizeibeamte nickte, als der Lieutenant ihm ein Signal gab. »So, wir fahren jetzt in die Stadt. Wir halten Sie auf dem Laufenden, Mrs. Meehan. Und vielen Dank.«

Ich gehe auch, beschloß Alvirah und sah dann, daß Cordelia auf sie zukam.

»Alvirah, ich hasse es zwar, dich darum zu bitten, aber könntest du nicht bis heute mittag bleiben? Ich brauche wirklich Hilfe.«

»Kein Problem, Cordelia. Was soll ich tun?«

»Die Babykleider sortieren. Da herrscht schon wieder das reinste Chaos. Gestern abend sind die verschiedenen Größen durcheinandergeraten. Einige Leute sind einfach furchtbar gedankenlos.«

Cordelia zögerte und sagte dann: »Alvirah, nachdem du gestern abend angerufen hast, haben wir uns noch über das verschwundene Baby unterhalten, und Schwester Bernadette sagte etwas, das mir seitdem nicht aus dem Kopf gegangen ist. Sie erzählte, daß jemand angerufen hätte, um sich zu erkundigen, ob wir im Second-Hand-Laden auch Babykleider führten. Die Anruferin sagte, ihre Enkelin sei mit ihrem neugeborenen Baby bei ihr zu Besuch, und unterwegs sei ihr der Koffer mit den Babykleidern gestohlen worden.«

»Hat die Anruferin ihren Namen genannt?« wollte Alvirah wissen.

»Nein. Schwester Bernadette ist sicher, daß sie die Stimme erkannt hat, aber sie kann sie nicht einordnen.« Dann zuckte Cordelia mit den Schultern. »Fangen wir jetzt schon alle an, Gespenster zu sehen?«

Irgendwie gelang es Alvirah in den nächsten Stunden ein freundliches Gesicht zu machen, während sie Berge von Babykleidung sortierte. Der schlimmste Augenblick war der, in dem sie ganz unten in dem Resthaufen ein winziges gelbes Jäckchen mit einem schmalen, weißen Satinkäntchen an der Kapuze fand. Es erinnerte sie an den Kapuzenschlafsack.

Dann weiteten sich ihre Augen plötzlich. War es möglich, fragte sie sich? Konnte das Jäckchen zu dem Kapuzenschlafsack gehören? So mußte es sein. Ja, jetzt war sie sich ganz sicher! Dieselbe schöne Wollqualität, derselbe Satinbesatz. Die Jacke und der Schlafsack mußten irgendwie auseinander geraten sein, so daß das Jäckchen nicht mit zum Laden an der Port Authority Station gebracht worden war. Sie würde die Jacke der Polizei übergeben. Zumindest kannten sie auf diese Weise die genaue Farbe und Beschaffenheit des Schlafsacks.

»Dürfte ich mir das bitte mal ansehen?«

Alvirah drehte sich um. Vor ihr stand eine Frau von etwa dreißig Jahren. Sie trug eine nichtssagende Skijacke und Jeans. Außerdem lief eine breite weiße Strähne mitten durch ihre dunklen Haare.

Alvirah spürte, wie sich ihr Magen zusammenkrampfte.

Die Frau hatte die richtige Größe und das richtige Alter. Und kein Wunder, daß sie eine blonde Perücke und einen Schal getragen hatte. Diese bizarre Frisur wäre jedem sofort aufgefallen. Und man würde sie jederzeit wiedererkennen.

Die Frau sah sie neugierig an. »Haben Sie irgendein Problem?«

Schweigend reichte Alvirah ihr die Jacke. Sie wollte nichts sagen. Sie wollte nicht, daß die Frau ihr zuviel Beachtung schenkte und sie womöglich wiedererkannte. Aber dann warf sie die Jacke plötzlich wieder hin und eilte zur Tür.

O Gott, sie *ist* es, dachte Alvirah. Und sie hat mich wiedererkannt. Ohne sich die Zeit zu nehmen, nach ihrem Mantel zu greifen, lief sie zur Tür, stürzte in ihrer Hast jedoch über eine Spielzeugente, die ein kleiner Junge hinter sich her zog. »Warten Sie!« rief sie.

Mehrere Hände streckten sich ihr helfend entgegen. Die Mutter des kleinen Jungen versuchte sich zu entschuldigen. Doch Alvirah stürzte an ihnen vorbei und lief auf die Straße. Als sie auf dem Gehsteig ankam, war die Frau bereits einen halben Häuserblock weit entfernt.

»Warten Sie!« rief Alvirah noch einmal.

Die Frau schaute über ihre Schulter und begann zu laufen.

Einige Passanten warfen Alvirah, die sich durch die überfüllten Straßen zwängte, neugierige Blicke zu. Ungeachtet des kalten Windes und des Schnees, der jetzt vom Himmel fiel, versuchte sie die Frau im Auge zu behalten und hoffte darauf, irgendwo einen Polizisten zu erspähen.

Auf der 88. Straße bog die Frau plötzlich nach links ab. Alvirah holte sie ein, als sie vor einem Wagen stehenblieb, der vor dem Naturkundemuseum parkte.

Der Fahrer des Wagens sprang heraus. »Was ist los, Dorine?«

»Eddie, diese Frau ist verrückt. Sie verfolgt mich.«

Der Mann lief um den Wagen herum und baute sich vor der völlig atemlosen Alvirah auf. »Was wollen Sie?« fragte er scharf.

Alvirah warf einen Blick auf den Rücksitz des Wagens. Dort saßen ein kleiner Junge und ein Säugling, die beide in Kindersitzen angeschnallt waren. Der Säugling hatte eine Unmenge dunklen Haares. »Ich habe Sie tatsächlich verfolgt«, stieß Alvirah an die junge Frau gewandt hervor, »aber jetzt sehe ich, daß ich mich geirrt habe. Es tut mir leid. Als Sie diese kleine Jacke in die Hand genommen haben, dachte ich, Sie wären vielleicht jemand anders. Und als Sie sie dann wieder wegwarfen, war ich plötzlich ganz sicher, Sie hätten mich erkannt.«

»Ich habe sie weggelegt, weil ich sehen konnte, daß sie zu klein für mein Baby ist«, sagte sie und zeigte mit dem Kopf auf den Säugling im Wagen. »Und was Sie betrifft, ich habe sie noch nie gesehen, aber so, wie Sie mich angeschaut haben, dachte ich, Sie wären übergeschnappt.« Dann lächelte sie breit. »Hey, hören Sie zu, es ist schon in Ordnung. Heute ist Heiligabend. Da sind alle ein bißchen überdreht, stimmt's?«

Alvirah ging langsam zurück in den Laden. Ich bin bis auf die Knochen durchgefroren, dachte sie. Am besten rufe ich gleich die Polizei an, lasse sie die Jacke abholen und fahre dann nach Hause.

Als sie im Second-Hand-Laden ankam, wehrte sie alle Fragen, mit denen die anderen freiwilligen Helferinnen sie bombardierten, ungeduldig ab. »Es war nichts. Ich dachte, ich kenne diese Frau.« Dann ging sie zu dem Tisch hinüber, auf dem sie das kleine gelbe Jäckchen liegengelassen hatte. Es war nicht mehr da.

O nein! dachte sie. Tara, eine freiwillige Helferin von sechzehn oder siebzehn Jahren, sortierte die Kleider auf einem Ständer ganz in der Nähe. »Tara, hast du gesehen, ob jemand gerade eine Säuglingsjacke mit Kapuze aus gelber Wolle gekauft hat?« fragte Alvirah sie.

»Ja, ist erst drei Minuten her. Ich habe ihr geholfen, noch ein paar andere Sachen auszusuchen, Kleider und Decken und Bettlaken, und dann sah sie plötzlich das Jäckchen. Sie hat sich richtig gefreut. Sie hat nämlich neulich in einem anderen Second-Hand-Shop etwas gefunden, das genau dazu paßte. Wahrscheinlich war noch ein Höschen dabei oder so etwas. War das nicht ein Glück?«

Alvirah glaubte, ihre Beine würden unter ihr nachgeben. »Wie hat die Frau ausgesehen?«

Tara zuckte die Achseln. »Das kann ich nicht sagen.

Dunkle Haare. Ungefähr Ihre Größe. Ende zwanzig oder so. Sie trug eine dunkelgraue, oder nein, eine dunkelblaue Skijacke. Wenn Sie mich fragen, hätte sie sich mal bei den Frauenkleidern umsehen sollen, wo sie gerade hier war.«

Aber Alvirah hörte nicht länger zu. Einen Augenblick lang dachte sie darüber nach, ob sie sich die Zeit nehmen solle, telefonisch Hilfe herbeizurufen, aber sie wußte, daß es auf jede einzelne Sekunde ankam. Sie zog das junge Mädchen hinter sich her. »Komm mit.«

»Hey, ich sollte doch …«

»Ich habe gesagt, du sollst mitkommen!«

Als sie auf die Tür zuliefen, kam gerade Cordelia aus dem Hinterzimmer. »Alvirah«, rief sie, »was ist passiert?«

Alvirah nahm sich eine Sekunde Zeit, um zu antworten. »Ruf die Polizei. Vor ein paar Minuten war die Entführerin hier.«

Auf der Columbus Avenue wimmelte es nur so von Kauflustigen. Alvirah sah sich hoffnungslos um und blieb stehen. »Du hast gesagt, die Frau hätte noch andere Sachen gekauft. Hatte sie irgendwelche Taschen dabei?«

»Sie hat zwei von unseren großen, weißen Einkaufstüten genommen.«

»Wenn die Taschen schwer sind, wird sie nicht allzu schnell vorankommen«, sagte Alvirah mehr zu sich als zu dem Mädchen.

Tara schien plötzlich zu begreifen, was Alvirahs Reaktion ausgelöst hatte. »Mrs. Meehan, glauben Sie, das Jäckchen gehörte zu dem gelben Kapuzenschlafsack, nach dem uns die Cops gefragt haben? Die Tüten waren so schwer, daß ich die Frau fragte, ob sie es denn weit hätte, und sie meinte, nein, nicht so weit, nur die 90. Straße hinauf und dann ein paar Häuserblocks in die andere Richtung.«

Alvirah hätte Tara am liebsten geküßt. Statt dessen fuhr sie sie an: »Jetzt hör mir mal gut zu. Du gehst zurück in den Laden und erzählst alles, was du mir gesagt hast, Schwester Cordelia. Sag ihr, die Cops sollen das ganze Gebiet zwischen hier und der 90. Straße absichern. Sag ihr, wir wären dem Baby mit dem Kapuzenschlafsack auf der Spur!«

Die gute Laune, mit der ihre Enkeltochter Wanda Brown am frühen Morgen eine solche Freude gemacht hatte, hielt nicht lange an. Das Baby hatte nach seiner Zehn-Uhr-Flasche angefangen zu weinen und ließ sich einfach nicht beruhigen. Wanda wagte es nicht, noch einmal auf neue Babykleider zu sprechen zu kommen.

Vonny brummte und fluchte vor sich hin und ging schließlich, um dem schreienden Säugling zu entkommen, von sich aus in den Second-Hand-Laden. Jetzt, als sie die schweren Einkaufstaschen durch die verschneiten Straßen zurück zur Wohnung ihrer Großmutter schleppte, kamen ihr die sieben Häuserblocks von der 86. bis zur 90. Straße und weiter bis zum West End wie endlose Meilen vor.

Während sie ärgerlich einen Schritt vor den anderen setzte, schienen ihre Nerven schließlich bloßzuliegen. »Verdammtes Gör«, sagte sie laut. »Verdammte Nervensäge, genau wie die anderen.«

Als sie nach Hause kam, schrie das Baby immer noch. Wanda, die abgehetzt und müde aussah, hielt es in ihren Armen und wiegte es sanft hin und her.

»Was hat sie denn jetzt schon wieder?« fauchte Vonny.

»Ich glaube, sie fühlt sich nicht wohl, Vonny«, erwiderte Wanda entschuldigend. »Ich fürchte, sie fühlt sich auch ein bißchen fiebrig an. Ich glaube nicht, daß du heute mit ihr fahren solltest. Ich meine, es wäre ein Fehler.«

Ohne sich um Wandas Bemerkungen zu scheren, ging Vonny auf ihre Großmutter zu und schaute auf das Baby hinab. »*Halt den Mund!*« schrie sie.

Wanda spürte, wie ihre Kehle trocken wurde. Vonny hatte wieder diesen Blick, dieses wütende Leuchten, diesen sturen, leeren Ausdruck in den Augen. Wanda hatte ihn schon einmal gesehen und wußte, wie gefährlich das sein konnte. Trotzdem mußte sie es ihr sagen. »Vonny, mein Kind, kurz nachdem du weggegangen bist, hat Schwester Maeve Marie angerufen. Sie kommt in ein paar Minuten mit dem Weihnachtskorb vorbei. Wegen des schlechten Wetters haben sie schon früher angefangen, die Körbe zu verteilen.«

Vonnys Augen zogen sich zusammen, und ein wütendes Stirnrunzeln verzerrte ihre Züge. »Hast du sie gebeten, früher zu kommen, Großmama?«

»Nein, mein Kind.« Wanda klopfte dem Baby auf den Rücken. »Psst … O Vonny, ich glaube, sie hat sich einen Husten geholt.«

»Wenn ich in Pittsburgh bin, geht es ihr wieder gut.« Vonny stampfte mit den Einkaufstüten ins Nebenzimmer und kam dann sofort zurück. »Ich will nicht mit dieser Nonne reden, und ich will ihr auch nicht meine Tochter zeigen. Gib sie mir her. Ich bringe sie ins Schlafzimmer, bis diese Nonne weg ist.«

Alvirah eilte durch die Straßen, wobei ihre Blicke bei jeder Kreuzung hastig hin und her gingen. Immer wieder hielt sie Passanten an, um sie zu fragen, ob sie eine Frau gesehen hätten, die eine dunkelblaue Skijacke und zwei weiße Einkaufstaschen trug.

An der Ecke Achtundsechzigste und Broadway hatte sie Glück. Ein Zeitungsverkäufer sagte, er habe eine Frau, auf die diese Beschreibung passe, im Zickzackkurs über die Straße laufen sehen. »Sie ist zur West End rüber«, sagte er.

An der Ecke 88. und West End Avenue meinte ein alter Mann, der einen Einkaufswagen hinter sich her zog, jawohl, eine Frau mit weißen Einkaufstüten sei an ihm vorbeigekommen. Er sagte, er erinnere sich an sie, weil sie die Taschen einen Augenblick lang abgesetzt hätte. »Sie hat irgendwas vor sich hin gemurmelt und geflucht«, sagte er mißbilligend. »Schöne Festtagsstimmung!«

Die ersten Streifenwagen kamen an, als Alvirah die 89. Straße erreichte. Tara hatte offensichtlich einen hervorragenden Bericht über die Ereignisse abgestattet. »Wir werden das ganze Gebiet durchkämmen«, erklärte ihr ein Sergeant energisch. »Wenn nötig, werden wir jedes einzelne Haus durchsuchen. Warum gehen Sie nicht heim, Mrs. Meehan?«

»Ich kann nicht«, sagte Alvirah.

Der Sergeant sah sie mitleidig an. »Sie holen sich noch eine Lungenentzündung. Setzen Sie sich wenigstens in den Streifenwagen, damit Sie es warm haben. Überlassen Sie den Rest uns.«

Gerade in diesem Augenblick kam Schwester Maeve Marie mit einem schweren Korb am Arm die Straße herauf. Ihr kurzer Schleier flatterte im Wind. Wie Schwester Cordelia hatte sie sich dafür entschieden, eine knöchellange Tracht zu tragen. Als sie Alvirah im Gespräch mit dem Polizisten sah, machte sie ein überraschtes Gesicht. So schnell, wie sie konnte, lief sie zu ihnen hinüber. Da sie selbst eine ehemalige Polizistin war, kannte sie den Sergeant und sagte: »Hallo Tom«, bevor sie weiterfragte: »Alvirah, was ist los?«

Als sie hörte, worum es ging, rief sie: »Die Entführerin des Babys ist hier in der Gegend? Gott sei gelobt!« Sofort gewann die Polizistin in ihr die Oberhand. »Tom, hast du die Gegend abriegeln lassen?«

»Wir sind gerade dabei, Maeve. Wir werden nun von Tür zu Tür gehen und unsere Nachforschungen anstellen. Aber bitte versuch Mrs. Meehan dazu zu überreden, im Wagen zu warten. Sie sieht so aus, als könnte sie jeden Augenblick umkippen.«

»So leicht kippt Alvirah nicht um«, sagte Maeve energisch, während gleichzeitig andere Streifenwagen mit quietschenden Bremsen vor dem Häuserblock hielten. »Alvirah, hilf mir, die Körbe zu verteilen. Zu zweit kommen wir schneller voran. Einige der Leute hier würden sicher eher mit uns reden als mit der Polizei. Den Wagen habe ich um die Ecke geparkt.« Sie sah den Sergeant an. »Im Parkverbot.«

Wenigstens hatte sie auf diese Weise etwas zu tun. Sie brauchte nicht untätig herumzusitzen. Und Alvirah wußte, daß Maeve recht hatte. Aus Angst vor den Konsequenzen wollten alte und kranke Menschen häufig nichts mit der Polizei zu tun haben, selbst wenn sie etwas Entscheidendes wissen sollten. »Gehen wir«, sagte sie.

»Ich habe vier Leute in diesem Block«, erklärte Maeve ihr.

Der erste Korb ging an ein älteres Ehepaar, das seit dem Erntedankfest keinen Fuß mehr vor die Tür gesetzt hatte. Ihre Nachbarin erledigte alle Einkäufe für sie. Alvirah klingelte bei dieser Nachbarin.

Als die Frau an die Tür kam, redete sie frei von der Leber weg. »Nein«, sagte sie, »ich bin die ganze Zeit unterwegs und einem Schwätzchen wahrhaftig nicht abgeneigt. Ich müßte es wissen, wenn es in diesem Gebäude ein neugeborenes Baby gäbe.« Und sie hatte in der Nähe auch niemandem mit einem Baby in einem gelben Kapuzenschlafsack gesehen.

Der zweite Korb war für eine neunzigjährige alte Frau und ihre siebzigjährige Tochter bestimmt, die drei Häuser weiter wohnten. Als Maeve Alvirah vorstellte, wußten sie bereits alles über sie. Willy hatte ihre Toilette repariert. »Was für ein wunderbarer Mann«, schwärmten sie. Unglücklicherweise wußten sie allerdings nichts von einem Baby.

In dem dritten Haus trafen sie eine Frau mit drei Kindern, die lauter kleine Päckchen unter dem Weihnachtsbaum hatten.

»Kommt alles aus dem Second-Hand-Shop«, flüsterte sie ihnen im Vertrauen zu. »Die Kinder brennen schon darauf, ihre Geschenke auspacken zu dürfen.«

Aber auch sie wußte nichts von einer dunkelhaarigen Frau mit einem neugeborenen Baby.

»Das wär's«, sagte Maeve zu Alvirah, während sie mit vereinten Kräften den letzten Korb trugen. »Wanda Brown ist eine unbeschreiblich nette alte Dame. Sie hat eine schwere Arthritis, die ihr schwer zu schaffen macht, und sie hat keine Verwandten außer einer Enkeltochter, die irgendwo in Pennsylvania lebt. Sie spricht nicht viel von ihr, aber anscheinend hat das arme Mädchen schon viel Tragisches erlebt. Sie hatte zwei Kinder, die beide im Säuglingsalter starben.«

Sie wollten gerade das Gebäude an der Ecke West End und 90. Straße betreten, als sie ein Stück die Straße hinunter Polizeibeamten sahen, die von Haus zu Haus gingen. Dann sahen Alvirah und Maeve einander plötzlich an. »Maeve, denken Sie, was ich auch denke?« fragte Alvirah.

»Die Frau, die bei Schwester Bernadette angerufen und sich nach dem Second-Hand-Shop erkundigt hat, hat erzählt, ihre Enkelin habe ein neugeborenes Baby und keine Kleider für das Kind. O gütiger Gott, Alvirah, ich hole Tom.«

Irgendein primitiver Instinkt veranlaßte Alvirah, die junge Nonne zurückzuhalten. »Nein! Lassen Sie uns zuerst selbst nachsehen.«

Vonny stand am Fenster und schaute auf die Straße hinunter, wo die Polizisten geschäftig von einem Haus zum anderen liefen. Das Baby lag auf dem Bett; seine

Schreie waren jetzt nur noch ein müdes Wimmern. Dann sah sie eine Nonne und eine andere Frau zehn Stockwerke weiter unten auf den Eingang zueilen. Gemeinsam trugen sie einen Korb.

Vonny ging ins Wohnzimmer. »Ich glaube, dein Weihnachtskorb kommt, Großmama«, sagte sie mit ausdrucksloser Stimme. »Und vergiß nicht, kein Wort von mir und dem Baby.«

Wanda lächelte schüchtern. »Ganz wie du willst, mein Kind.«

Vonny ging wieder ins Nebenzimmer. Das Baby schlief. Dein Glück, dachte sie.

»Es ist eine Dreizimmerwohnung«, flüsterte Maeve, während sie auf die Klingel drückte und rief: »Ich bin es, Wanda, Schwester Maeve Marie.«

Alvirah nickte. Sie zitterte am ganzen Körper. Bitte lieber Gott. *Bitte!*

Die Klingel, ein lautes und schrilles Geräusch, hallte durch die Wohnung. Im Schlafzimmer zuckte das erschrockene Kind zusammen und begann zu wimmern. Eine wütende Vonny zerrte eine Socke aus der Schublade, beugte sich über das Bett und riß das Baby hoch.

Wanda Brown ging auf schmerzenden Füßen zur Tür. Mit einem nervösen Lächeln begrüßte sie Schwester Maeve. »Ach, wie freundlich von Ihnen«, seufzte sie.

»Mrs. Meehan hilft mir heute bei der Verteilung der Körbe«, erklärte Maeve ihr.

Alvirah ging mit dem Korb voller Lebensmittel an der alten Frau vorbei in die Wohnung. Ihre Blicke flogen durch die kleine Garderobe und das vollgestopfte Wohnzimmer. Aber es war niemand sonst da. Sie konnte auch einen Blick in die Küche werfen. Auf dem Herd stapelten sich die Kochtöpfe, auf dem Tisch die Teller. Aber sie konnte nichts sehen, was auf die Anwesenheit eines Babys hätte schließen lassen.

Die Schlafzimmertür stand einen Spalt weit offen, und durch die schmale Öffnung konnte sie das ungemachte Bett und zwei Seiten des schmalen Zimmers sehen. Es mußte leer sein.

Sie musterte das Wohnzimmer. Auch hier gab es nichts, was auf ein Baby schließen ließ.

»Wanda«, fragte Maeve, »waren Sie diejenige, die bei uns angerufen hat, weil ihre Enkelin Kleider für ihr Baby brauchte? Schwester Bernadette meint, sie hätte Ihre Stimme erkannt.«

Wanda erbleichte. Vonny hatte schon immer die unangenehme Angewohnheit gehabt, hinter halb geöffneten Türen zu lauern und zu lauschen; dasselbe tat sie jetzt sicher wieder. Wenn Wanda jetzt ein Wort sagte, würde ihre Enkelin fuchsteufelswild sein. Und Vonny in einem ihrer Wutanfälle ...

»O nein«, sagte Wanda mit zitternder Stimme. »Warum sollte ich das tun? Ich habe Vonny seit fast fünf Jahren nicht mehr gesehen. Sie lebt in Pittsburgh.«

Alvirah wußte, daß die scharfe Enttäuschung in Maeves Augen sich in ihren eigenen widerspiegelte.

»Nun, ich wünsche Ihnen jedenfalls frohe Weihnachtstage«, sagte Maeve. »Wir stellen den Korb auf den Küchentisch. Der Truthahn ist immer noch warm, aber vergessen Sie nicht, ihn nach dem Abendessen in den Kühlschrank zustellen.«

Alvirah hatte plötzlich das überwältigende Gefühl, schnell handeln zu müssen. Ihre Vorahnung, das Baby könnte in Gefahr sein, schien stärker als je zuvor. Sie wollte aus dieser Wohnung heraus, um weiter nach Marianne zu suchen. Also eilte sie mit dem Korb durchs Zimmer und stellte ihn in die Küche. Als sie sich umdrehte, blieb sie mit dem Ärmel ihres Pullovers am Türgriff des Kühlschranks hängen, und die Tür sprang auf. Sie wollte sie gerade wieder schließen, als ihr Blick auf eine halbleere Babyflasche im obersten Regal fiel.

»Sie haben diesen Anruf doch gemacht!« schrie Alvirah Wanda an, während sie ins Wohnzimmer zurück rannte. »Ihre Enkelin ist hier. Wo ist sie? Was hat sie mit Marianne gemacht?«

Wandas entsetzter Blick in Richtung Schlafzimmer reichte, um Alvirah genau die Antwort zu geben, die sie brauchte. Dicht gefolgt von Maeve stürzte sie zur Tür.

Vonny kam ihr entgegen. Sie hielt das Baby auf Armeslänge von sich entfernt. Der Säugling war mit einer alten Socke geknebelt, und seine Augen traten bereits hervor. »Sie wollen sie haben?« schrie Vonny. »Hier, nehmen sie sie!«

Alvirah hatte in diesem Sekundenbruchteil gerade noch genug Zeit, die Arme zu heben, das Kind mitten in der Luft aufzufangen, und an ihre Brust zu pressen. Eine Sekunde später hatte Maeve Marianne den Knebel aus dem Mund gerissen, und das wunderbare Geschrei eines zornigen Säuglings erfüllte die Wohnung.

Der Krankenwagen jagte mit laut heulender Sirene die 9. Avenue auf das Empire-Hospital zu. Der zuständige Arzt beugte sich über Marianne, die, sachkundig auf der Bahre angebunden, zu ihm aufblickte.

»Sie ist ein zähes kleines Vögelchen«, sagte er mit glücklicher Miene. »Außer einer leichten Erkältung, würde ich sagen, ist sie in bemerkenswert guter Verfassung, wenn man bedenkt, was für ein Abenteuer sie hinter sich hat.«

Alvirah saß neben der Bahre und ließ das Baby nicht aus den Augen. Schwester Marie saß mit strahlendem Gesicht neben ihr.

Alvirah konnte es noch immer nicht glauben, daß wirklich alles vorbei war und Marianne in Sicherheit war. Ihre Hände prickelten noch von dem Gewicht des Babys, das sie mit ihren Armen aufgefangen hatte, und von dem Gefühl dieses flatternden kleinen Herzens unter ihren Fingerspitzen.

Alles, was danach geschehen war, lag hinter einer Art Nebel. Sie erinnerte sich nur noch an Bruchstücke – an Vonny, die auf ihre Großmutter zulief und schrie, sie habe dem Baby nicht weh tun wollen, sie hätte niemals einem ihrer Babys weh tun wollen; von Maeve, die sich aus dem Fenster lehnte und den Polizeibeamten auf der Straße etwas zurief; die Polizisten, die in die Wohnung gelaufen kamen; die Menschenmenge und die Kameras und die Reporter, die wenige Minuten, nachdem der Krankenwagen vorgefahren war, plötzlich auf der Straße erschienen. Es war ein wirres Durcheinander von Bildern, wie ein verrückter, schwindelerregender, wunderbarer, glücklicher Traum.

Der Krankenwagen fuhr in die Einfahrt des Hospitals, und sobald er gebremst hatte, rissen wartende Krankenpfleger die Türen auf. Als sich zahlreiche Hände dem Baby entgegenstreckten, stand Maeve auf und sagte entschieden: »Es gibt nur einen Menschen, der dieses Baby seiner Mutter zurückgeben sollte, und das ist Alvirah Meehan.«

Weniger als eine Minute später hielt Alvirah, begleitet vom Klicken der Kameras und dem Applaus der Zuschauer, triumphierend in der Eingangshalle des Empire-Hospitals Einzug. In den Armen hielt sie Marianne, die jetzt behaglich in den gelben Kapuzenschlafsack eingehüllt war. Und wenige Augenblicke später legte sie das kleine Bündel in die sehnsüchtigen Arme einer überglücklichen Joan O'Brien.

»Du hast aber wirklich nicht lange gebraucht, um dich wieder zu fangen«, bemerkte Willy, als er und Alvirah Arm in Arm entlang der Fifth Avenue von der St.-Patricks-Kathedrale nach Hause gingen. Sie hatten gerade dem morgendlichen Weihnachtsgottesdienst beigewohnt, der ihnen in diesem Jahr besonders feierlich erschienen war.

»Ja wahrhaftig«, erwiderte Alvirah kopfschüttelnd. »O Willy, ich habe noch nie ein schöneres Weihnachtsfest erlebt. Während der Messe habe ich für diese Vonny gebetet. Ich weiß, sie ist krank und braucht Hilfe, und sie verdient auch, daß man ihr hilft. Aber eins kann ich dir sagen, als ich ein gutes Wort für dieses Stinktier einlegen wollte, das mit all den Falschmeldungen bei der Polizei angerufen hat, war meine Kehle wie zugeschnürt. Aber da die Cops den Mann aufgespürt haben und ich weiß, daß er für das, was er getan hat, zahlen wird, da dachte ich, daß ich ihn wohl doch auch erwähnen sollte.«

Sie sah sich um. »Ist New York nicht wunderschön mit all dem Schnee und den liebevoll dekorierten Schaufenstern? Morgen früh gehe ich noch einmal für Marianne einkaufen – natürlich erst, nachdem ich für den *Globe* einen Artikel über den Fall des Babys in dem Kapuzenschlafsack geschrieben habe. Aber heute …« Alvirah lächelte. »Heute möchte ich einfach nur von ganzem Herzen das Wunder auskosten.«

»Daß Marianne endlich wohlbehalten zurückgekehrt ist?«

»Daß die Dinge sich so wunderbar gefügt haben, daß sie zu ihren Eltern zurückkehren konnte. Nur durch Zufall habe ich herausgefunden, daß sie in dieser Wohnung war: Mein Ärmel hatte sich in dem Griff der Kühlschranktür verfangen und weil dieser Griff zufällig lose war … Das ist das Wunder, Willy. Wäre der Griff nicht lose gewesen, hätte die Tür sich nicht so leicht geöffnet, und ich hätte diese Babyflasche nicht gesehen …«

Willy lachte. »Mein Schatz, du darfst auf gar keinen Fall vergessen, die Geschichte heute abend beim Essen Cordelia erzählen. Als ich letzte Woche die undichte Leitung in Wanda Browns Küche repariert habe, ist mir aufgefallen, daß der Griff lose war, und ich habe versprochen, zurückzukommen und ihn zu reparieren. Und erst letzte Woche hat Cordelia mich deswegen drangsaliert und mich gefragt, wann ich das endlich erledigen würde. Aber du brauchtest mich ja bei deinen ganzen Einkäufen als Packesel, so daß ich einfach keine Gelegenheit dazu hatte.« Er hielt inne. »Ich verstehe, was du meinst. Ein Wunder.«

Ausgetrickst

An einem Nachmittag im August kamen sie in dem Ferienhaus an, das sie in Dennis, einem Dorf auf Cape Cod, gemietet hatten. Kurz darauf stellte Alvirah Meehan fest, daß mit ihrer Nachbarin, einer erschreckend mageren jungen Frau, schätzungsweise Ende Zwanzig, etwas nicht stimmte.

Zunächst schauten sich Alvirah und Willy ein bißchen im Haus um, äußerten sich beifällig über das Himmelbett aus Ahornholz, die rutschfesten Brücken, die freundliche Küche und die frische, aromatische Meeresbrise, dann packten sie ihre teure neue Garderobe aus. Nachdem er die Koffer, ein luxuriöses Set von Vuitton, weggeräumt hatte, schenkte Willy für sich und Alvirah ein kühles Bier ein, das sie im Vorgarten mit Blick auf die Bucht von Cape Cod trinken wollten.

Willy machte es sich auf einem gepolsterten Korbliegestuhl bequem, der für seine rundliche Figur wie geschaffen war, und bemerkte zufrieden, daß sie einen tollen Sonnenuntergang und gottlob endlich etwas Ruhe und Frieden zu erwarten hätten. Vor zwei Jahren hatten sie vierzig Millionen Dollar in der Lotterie des Staates New York gewonnen. Und seitdem war Alvirah ihm wie ein wandelnder Blitzableiter vorgekommen. Als erstes fuhr sie nach Kalifornien, ins berühmte Cypress Point Spa, und wäre dort um ein Haar ermordet worden. Dann unternahmen sie gemeinsam eine Kreuzfahrt nach Alaska, und auf der wurde ausgerechnet ihr Tischnachbar um die Ecke gebracht. Dennoch war Willy mit der abgeklärten Weisheit seiner 59 Jahre überzeugt davon, daß sie hier auf Cape Cod zumindest die Ruhe finden würden, nach der er bisher vergeblich gesucht hatte.

Wenn Alvirah über diesen Urlaub einen Artikel für den *New York Globe* schreiben würde, wäre darin nur vom Wetter und Angeln die Rede.

Alvirah saß am Gartentisch in Reichweite und hörte ihm zu. Wenn sie doch bloß daran gedacht hätte, einen Sonnenhut aufzusetzen! Die Kosmetikerin bei Sassoon hatte sie ausdrücklich davor gewarnt. »Für Ihr Haar ist diese dezente rötliche Tönung jetzt einfach optimal, Mrs. Meehan. Da wollen wir uns doch keine häßlichen gelben Strähnen zulegen, nicht wahr?«

Nachdem sie sich von dem Mordanschlag in Cypress Point Spa erholt hatte, konnte sie die dreitausend Dollar für die Abmagerungskur dort glatt abschreiben; die Waage zeigte wieder ihr altes Gewicht an, und ihre Kleidergröße schwankte zwischen 42 und 46. Doch Willy betonte regelmäßig, jetzt wisse er wenigstens, daß er eine Frau in den Armen halte und keinen von diesen halbverhungerten Zombies in den Modejournalen, die Alvirah so begeistert studierte.

In vierzig harmonischen Ehejahren hatte Alvirah die Fähigkeit entwickelt, mit einem Ohr Willys Redefluß liebevoll zu lauschen und das andere zuzuklappen. Als sie den Blick jetzt über die Häuser auf dem grasbewachsenen Sanddamm, der als Deich diente, wandern ließ und dann hinunter zu dem blaugrün schillernden Wasser und dem mit Steinen übersäten Strand, dachte sie beunruhigt, daß Willy vielleicht doch recht hatte. Sicher, das Kap war wunderschön, und sie hatte sich von jeher gewünscht, es kennenzulernen; trotzdem konnte es durchaus sein, daß sie hier keinen Stoff für einen Artikel fand, der Charley Evans, ihrem Chefredakteur, interessant genug erschien für eine Veröffentlichung.

Vor zwei Jahren hatte Charley einen Reporter zu den Meehans geschickt, der sie interviewte, wie man sich denn mit einem Lotteriegewinn von vierzig Millionen Dollar fühle. Was würden sie damit anfangen? Alvirah war Putzfrau, Willy Klempner. Gedachten sie weiterzuarbeiten?

Alvirah hatte dem Reporter unmißverständlich klargemacht, so dämlich wäre sie nun wahrhaftig nicht. Einen Besen würde sie erst wieder zur Hand nehmen, wenn sie als Hexe auf einen Kostümball ginge. Danach hatte sie all die Dinge aufgezählt, die sie gern tun wollte, und Punkt eins war der Besuch in Cypress Point Spa – wo sie mit all den Berühmtheiten zusammensein wollte, von denen sie ihr Leben lang gelesen hatte.

Das war der Anlaß für Charley Evans, den Chefredakteur vom *Globe*, sie um einen Artikel über ihren Aufenthalt in Cypress Point zu bitten. Er gab ihr eine rosettenförmige Anstecknadel mit eingebautem Mikrofon, so daß sie ihre sämtlichen Gespräche aufzeichnen und das Band abspielen konnte, wenn sie ihren Artikel schrieb.

Beim Gedanken an ihre Brosche mußte Alvirah unwillkürlich lächeln.

Sie hatte sich in Cypress Point gehörig in die Nesseln gesetzt, wie Willy das ausdrückte. Sie war dahintergekommen, was wirklich vor sich ging, und wäre deshalb um ein Haar ermordet worden. Trotzdem hatte sie die ganze Aufregung genossen, und jetzt verband sie mit allen dort eine herzliche Freundschaft, und sie konnte jedes Jahr als Gast nach Cypress Point kommen. Und als Dank für ihre Hilfe bei der Aufklärung des Mordes auf dem Schiff im vorigen Jahr waren sie beide zu einer kostenlosen Kreuzfahrt nach Alaska eingeladen, wann immer sie wollten.

Cape Cod war wunderschön, doch Alvirah wurde den schleichenden Verdacht nicht los, daß dies zu einem ganz normalen Urlaub geraten könnte und daher völlig ungeeignet für eine Veröffentlichung im *Globe* wäre.

Genau in diesem Augenblick schaute sie hinüber zu der Hecke, die ihr Grundstück auf der rechten Seite einzäunte, und bemerkte eine junge Frau, die nebenan am

Geländer ihrer Veranda stand und düster auf die Bucht hinunterstarrte.

Es war die Art, wie ihre Hände das Geländer umklammerten – hochgradige Anspannung, dachte Alvirah. ›Sie vibriert ja förmlich‹. Es war die Art, wie die junge Frau den Kopf wandte, Alvirah direkt in die Augen sah, sich dann wieder wegdrehte. »Sie hat mich nicht mal wahrgenommen«, befand Alvirah. Obwohl die Entfernung zwischen ihnen fünfzehn bis zwanzig Meter betrug, spürte sie den Schmerz und die Verzweiflung, die von der jungen Frau ausstrahlten.

Höchste Zeit, in Erfahrung zu bringen, was da los war. »Ich glaube, ich mach' mich mal eben mit unserer Nachbarin bekannt«, teilte sie Willy mit. »Bei der ist irgendwas im Busch.« Sie erhob sich und schlenderte zu der Hecke hinüber. »Hallo«, begann sie mit äußerster Wärme. »Ich hab' Sie reinfahren sehen. Wir sind vor zwei Stunden angekommen, da ist es ja wohl an uns, Sie hier zu begrüßen. Ich bin Alvirah Meehan.«

Die junge Frau drehte sich um, und Alvirah empfand sofort tiefes Mitgefühl. Sie muß eine schwere Krankheit hinter sich haben, dachte sie. Diese geisterhafte Blässe, die erschlafften Arm – und Beinmuskeln. »Ich bin hergekommen, weil ich allein sein möchte, ich lege keinen Wert auf Gesellschaft«, erklärte sie ruhig. »Entschuldigen Sie mich bitte.«

Damit hätte sich der Fall vermutlich erledigt, wie Alvirah später feststellte, doch als die junge Frau auf dem Absatz kehrtmachte, stolperte sie über einen Schemel und stürzte auf die Veranda. Alvirah eilte ihr zu Hilfe und lehnte es energisch ab, sie allein ins Haus gehen zu lassen. Und weil sie sich für den Unfall mitverantwortlich fühlte, versorgte sie das rasch anschwellende Handgelenk mit einer Eispackung. Sie überzeugte sich, daß es nur verstaucht war, kochte ihr eine Tasse Tee und erfuhr dabei, daß sie Cynthia Rogers hieß, Lehrerin war und aus Illinois stammte. Diese Mitteilung ließ Alvirah aufhorchen, dann klingelte es bei ihr, und binnen zehn Minuten hatte sie die neue Nachbarin erkannt, wie sie Willy berichtete, als sie eine Stunde später zurückkam. »Von mir aus soll sie sich Cynthia Rogers nennen, aber ihr richtiger Name ist Cynthia Lathem. Vor zwölf Jahren ist sie wegen Mordes an ihrem Stiefvater verurteilt worden. Der war stinkreich. Ich erinnere mich an den Prozeß, als wär's gestern gewesen.«

»Du erinnerst dich an alles, als sei's gestern passiert«, kommentierte Willy.

»Stimmt auffallend. Du weißt doch genau, wie ich solche Berichte über Mordfälle immer verschlinge. Die Sache ist jedenfalls hier auf Cape Cod passiert. Cynthia hat geschworen, sie wäre unschuldig, und dauernd von einer Zeugin gesprochen, die bestätigen könnte, daß sie um die Tatzeit außer Hause war; aber die Geschworenen haben ihr die Geschichte nicht abgenommen. Ich frag' mich, warum sie zurückgekommen ist. Ich muß im *Globe* anrufen; Charley Evans soll mir alles herschicken, was sie im Archiv darüber haben.« Alvirahs Augen begannen zu blitzen und zu funkeln, als sie fortfuhr: »Vielleicht sucht sie immer noch nach der verschwundenen Zeugin, die ihre Geschichte bestätigen kann. Meine Güte, Willy, das wird 'ne aufregende Zeit, ich spür's in den Knochen!«

Zu Willys Schrecken holte Alvirah aus der obersten Schublade der Frisierkommode die bewußte Brosche mit dem eingebauten Mikrofon und machte sich dann zielstrebig daran, ihren Chefredakteur in New York unter seiner direkten Durchwahlnummer zu erreichen.

An jenem Abend aßen Willy und Alvirah im *Red Pheasant Inn*. Alvirah trug ein beige und blau gemustertes Baumwollkleid, das sie bei Bergdorf Goodman gekauft hatte, das aber, wie sie sich bei Willy beschwerte, an ihr auch nicht viel anders aussah als das damals, kurz vor dem Lotteriegewinn, in einem Ramschladen erstandene Sonderangebot. »Ich bin eben zu dick, daran liegt's«, jammerte sie und bestrich einen warmen Preiselbeermuffin mit Butter. »Also diese Muffins hier schmecken einfach himmlisch. Du, Willy, ich bin richtig froh, daß du dir die gelbe Leinenjacke gekauft hast. Die bringt deine blauen Augen prima zur Geltung, und dein Haar ist auch immer noch so schön voll.«

»Ich komm' mir vor wie ein Kanarienvogel mit zwei Zentnern Lebendgewicht«, meinte Willy. »Aber Hauptsache, dir gefällt's.«

Nach dem Abendessen gingen sie ins *Cape Cod Playhouse* und bewunderten Debbie Reynolds in einer neuen Komödie, die nach der Erprobung in der Provinz am Broadway herauskommen sollte. Als sie in der Pause auf dem Rasen vor dem Theater ein Ginger Ale tranken, verbreitete sich Alvirah über Debbie Reynolds, für die sie von jeher eine Vorliebe hatte, schon seit deren gemeinsamen Auftritten mit Mickey Rooney in Musicals, und über die furchtbare Geschichte, wie Eddie Fisher sie mit den zwei kleinen Kindern hatte sitzenlassen. »Und was hat es ihm gebracht?« sinnierte Alvirah, als das Ende der Pause signalisiert wurde. »Viel Glück hat er danach nicht mehr gehabt. Wer unrecht handelt, kriegt am Schluß eben doch die Quittung präsentiert.« Dabei mußte Alvirah wieder an ihre Nachbarin denken, und sie fragte sich, ob Charley Evans das erbetene Material mit Eilboten abgeschickt hatte. Hoffentlich – sie konnte kaum abwarten, es zu lesen.

Während Alvirah und Willy sich über Debbie Reynolds amüsierten, begann Cynthia Lathem endlich klar zu werden, daß sie tatsächlich frei war, daß zwölf Jahre Haft hinter ihr lagen. Vor zwölf Jahren ... Ihr vorletztes Studienjahr vor der Graduierung an der *Rhode Island School of Design* hatte gerade angefangen, als ihr Stiefvater Stuart Richards im Arbeitszimmer seiner Villa, einem stattlichen Kapitänshaus aus dem 18. Jahrhundert in Dennis, erschossen aufgefunden wurde.

Am Nachmittag war Cynthia auf dem Weg zum Ferienhaus dort vorbeigefahren und von der Straße abgebogen, um es genau zu betrachten. Wer wohnte jetzt wohl in der Villa? Hatte ihre Stiefschwester Lillian das Anwesen verkauft oder es behalten? Es war seit drei Generationen im Familienbesitz, doch sentimental war Lillian Richards noch nie gewesen. Und dann hatte Cynthia Gas gegeben, wie gejagt von den auf sie einstürmenden Erinnerungen an jene grauenhafte Nacht und an die darauffolgenden Tage. Die Anklage. Haft, Verhör, Verhandlungen. Ihre feste Zuversicht zu Anfang: »Ich kann einwandfrei nachweisen, daß ich um 20 Uhr das Haus verlassen habe und erst nach Mitternacht zurückgekommen bin. Ich hatte eine Verabredung.«

Fröstelnd wickelte Cynthia den hellblauen wollenen Morgenmantel enger um den schlanken Körper. Als sie ins Gefängnis ging, hatte sie 57 Kilo gewogen; ihr jetziges Gewicht von knapp 50 Kilo war bei 1,70 Meter Größe entschieden zu wenig. Ihr früher dunkelblondes Haar war in diesen Jahren mittelbraun geworden. Fad, dachte sie beim Bürsten. Die haselnußbraunen Augen, die sie von ihrer Mutter geerbt hatte, blickten teilnahmslos, leer. An jenem letzten Tag hatte Stuart Richards beim Lunch erklärt: »Du siehst deiner Mutter immer ähnlicher. Ich hätte soviel Verstand haben müssen, sie nicht aufzugeben.« Von seinen beiden Ehen hatte die mit ihrer Mutter am längsten gehalten. Als sie heirateten, war Cynthia acht und bei der Scheidung gerade zwölf. Lillian, sein einziges leibliches Kind, zehn Jahre älter als Cynthia, lebte bei ihrer Mutter in New York und kam selten nach Cape Cod.

Cynthia legte die Bürste auf die Frisierkommode. War es ein verrückter Einfall, diese Gegend wieder aufzusuchen? Zwei Wochen aus dem Gefängnis entlassen, kaum genügend Geld für die nächsten sechs Monate, keine Ahnung, was sie mit ihrem Leben anfangen konnte oder sollte. Hatte sie sich die Miete für dieses Haus, für den Wagen überhaupt leisten dürfen? Gab es dafür auch nur den leisesten plausiblen Grund? Was hoffte sie, damit zu erreichen?

Eine Stecknadel im Heuhaufen, dachte sie. Als sie in das kleine Wohnzimmer ging, zog sie einen Vergleich zwischen Stuarts prachtvoller Villa und diesem winzigen Häuschen, das ihr freilich nach Jahren der Haft wie ein Palast vorkam. Draußen peitschte der Wind die aufschäumende Brandung in die Bucht. Cynthia trat hinaus auf die Veranda, ohne sonderlich auf das pochende Handgelenk zu achten, kreuzte die Arme über der Brust, zum Schutz gegen die Kälte. Aber dann – frische, reine Luft zu atmen, zu wissen, daß sie kein Mensch daran hindern konnte, bei Tagesanbruch aufzustehen und am Strand spazierenzugehen wie in ihrer Kindheit, wenn sie Lust hatte. Der Mond, dreiviertelvoll, übergoß das Wasser mit silbrigem mitternachtsblauem Schimmer; an den nicht beschienenen Stellen wirkte es dunkel, unergründlich.

Cynthia blickte unverwandt aufs Meer, während sie an die Nacht dachte, in der Stuart erschossen wurde. In jenem Sommer hatte sie ein paar zusätzliche Kurse an der Universität belegt, weil sie durch viel Arbeit über den plötzlichen Tod ihrer Mutter vor drei Monaten hinwegzukommen hoffte. Stuart hatte sie telefonisch über das Wochenende eingeladen. »Ich war in Europa«, erklärte er. »Deswegen hab' ich's eben erst erfahren. Es tut mir so leid, Cindy.«

Sie war zu ihm gefahren, weil sie wußte, daß Stuart, bei all seiner Schwierigkeit und Egozentrik, ihre Mutter auf seine Weise geliebt hatte, und weil sie das Gefühl brauchte, daß er an ihrem tiefen Schmerz ein wenig Anteil nahm.

Stuart war damals um die Sechzig, gutaussehend – weißes Haar, lebhafte blaue Augen, beeindruckendes Profil, straffe Haltung. Ein erfolgreicher Geschäftsmann, der aus einem bescheidenen Erbe zwanzig Millionen Dollar gemacht hatte, ein Mann, der charmant sein konnte, der aber mit seinen Wutausbrüchen Ehefrauen, Freunde und Angestellte verscheuchte.

An jenem Wochenende war es trübe und bewölkt. Stuarts Stimmung entsprach dem Wetter: niedergeschlagen, in sich gekehrt. Seine Haushälterin habe gekündigt, erzählte er, jetzt müsse er sich mit einer Putzfrau behelfen, die vormittags nur ein paar Stunden zum Saubermachen komme.

Am Freitag hatten sie im *Wianno Country Club* zu Abend gegessen. Er wiederholte mehrmals, daß sie ihrer Mutter immer ähnlicher werde. Er erkundigte sich eingehend nach ihren Finanzen. »Deine Mutter war im Umgang mit Geld immer sehr großzügig. Ich wette, sie hat die Abfindung auf den Kopf gehauen.«

So üppig war die Abfindung auch nicht gewesen. Cynthia erinnerte sich an ihren rasch aufschießenden Groll, als sie erwiderte: »Du hast gesagt, es tut dir leid, sie nicht gehalten zu haben. Da liegst du ganz richtig. Wenn du ihr nicht jeden Cent vorgerechnet hättest, wäre sie nicht weggegangen. Sie liebte dich immer noch, auch nachher.«

Die berüchtigte Zornesröte hatte Stuarts Gesicht übergossen. »Ich hab' dich hierher eingeladen, weil ich mich irgendwie für dich verantwortlich fühle, Schätzchen, und weil ich mich mit dir über deine Zukunft unterhalten wollte. Untersteh dich, an mir rumzumäkeln.«

In diesem Moment wurde ihr bewußt, daß jemand um die Hausecke auf die rückwärtige Veranda zukam und sie vermutlich belauscht hatte. Samstagnachmittag. Der Anfang des Alptraums.

Stuart begrüßte den Ankömmling herzlich und machte sie miteinander bekannt. Ned Creighton. »Ich kenne Ned seit seiner Geburt«, erklärte er. »Wie lang ist das jetzt her, Ned?«

»Beinah dreißig Jahre.« Er lächelte zu Cynthia hinüber. »Wir sind uns schon mal in einem Sommer begegnet, Cynthia. Sie waren da ungefähr zehn. Seitdem haben Sie sich ganz hübsch rausgemacht.« Ein gewinnendes Lächeln.

Sie konnte sich zwar nicht erinnern, entschied aber spontan, das müsse an einem jener seltenen Wochenenden gewesen sein, zu denen Lillian erschienen war. Es überraschte sie, daß sie Ned überhaupt kennengelernt hatte, da Lillian sie aus Haß nie in irgend etwas einbezog. Als Ned sie später zum Dinner und zu einer Fahrt in seinem neuen Boot einlud, hatte Stuart darauf bestanden, daß sie mitging. »Ich hab' einen Haufen Schreibkram zu erledigen. Dinge, die ich morgen mit dir besprechen möchte. Geld. Und mein Testament, zum Beispiel.« Seine Miene hatte sich verdüstert.

Sie und Ned hatten im *Captain's Table* zu Abend gegessen. Er war fröhlich und amüsant. »Ich fand, Sie verdienen was Besseres, als ein Wochenende mit Stuart ohne jede Unterbrechung zu verbringen. Der haut einen doch glatt um, was? Als Kind hab' ich aus lauter Angst vor ihm nie den Mund aufgekriegt.« Lachfältchen um die Augen, das sonnengebleichte Haar, das zu den porzellanblauen Augen kontrastierte, der schlanke, muskulöse Körper, den Sporthemd, grüne Leinenjacke und weiße Hose voll zur Geltung brachten, mit einem Wort: der Charme in Person. Er beabsichtigte, eine alte Villa in Barnstable zu kaufen und sie zu einem Lokal umzubauen, erzählte er ihr; die notwendigen Investitionen seien auch schon abgesichert. »Tolle Lage. Könnte ein Volltreffer werden. Vielleicht lade ich Sie nächstes Jahr um diese Zeit dorthin ein und lasse Ihnen ein Essen servieren, wie Sie es nirgends auf Cape Cod finden.«

Er erkundigte sich nach ihren Plänen. »Ich möchte das College abschließen. Stuart hat mein Studium bezahlt. Dazu ist er ja nicht verpflichtet. Ich glaube, er war so großzügig zu mir, weil er immer noch hoffte, meine Mutter zurückzugewinnen, und das geht ja nun nicht mehr. Stuart tut nichts ohne Gegenleistung. Haben Sie seine Bemerkung über Geld und sein Testament mitgekriegt?«

Ned nickte. »Ja. Viel Glück.«

Cynthia erinnerte sich, wie sie lachend festgestellt hatte, daß sie das Kap auf dieser Seite überhaupt nicht kannte. Vom *Captain's Table* waren sie vierzig Minuten zu einem privaten Anlegeplatz in der Gegend vom Cotuit gefahren, eine einsame Stelle hinter einem offenbar unbewohntem Haus.

Ned wies auf das 6,5 Meter lange Motorboot und bemerkte: »In zwei Jahren lade ich Sie zu einem Ausflug auf meine Jacht ein.« Er steuerte so weit hinaus in die Bucht, daß die Küstenlinie kaum noch zu erkennen war. Eine dunkle, bewölkte Nacht mit frischer Brise und Salzgeruch. Weit und breit kein Boot zu erblicken. Ned warf den Anker aus. »Höchste Zeit für einen Umtrunk.«

In den endlosen Stunden ihrer Haft dachte Cynthia immer wieder über diese Nacht nach. Ned, wie er die Champagnerflasche öffnete, ihr gegenübersaß, lächelnd, ihr Glas nachfüllte, sich mit ihr einig war über die Faszination, die Cape Cod auf jeden ausübte. »Es hat mir unheimlich gefehlt«, hatte sie ihm gestanden. Zum erstenmal seit dem Tod ihrer Mutter fühlte sie sich unbeschwert, erzählte ihm von ihren beruflichen Plänen, daß sie Gebrauchsgraphikerin werden wollte. Er stellte intelligente Fragen. Wo sie sich zu bewerben gedenke? Wahrscheinlich in New York, antwortete sie, es gab ja jetzt keine familiären Bindungen mehr in Boston.

Er erkundigte sich nach ihrem Verhältnis zu Stuart. Zum Zeitpunkt der Scheidung habe sie ihn regelrecht gehaßt, erwiderte sie. »Ich war doch erst zwölf. Ich erkannte genau, wie sehr meine Mutter ihn liebte, aber sie konnte eben nicht mit ihm leben. Wenn Sie ihn gut kennen, haben Sie vermutlich auch seine Stimmungsumschwünge mitgekriegt. Er konnte furchtbar despotisch sein. Bei der kleinsten Unordnung bekam er einen Tobsuchtsanfall, brüllte meine Mutter an und warf ihr vor, sie könne eben nicht richtig mit dem Personal umgehen. Sie war wirklich bildschön, aber sobald sie zu einem wichtigen Dinner gingen, erklärte er ihr jedesmal kurz davor, ihm gefalle ihr Kleid nicht. Und so wurde aus einer glücklichen Frau voller Selbstvertrauen ein Nervenbündel, das schon zu zittern anfing, wenn eine Tür zuknallte. Komischerweise war er zu mir immer sehr freundlich. Er wollte mich sogar adoptieren. Das hat sie nicht zugelassen.«

»Haben Sie ihn in den vergangenen sieben Jahren oft gesehen?« wollte Ned wissen.

»Nicht oft. Er wohnte den Winter über in New York und war viel auf Reisen. Aber er kam zwei- bis dreimal im Jahr vorbei und holte mich zum Essen ab. Am Telefon sagte er immer: ›Richte bitte deiner Mutter aus, wenn sie uns begleiten möchte, würde ich mich sehr freuen.‹ Das tat sie nie, und ich frage mich manchmal, ob Stuart wirklich daran lag, mich zu sehen, oder ob er nur etwas über sie erfahren wollte. Andererseits war er der einzige, den ich je als Vater erlebt habe, deshalb freute ich mich auf unser Zusammensein, und zugleich tat er mir irgendwie leid. Ganz schön verrückt, oder?«

Dann hatte sie gesagt: »Es ist schon reichlich spät, allmählich wird's Zeit für die Rückfahrt.« Doch als Ned zu starten versuchte, sprang der Motor nicht an. »Und das verdammte Funkgerät ist nicht angeschlossen«, murrte er. »Kein Grund zur Aufregung. Ich krieg' das schon irgendwie hin.«

Es war kurz vor elf, als der Motor endlich lostuckerte.

Cynthia hatte inzwischen einen Mordshunger. Deshalb fragte sie nach dem Anlegen, ob er nicht unterwegs kurz anhalten und einen Hamburger holen könnte.

»Warum machen Sie sich nicht lieber zu Hause was zurecht?« meinte Ned ungeduldig.

»Weil man eben in Stuarts Küche nicht herummurkst«, antwortete sie lachend.

Er fuhr zu einem einschlägigen Lokal, aus dem ohrenbetäubende Rockmusik drang. »Warten Sie hier im Wagen«, sagte er. Das war ein Befehl, wie Cynthia später klar wurde.

Sie kurbelte das Fenster herunter und beobachtete amüsiert die korpulente Frau im Auto nebenan, die sie nicht bemerkte und ihrem Herzen Luft machte: »Diese Rotznasen töten einem noch den letzten Nerv mit ihrem Radau. Vierzig Jahre am Kap, und von Tag zu Tag wird's schlimmer mit dem Krach.«

Bei diesen Worten stieß sie ihre Wagentür auf, die seitwärts gegen Neds Buick knallte. Die Frau steckte den Kopf durch das offene Wagenfenster. »Also das tut mir ehrlich leid. Bei dem ewigen Rock-and-Roll-Getöse möchte ich ja am liebsten jemand umbringen, aber ich lasse meine Wut sicher nicht an fremdem Eigentum aus.« Sie zog den Kopf zurück und untersuchte die Seitenfront von Neds Wagen gründlich. »Nicht mal 'ne Delle. Ehrenwort.«

»Das glaub ich auch«, erwiderte Cynthia. Sie blickte der Frau nach, als sie auf die Tür des Lokals zuging. Mitte bis Ende Vierzig, untersetzt, orangerot gefärbtes Haar, Stufenschnitt, Kittelbluse, Lastexhose, energischer, zielstrebiger Gang.

Ned kam sichtlich verärgert zurück, in der Hand eine Schachtel. »Diese verdammten Gören können sich einfach nicht entschließen, was sie bestellen sollen. Falls ihr Spatzenhirn überhaupt so weit reicht.«

Aus irgendeinem Grund entschied Cynthia, ihm

nichts von der Begegnung mit der Frau zu erzählen. Die Stimmung war sowieso verflogen. Ned gab ihr die Schachtel mit dem Hamburger und erklärte barsch, er habe keinen Hunger. Für sich hatte er nichts gekauft.

Die Rückfahrt nach Dennis über unbekannte Straßen dauerte fünfundvierzig Minuten. Ned öffnete ihr die Wagentür, als sie vor Stuarts Haus hielten. »Das war toll, Cynthia«, verabschiedete er sich hastig.

Die Unhöflichkeit, sie nicht zur Haustür zu begleiten, konsternierte Cynthia ebenso, wie sie dieser fluchtartige Aufbruch enttäuschte; sie betrat das stille Haus, bemerkte das Licht in Stuarts Arbeitszimmer, klopfte an die einen Spaltbreit geöffnete Tür und blickte dann hinein. Stuart lag neben seinem Schreibtisch auf den Boden hingestreckt – blutbedeckte Stirn, blutverkrustetes Gesicht, blutgetränkter Teppich. Sie war zu ihm geeilt, in der Annahme, es könnte ein Schlaganfall gewesen sein, der ihn stürzen ließ. Als sie ihm die Hand auf den Kopf legte und das Haar zurückstrich, sah sie die Einschußstelle an der Stirn, dann die Waffe neben seiner Hand, hob sie wie betäubt auf, legte sie auf den Schreibtisch und rief die Polizei an. »Ich glaube, mein Stiefvater Stuart Richards hat Selbstmord begangen.« Die Polizei fand Cynthia neben dem Toten sitzend vor – im Schock.

Als man ihre Darstellung überprüfte, schwor Ned, nach 20 Uhr nicht mehr mit ihr zusammengewesen zu sein. »Ich hab' sie direkt vom *Captain's Table* heimgebracht«, erklärte er. »Ihr Stiefvater wollte Familienangelegenheiten mit ihr besprechen.«

Cynthia schüttelte den Kopf. Schluß jetzt mit den Erinnerungen an jene Nacht. Höchste Zeit, die friedliche Stille hier auf sich wirken zu lassen und zu Bett zu gehen. Sie ließ die Fenster weit geöffnet, so daß der aufkommende heftige Nachtwind durch die Räume fegte, die Kopfkissen aufplusterte, sie im Schlaf nötigte, sich fester in die Bettdecke einzuwickeln. Sie wachte zeitig auf und ging zum Strand, spürte den feuchten Sand unter den Füßen und suchte Muscheln, wie sie es als Kind getan hatte. Morgen ... Morgen früh würde sie es noch einmal probieren, innerlich aufzutanken und dann mit der Suche zu beginnen, die wahrscheinlich aussichtslos war, der Suche nach dem einzigen Menschen, der wußte, daß sie die Wahrheit gesagt hatte.

Am nächsten Morgen fuhr Willy ins Dorf, um die Zeitungen zu holen, während Alvirah das Frühstück zubereitete. Er brachte zusätzlich eine Tüte mit ofenfrischen Blaubeer-Muffins mit. »Ich hab' rumgefragt«, erzählte er der entzückten Alvirah. »Ich soll zu *Just Desserts* neben der Post gehen, dort gibt's die besten Muffins auf Cape Cod, das hat mir jeder gesagt.«

Sie frühstückten im Vorgarten. Während sie genußvoll das zweite Blaubeer-Muffin verspeiste, beobachtete Alvirah die Frühaufsteher beim Jogging am Strand. »Schau mal, da ist sie!«

»Wer denn?«

»Cynthia Lathem. Sie ist seit wenigstens anderthalb Stunden auf Trab. Ich wette, sie ist halb verhungert.«

Als Cynthia vom Strand heraufkam, wurde sie an den Stufen zu ihrer Terrasse von Alvirah abgefangen, die sich strahlend bei ihr einhakte. »Ich koche den besten Kaffee weit und breit und habe frisch ausgepreßten Orangensaft zu bieten. Und warten Sie, bis Sie erst die Blaubeer-Muffins kosten.«

»Ich möchte wirklich nicht ...« Cynthia versuchte einen Rückzieher, wurde aber über den Rasen dirigiert. Willy sprang auf und rückte eine Bank für sie zurecht.

»Wie steht's mit Ihrem Handgelenk?« erkundigte er sich. »Alvirah war ganz außer sich, daß Sie sich's ausgerechnet bei ihrem Besuch verstaucht haben.«

Cynthia spürte, wie die aufsteigende Verärgerung sich wieder legte, als sie die echte Wärme und Herzlichkeit in beiden Gesichtern entdeckte. Willy – mit seinen runden Wangen, der offenen, freundlichen Miene und dem vollen weißen Schopf – erinnerte sie an Tip O'Neill. Das sagte sie ihm.

Willy strahlte. »Eben in der Bäckerei hat das auch wer festgestellt. Da gibt's nur einen Unterschied – Tip hat als Sprecher des Repräsentantenhauses in der Öffentlichkeit gewirkt, während ich die stillen Örtchen in Ordnung gebracht habe. Ich war mal Klempner, jetzt im Ruhestand.«

Cynthia trank frischen Orangensaft und Kaffee, aß den Muffin und hörte erst ungläubig, dann respektvoll zu, als Alvirah von dem Lotteriegewinn erzählte, von ihrem Aufenthalt in Cypress Point Spa, von ihrer Mitwirkung beim Aufspüren eines Mörders, dann von der Kreuzfahrt nach Alaska und der Entlarvung des Täters, der ihren Tischnachbarn umgebracht hatte.

Sie ließ sich eine zweite Tasse Kaffee nachschenken. »Sie haben mir das doch aus einem bestimmten Grund erzählt, nicht wahr?« fragte Cynthia. »Sie haben mich gestern wiedererkannt, richtig?«

Alvirah wurde ernst. »Ja.«

Cynthia schob ihren Stuhl zurück. »Sie waren sehr nett und möchten mir sicher helfen, aber das können Sie am besten dadurch tun, daß Sie mich in Ruhe lassen.«

Alvirah folgte der schlanken jugendlichen Gestalt mit den Blicken, als sie den Rasen überquerte. »Sie hat ein bißchen Sonne abgekriegt heut früh«, bemerkte sie. »Steht ihr prima. Ein paar Pfund mehr, und sie ist 'ne richtige Schönheit.«

»Mit Rausfüttern ist da nichts, und die Sonne kannst du ihr auch nicht auf Bestellung liefern«, kommentierte Willy. »Du hast doch gehört, wie sie explodiert ist.«

»Ach, vergiß es. Wenn Charley mir die Prozeßunterlagen schickt, laß ich mir schon was einfallen, wie man ihr helfen kann.«

»Großer Gott«, stöhnte Willy. »Ich hätt's wissen müssen. Da wären wir wieder mal soweit.«

»Keine Ahnung, wie Charley so was hinkriegt«, seufzte Alvirah ein paar Stunden später. Die Eilsendung war unmittelbar nach dem Frühstück angekommen. »Er hat alles geschickt, bis auf ein Protokoll der Gerichtsverhandlung, und das beschafft er innerhalb der nächsten zwei Tage.« Sie spitzte den Mund.

Willy ruhte auf dem gepolsterten Liegestuhl, den er sich als Stammplatz erkoren hatte, und war fast fertig mit dem Sportteil der vierten der am Morgen mitgebrachten Zeitungen. »Die Mets muß ich wohl abschreiben«, klagte er.

Alvirah hörte nicht zu. »Willy«, begann sie, und er erkannte am Ton, daß sie ihm eine wichtige Frage stellen wollte. »Glaubst du, das Mädchen ist verrückt?«

Er wußte sofort, wen sie meinte. »Ich finde, sie ist ein nettes Ding. Mir tut sie leid.«

»Mir auch. Hältst du sie für intelligent?«

»Ein ganz heller Kopf. Das merkt man doch gleich.«

»Du hast recht. Ich hab' jetzt sämtliche Zeitungsartikel über den Fall noch mal gelesen. Nun frag' ich dich: Wieso tischt eine intelligente junge Person, auch mit neunzehn, eine derart haarsträubende Lügengeschichte auf, wo sie zur Tatzeit war? Müßte sie nicht entweder übergeschnappt oder dämlich sein, wenn sie darauf setzt, daß ein Fremder ihretwegen lügt?« Alvirah schüttelte den Kopf. »Jemand lügt hier, das ist sonnenklar, aber nicht Cynthia, da bin ich absolut sicher. Also warum ist sie hergekommen?« Sie jubelte jetzt förmlich. »Ich verrat's dir, Willy. Sie möchte immer noch rausfinden, was in der Nacht damals mit Stuart Richards passiert ist. Und sie will ihren Namen reinwaschen.« Alvirah strahlte. »Ist das nicht ein Glück, daß ich gerade hier bin und ihr helfen kann?«

Willy ließ den Sportteil sinken. »Großer Gott«, murmelte er wiederum.

Nach dem ausgiebigen ruhigen Nachtschlaf und dem anschließenden Morgentraining begann sich die Gefühlsstarre zu lösen, in der Cynthia seit dem Schuldspruch der Geschworenen vor zwölf Jahren verharrt hatte. Beim Duschen und Anziehen dachte sie über diese Zeit nach, ein Alptraum, den sie nur dadurch überlebt hatte, daß sie ihre Emotionen quasi einfror. Sie war ein musterhafter Häftling, hatte ganz für sich gelebt, keine Freundschaften geschlossen. Sie hatte jede der angebotenen Ausbildungsmöglichkeiten wahrgenommen, zunächst in der Wäscherei und in der Küche gearbeitet und war dann als Schreibkraft in der Bibliothek und als Hilfslehrerin im Kunstunterricht eingesetzt worden. Und als sie nach einer Weile das Geschehene voll zu realisieren begann, hatte sie zu zeichnen angefangen. Das Gesicht der Frau auf dem Parkplatz. Das Lokal. Neds Motorboot. Jede Einzelheit, die sie ihrem Gedächtnis abringen konnte. Als sie fertig war, hatte sie Bilder von einer Imbißstube, wie man sie überall in den Vereinigten Staaten finden konnte, von einem Boot, das genau dem in jenem Jahr auf den Markt gebrachten Modell glich. Die Frau war ein wenig deutlicher geraten, aber auch nicht nennenswert. Es war dunkel gewesen. und die Begegnung hatte nur sekundenlang gedauert. Trotzdem war die Frau ihre einzige Hoffnung.

Das Resümee des Anklägers in der Schlußverhandlung: »Meine Damen und Herren Geschworenen, Cynthia Lathem kam am 2. August 1976 irgendwann zwischen 20.00 Uhr und 20.30 Uhr in das Haus von Stuart Richards zurück. Sie ging ins Arbeitszimmer ihres Stiefvaters. An jenem Nachmittag hatte Stuart Richards Cynthia mitgeteilt, daß er sein Testament zu ändern gedenke. Ned Creighton hatte dieses Gespräch mitgehört, hatte Cynthia und Stuart streiten hören. Vera Smith, die Kellnerin im *Captain's Table*, hörte Cynthias Äußerung Ned gegenüber, daß sie die Hochschule verlassen müsse, falls ihr Stiefvater sich weigerte, weiter für ihr Studium aufzukommen.

Cynthia Lathem kehrte an jenem Abend aufgebracht und von Ängsten gequält in Richards Villa zurück. Sie ging ins Arbeitszimmer und bot Stuart Richards die Stirn. Er gehörte zu den Menschen, die sich ein Vergnügen daraus machen, ihre Umgebung aus der Fassung zu bringen. Er hatte sein Testament geändert. Er wäre am Leben geblieben, wenn er seiner Stieftochter mitgeteilt hätte, daß er ihr anstelle von ein paar tausend Dollar die Hälfte seines Vermögens hinterlassen würde. Statt dessen spielte er zu lange Katz und Maus mit ihr. Und ihr aufgespeicherter Groll darüber, wie er ihre Mutter behandelt hatte, die in ihr hochkochende Wut bei dem Gedanken, die Universität verlassen zu müssen, buchstäblich ohne einen Cent ins Leben gestoßen zu werden, lenkten ihre Schritte zu dem Schrank, in dem er eine Waffe aufbewahrte. Die nahm sie heraus und schoß dreimal direkt in die Stirn des Mannes, der sie so liebte, daß er sie als Erbin einsetzte.

Ironie des Schicksals. Eine Tragödie. Aber auch Mord. Cynthia bat Ned Creighton, auszusagen, sie habe den Abend mit ihm auf seinem Motorboot verbracht. Kein Mensch hat die beiden draußen auf dem Boot gesehen. Sie erwähnt eine Imbißstube, bei der sie gehalten hätten, um Hamburger zu kaufen. Aber sie weiß die Adresse nicht. Sie gibt zu, die Lokalität nicht betreten zu haben. Sie redet von einer Unbekannten mit orangerotem Haar, mit der sie auf einem Parkplatz gesprochen habe. Warum hat sich diese Frau nicht gemeldet, bei der enormen Publizität dieses Falles? Sie kennen den Grund. Weil sie nicht existiert. Weil sie, genau wie die Imbißstube und die auf einem Motorboot in der Bucht von Cape Cod verbrachten Stunden, ein reines Fantasieprodukt von Cynthia Lathem ist.«

Cynthia hatte das Prozeßprotokoll so oft gelesen, daß

sie das Resümee des Staatsanwalts auswendig konnte. »Aber die Frau hat existiert«, sagte sie laut. »Es gibt sie.« Mit Hilfe der bescheidenen Versicherungssumme, die ihr die Mutter hinterlassen hatte, wollte sie in den nächsten sechs Monaten versuchen, diese Frau ausfindig zu machen. Vielleicht ist sie mittlerweile tot oder nach Kalifornien verzogen, dachte Cynthia, als sie sich das Haar bürstete und es zum Knoten drehte.

Vom Schlafzimmer des Hauses hatte man Aussicht aufs Meer. Cynthia ging zur Schiebetür und öffnete sie. Unten am Strand sah sie Eltern mit Kindern umherwandern. Falls sie jemals ein normales Leben führen wollte, mit Mann und Kind, mußte sie ihren Namen reinwaschen.

Jeff Knight. Sie hatte ihn voriges Jahr kennengelernt, bei den Dreharbeiten für eine Fernsehserie über weibliche Strafgefangene, die er interviewte. Seine Aufforderung, dabei mitzuwirken, hatte sie rundweg abgelehnt. Er ließ nicht locker, sein intelligentes, energisches Gesicht verriet besorgte Anteilnahme. »Verstehen Sie das denn nicht, Cynthia, dieses Programm wird von Millionen Menschen in Neuengland gesehen. Die Frau, der Sie damals nachts kurz begegnet sind, könnte doch zu den Zuschauern gehören.«

Deshalb hatte sie mitgemacht, seine Fragen beantwortet, von der Nacht berichtet, in der Stuart umkam, die Porträtskizze der Frau, mit der sie gesprochen hatte, vor die Kamera gehalten, ebenso die Zeichnung von der Imbißstube. Und niemand hatte sich gemeldet. Lillian gab in New York eine Erklärung ab: Die während des Prozesses gemachten Aussagen beruhten auf Wahrheit, denn dem hätte sie nichts hinzuzufügen. Ned Creighton, jetzt Inhaber vom *Mooncusser*, einem beliebten Restaurant in Barnstable, wiederholte, wie unendlich leid es ihm um Cynthia täte.

Nach der Sendung erschien Jeff weiterhin regelmäßig

an den Besuchstagen. Das allein rettete sie davor, in völlige Verzweiflung zu verfallen, als jedes Echo auf die Serie ausblieb. Er kam jedesmal in einem etwas nachlässigen Aufzug daher, die Jacke spannte an den breiten Schultern, die wirre dunkelbraune Mähne mit den Stirnlocken, die freundlichen, ausdrucksvollen braunen Augen, die langen Beine, die in dem überfüllten Besuchsraum keinen Platz fanden. Als er sie bat, nach der Entlassung seine Frau zu werden, antwortete sie, daran sei überhaupt nicht zu denken. Er bekam bereits Angebote von den verschiedenen Sendern. Eine überführte Mörderin konnte er da wirklich nicht gebrauchen. Sie durfte seiner Karriere nicht im Weg stehen, er mußte sie vergessen.

Aber wenn ich nun nicht des Mordes überführt wäre, dachte Cynthia, als sie sich vom Fenster abwandte. Sie ging hinüber zu der Frisierkommode aus Ahornholz, suchte ihre Geldtasche und eilte nach draußen zu ihrem Mietwagen.

Sie kehrte erst am frühen Abend nach Dennis zurück. Die Enttäuschung über die vergeudeten Stunden trieb ihr Tränen in die Augen. Sie trocknete sie nicht, ließ sie ungehindert die Wangen hinunterollen. Sie war nach Cotuit gefahren, in der Hauptstraße umhergelaufen, hatte den anscheinend alteingesessenen Inhaber des Buchladens nach einem auf Hamburger spezialisierten Lokal gefragt, das ein Treffpunkt für Teenager war. Wo könnte sie so etwas finden? Achselzucken, dann die Antwort: »Die schießen wie Pilze aus dem Boden und verschwinden ebenso schnell wieder. Ein Bauunternehmer reißt sich ein Grundstück unter den Nagel, stellt ein Einkaufszentrum hin oder sonst was Klotziges, und der Hamburger-Laden fliegt raus.« Danach hatte sie versucht, im Rathaus die Restaurationsbetriebe zu ermitteln, denen 1977 eine Konzession erteilt oder verlängert worden war. Es existierten noch zwei in Frage kommende Lokale, das dritte hatte man entweder umfunktioniert oder abgerissen. Keins davon weckte bei ihr irgendeine Erinnerung. Und natürlich wußte sie nicht einmal genau, ob sie tatsächlich in Cotuit gehalten hatten. Ned könnte auch in diesem Punkt gelogen haben. Und wie erkundigte man sich wohl bei fremden Leuten, ob sie eine Frau in mittleren Jahren mit orangefarbenem Haar und untersetztem Körperbau kennen, die vierzig Jahre am Kap ständig oder den Sommer über gewohnt hatte und Rock-and-Roll-Musik haßte?

In Dennis folgte Cynthia einem Impuls und bog nicht zu ihrem Ferienhaus ab, sondern fuhr wieder an Richards' Villa vorbei. Als sie dort passierte, kam eine schlanke blonde Frau die Treppe hinunter. Selbst auf diese Entfernung erkannte sie Lillian. Cynthia reduzierte auf Schrittempo, beschleunigte jedoch gleich wieder, als Lillian in ihre Richtung blickte, und kehrte um. Beim Aufschließen ihrer Haustür hörte sie das Telefon klingeln. Es läutete zehnmal, ehe es verstummte. Das mußte Jeff gewesen sein, und mit ihm wollte sie nicht sprechen. Nach wenigen Minuten schrillte es erneut. Wenn Jeff tatsächlich die Nummer herausgefunden hätte, würde er garantiert nicht lockerlassen, bis er sie erreichte.

Cynthia nahm den Hörer ab. »Hallo!«

»Mein Zeigefinger ist schon lahm vom dauernden Nummerntippen«, erklärte Jeff. »Da hast du dir ja einen sauberen Trick ausgedacht, einfach so von der Bildfläche zu verschwinden.«

»Wie hast du mich denn gefunden?«

»Kein Kunststück. Ich wußte, daß du wie eine Brieftaube Cape Cod ansteuern würdest, und der für dich zuständige Beamte hat's bestätigt.«

Sie sah ihn vor sich – in den Sessel zurückgelehnt, nervös einen Kugelschreiber herumwirbelnd, ernster Augenausdruck, der den leichten Ton Lügen strafte. »Jeff, vergiß mich, bitte. Tu uns beiden den Gefallen.«

»Abgelehnt. Ich versteh' dich ja, Cindy. Aber wenn du die Frau nicht finden kannst, mit der du gesprochen hast, besteht keinerlei Hoffnung, deine Unschuld zu beweisen. Und glaub mir, Schatz, ich hab' mich wirklich bemüht, sie aufzutreiben. Ich hab' dir nie was von den Rechercheuren erzählt, die ich losgeschickt habe, während die Sendung lief. Wenn die sie nicht finden konnten, schaffst du's erst recht nicht. Ich liebe dich, Cindy. Du weißt, daß du unschuldig bist, und ich weiß es auch. Ned Creighton hat gelogen, aber das werden wir nie beweisen können.«

Cindy schloß die Augen. Jeff hatte völlig recht damit, das war ihr klar.

»Steck's auf, Cindy. Pack deinen Koffer und fahr zurück. Ich hol' dich heute abend Punkt acht zu Hause ab.«

Zu Hause. Das möblierte Zimmer, das sie zusammen mit dem für ihre Überwachung zuständigen Beamten besichtigt und gemietet hatte. *Ich möchte Ihnen meine Freundin vorstellen. Sie ist gerade aus dem Gefängnis entlassen. – Was hat deine Mutter vor der Ehe gemacht? Sie war im Knast?*

»Leb wohl, Jeff.« Cynthia trennte die Verbindung, legte den Hörer nicht auf und drehte dem Telefon den Rücken zu.

Alvirah hatte Cynthias Rückkehr registriert, aber nicht versucht, Kontakt mit ihr aufzunehmen. Willy war nachmittags in einem gemieteten Boot zum Fischen rausgefahren und triumphierend mit zwei Makrelen zurückgekommen. Während seiner Abwesenheit studierte Alvirah Zeitungsausschnitte über den Mordfall Stuart Richards. In Cypress Point Spa hatte sie gelernt, wie nützlich es war, ihre Gedanken und Einfälle auf Band zu sprechen. An diesem Nachmittag blieb ihr Rekorder voll ausgelastet.

»Der springende Punkt in dem ganzen Fall ist: Warum hat Ned Creighton gelogen? Er kannte Cynthia doch kaum. Warum hat er alles so eingefädelt, daß sie als Schuldige dastand? Stuart Richards hatte massenhaft Feinde. Neds Vater hatte früher mal geschäftlich mit Stuart zu tun, und da gab's Krach, aber Ned war damals noch ein Kind. Ned war mit Lillian Richards befreundet. Lillian hat unter Eid ausgesagt, sie habe keine Ahnung davon gehabt, daß ihr Vater sein Testament ändern wollte; ihr sei nur bekannt gewesen, daß sie eine Hälfte des Vermögens erben sollte und das Dartmouth College die andere. Sie habe zwar gewußt, sagte sie, daß er außer sich war, als Dartmouth sich zur Zulassung von Studentinnen entschloß, aber daß er deswegen sein Testament umstoßen und das Dartmouth zugedachte Geld Cynthia vermachen würde, sei ihr neu.«

Alvirah schaltete den Rekorder aus. Bestimmt mußte jemand auf den Gedanken gekommen sein, daß Cynthia bei einem Schuldspruch auch ihren Anteil verlieren und Lillian Alleinerbin würde. Lillian hatte kurz nach dem Prozeß einen Mann aus New York geheiratet. Seitdem war sie dreimal geschieden worden. Es sah also nicht danach aus, als hätten Ned und sie je was miteinander gehabt. Blieb nur das Restaurant. Wer waren Neds Hintermänner?

Willy kam herein mit den bratfertigen Makrelenfilets. »Immer noch am Ball?« erkundigte er sich.

»Hm.« Alvirah suchte einen Zeitungsausschnitt heraus. »Orangerotes Haar, untersetzt, Ende Vierzig. Die Beschreibung hätte doch vor zwölf Jahren haargenau auf mich gepaßt, meinst du nicht?«

»Du weißt, daß ich dich nie untersetzt nennen würde«, protestierte Willy.

»Hab' ich auch nicht behauptet. Ich bin gleich wieder da. Ich möchte mit Cynthia reden, hab' sie vor ein paar Minuten zurückkommen sehen.«

Am folgenden Nachmittag verfrachtete sie Willy wiederum in ein Mietboot zum Fischen, steckte die rosettenförmige Brosche an ihrem neuen, purpurrot bedruckten Baumwollkleid fest und fuhr mit Cynthia nach Barnstable ins *Mooncusser*. Unterwegs bleute Alvirah ihr ein: »Denken Sie ja daran: Wenn er da ist, müssen Sie ihn mir sofort zeigen. Ich lasse ihn dann nicht mehr aus den Augen. Garantiert erkennt er Sie. Es bleibt ihm gar nichts anderes übrig, er muß an unserem Tisch kommen. Sie wissen doch, was Sie sagen müssen, oder?«

»Klar.« Bestand da eine Möglichkeit? Würde Ned ihnen das abnehmen?

Zu dem Restaurant, einem eindrucksvollen weißen Gebäude im Kolonialstil, gelangte man über eine lange, kurvenreiche Zufahrt. Alvirah taxierte das Haus, das von einem Landschaftsarchitekten meisterhaft gestaltete Grundstück, das sich bis zum Wasser erstreckte. »Sündhaft teuer«, verkündete sie. »So was hat er nicht mit ein paar lumpigen Kröten aufgezogen.«

Die Innenräume waren in Wedgwoodblau und Weiß gehalten. Die Wandgemälde waren erstklassig. Vor dem Lotteriegewinn hatte Alvirah zwanzig Jahre lang jeden Dienstag bei Mrs. Rawlings geputzt, und das Haus war ein regelrechtes Museum. Mrs. Rawlings gab zu jedem Bild genüßlich ausführliche Kommentare ab, wieviel sie seinerzeit dafür bezahlt hatte und – voller Genugtuung – was es jetzt wert war. Mit etwas Übung könnte ich vermutlich perfekte Museumsvorführungen veranstalten, dachte Alvirah oft. »Beachten Sie die Kompositionen, die raffinierten Valeurs, die gekonnte Technik, mit der die staubbedeckte Tischplatte unter dem einfallenden Sonnenlicht fluoresziert.« Die ganze Platte von Mrs. Rawlings hatte sie bis heute parat.

Sie wußte, wie nervös Cynthia war, und versuchte, sie durch Geschichten über Mrs. Rawlings abzulenken, nachdem der Oberkellner sie zu einem Fenstertisch geführt hatte.

Cynthia konnte nicht umhin, ein wenig zu lächeln, als

Alvirah ihr mit dramatischem Unterton verkündete, Mrs. Rawlings habe bei all ihrem Geld in den zwanzig Jahren zu Weihnachten für sie keine einzige Glückwunschkarte übrig gehabt. »Sie war das geizigste, schäbigste Luder der Welt, aber irgendwie hat sie mir leid getan. Nach mir hat sie keine Dumme mehr gefunden. Aber wenn meine letzte Stunde gekommen ist, will ich dem lieben Gott vorrechnen, daß ich auf der Habenseite eine Menge Rawlings-Pluspunkte gesammelt habe.«

»Falls das klappen sollte, können Sie sich auch eine Menge Lathem-Punkte gutschreiben.«

»Darauf geh' ich jede Wette ein. Lächeln Sie bloß weiter so. Sie müssen aussehen wie die Katze, die eben den Kanarienvogel verspeist hat. Ist er da?«

»Ich hab' ihn noch nicht entdeckt.«

»Wenn dieser aufgeblasene Typ mit der Speisekarte anrückt, fragen Sie nach ihm.«

Der Oberkellner näherte sich, höfliche Miene, das obligate Lächeln. »Wünschen Sie etwas zu trinken?«

»Ja. Zwei Gläser Weißwein. Ist Mr. Creighton im Hause?«

»Soviel ich weiß, bespricht er gerade etwas mit dem Küchenchef.«

»Ich bin eine alte Freundin. Bitten Sie ihn vorbeizuschauen, wenn er Zeit hat.«

»Selbstverständlich.«

»Sie sind die geborene Schauspielerin«, flüsterte Alvirah und hielt sich die Speisekarte vors Gesicht. Sie fand diese Vorsichtsmaßnahme angebracht, weil einem ja immer jemand die Worte von den Lippen ablesen könnte. »Ich bin richtig froh, daß ich Sie morgens zu dem Kleiderkauf überredet hab'. Alles, was bei Ihnen im Schrank hing, konnte man vergessen.«

Cynthia trug eine kurze zitronengelbe Leinenjacke zu einem schwarzen Leinenrock; ein gelb-schwarz-weiß gemusterter Seidenschal war schwungvoll an der Schulter verknotet. Außerdem hatte Alvirah sie auch in den Kosmetiksalon begleitet. Cynthias halblanges Haar umrahmte jetzt weich und locker das Gesicht. Ein hellbeige getöntes Make-up überdeckte die unnatürliche Blässe und gab ihren haselnußbraunen Augen wieder Glanz und Farbe.

»Sie sehen einfach umwerfend aus«, bemerkte Alvirah.

Sie selbst hatte sich zu ihrem Kummer einer entgegengesetzten Metamorphose unterzogen, ihr Haar, dieses Meisterwerk von Sassoon, in das alte Orangerot zurückgefärbt und ihm einen ungleichmäßigen, gestuften Schnitt verpaßt. Ihre Nägel waren nicht mehr kunstvoll verlängert und unlackiert. Nachdem sie Cynthia beim Aussuchen geholfen hatte, war sie zu dem Ständer mit den Sonderangeboten marschiert, wo das purpurrot bedruckte Baumwollkleid, das sie jetzt trug, aus gutem Grund für ganze zehn Dollar verramscht werden sollte. Da es ihr eine Nummer zu klein war, zeichneten sich sämtliche Fettwülste ab, von denen Willy immer behauptete, damit wolle uns die Natur nur vorsorglich abpolstern gegen den letzten tiefen Absturz.

Als Cynthia gegen die schändliche Verunstaltung von Alvirahs Frisur und Fingernägeln Einspruch erhob, wurde sie kurz abgefertigt: »Sie haben diese Frau, die unauffindbare Zeugin, doch immer gleich beschrieben – pummelig, gefärbtes Haar und Klamotten vom Wühltisch. Ich muß schließlich glaubhaft wirken.«

»Ich habe gesagt, ihre Kleidung sah nicht teuer aus«, korrigierte Cynthia.

»Wortklauberei.«

Cynthias Lächeln schwand dahin. »Er kommt?« fragte Alvirah, als sie es bemerkte.

Cynthia nickte.

»Lächeln Sie mich an. Los doch. Ganz locker. Zeigen Sie ihm ja nicht, daß Sie nervös sind.«

Cynthia dankte ihr mit einem warmen, herzlichen Lächeln und stützte leger die Ellbogen auf.

Vor ihnen stand ein Mann, Schweißperlen auf der Stirn, trockene Lippen, die er mit der Zunge befeuchtete. »Cynthia, ist das eine Freude, Sie zu sehen.« Er ergriff ihre Hand.

Alvirah musterte ihn eingehend. Kein übler Typ, aber irgendwie quallig. Aufgedunsenes Gesicht, eingesunkene, zusammengekniffene Augen. Er wog gute zwanzig Pfund mehr als auf den Zeitungsfotos. Ausgesprochen attraktiv in jungen Jahren, und danach geht's rapide bergab.

»Freuen Sie sich wirklich, mich zu sehen, Ned?« erkundigte sich Cynthia, immer noch lächelnd.

»Das ist er«, verkündete Alvirah mit Nachdruck. »Da bin ich hundertprozentig sicher. Er stand direkt vor mir in der Schlange im Lokal. Er ist mir aufgefallen, weil er so stocksauer war, daß die Gören so rumnölten und sich partout nicht entschließen konnten, wie sie denn nun ihren Hamburger haben wollten.«

»Wovon reden Sie eigentlich?« erkundigte sich Ned Creighton.

»Warum setzen Sie sich denn nicht, Ned?«, fragte Cynthia. »Ich weiß, das Restaurant gehört Ihnen, aber trotzdem fühle ich mich verpflichtet, Sie einzuladen. Schließlich haben Sie mir vor Jahren ein Abendessen spendiert.«

Gut gemacht, dachte Alvirah. »Ich bin ganz sicher, daß Sie das waren an dem Agend damals, auch wenn Sie inzwischen dicker geworden sind«, fuhr sie Creighton an. »So ein himmelschreiender Skandal. Sie mit Ihren Lügen sind schuld, daß diese Frau zwölf Jahre ihres Lebens im Knast hocken mußte.«

Cynthias Miene verdüsterte sich. »Zwölf Jahre, sechs Monate und zehn Tage«, verbesserte sie. »Ein volles Jahrzehnt, in dem ich normalerweise wie jeder Twen das

College absolviert, den ersten Job bekommen und regelmäßig Verabredungen gehabt hätte.«

Ned Creightons Gesicht wurde hart. »Sie bluffen. Das ist doch nur ein billiger Trick.«

Der Kellner brachte zwei Gläser Wein und stellte sie Alvirah und Cynthia hin. »Und Sie, Mr. Creighton?«

»Nichts«, beschied ihm Ned mit finsterem Blick.

»Das ist wirklich ein bezauberndes Restaurant«, bemerkte Cynthia ruhig. »Muß eine schöne Stange Geld gekostet haben. Woher hatten Sie das? Von Lillian? Mein Erbanteil belief sich auf ungefähr zehn Millionen Dollar. Wieviel hat sie Ihnen gegeben?« Sie wartete die Antwort nicht ab. »Ned, diese Frau ist die Zeugin, die ich damals nirgends auftreiben konnte. Sie erinnert sich daran, daß wir in jener Nacht miteinander gesprochen haben. Niemand hat mir geglaubt, als ich von der Frau erzählte, die ihre Wagentür so heftig aufgestoßen hat, daß sie seitwärts gegen Ihr Auto geknallt ist. Aber sie erinnert sich an den Zwischenfall. Und sie erinnert sich auch, daß sie Sie genau gesehen hat. Sie hat ihr Leben lang Tagebuch geführt und noch am gleichen Abend notiert, was auf dem Parkplatz passiert ist.«

Alvirah nickte bestätigend und fixierte dabei Ned. Er kommt ins Schwitzen, dachte sie, aber überzeugt ist er noch nicht. Jetzt war sie wieder an der Reihe. »Tags darauf bin ich abgereist. Ich wohne in Arizona. Mein Mann war krank, schwer krank. Deshalb sind wir nicht mehr ans Kap gefahren. Voriges Jahr hab' ich ihn verloren.« Entschuldige, Willy, dachte sie, aber das mußte sein. »Vergangene Woche hab' ich dann in die Röhre geguckt – na, Sie wissen ja, wie stinklangweilig das Sommerprogramm meistens ist. Ich dachte, mich tritt ein Pferd, wie ich 'ne Wiederholung der Serie über Frauen im Gefängnis sehe und plötzlich ein Bild von mir auf der Mattscheibe erscheint.«

Cynthia griff nach dem Umschlag, den sie neben ihren Stuhl gelegt hatte. »Das ist meine Porträtskizze von der Frau, mit der ich auf dem Parkplatz gesprochen habe.«

Ned Creighton streckte die Hand danach aus.

»Ich halte sie«, sagte Cynthia.

Die Zeichnung zeigte das Gesicht einer Frau, eingerahmt von einem offenen Wagenfenster. Trotz der einigermaßen undeutlichen Züge und des dunklen Hintergrundes war die Ähnlichkeit mit Alvirah frappant.

Cynthia schob ihren Stuhl zurück. Alvirah stand ebenfalls auf. »Die zwölf Jahre können Sie mir nicht zurückgeben. Ich weiß, was Sie jetzt denken. Selbst mit diesem Beweis könnte es passieren, daß eine Jury mir nicht glaubt. Vor zwölf Jahren haben die Geschworenen mir ja auch nicht geglaubt. Aber es wäre immerhin möglich. Und das sollten Sie meiner Meinung nach nicht riskieren, Ned. Ich halte es für besser, wenn Sie das Ganze mit der Person besprechen, die Sie dafür bezahlt hat, mich damals reinzureiten. Und teilen Sie dem oder der Betreffenden mit, daß ich zehn Millionen Dollar verlange. Das ist mein rechtmäßiger Anteil an Stuarts Nachlaß.«

»Sie sind ja verrückt.« In Neds Gesicht war keine Spur von Angst mehr, nur noch blanke Wut.

»Tatsächlich? Da bin ich anderer Meinung.« Cynthia langte in ihre Tasche. »Hier ist meine Adresse und Telefonnummer. Alvirah wohnt bei mir. Rufen Sie mich heute bis 19 Uhr an. Wenn ich nichts von Ihnen höre, nehme ich mir einen Anwalt und lasse ein Wiederaufnahmeverfahren beantragen.« Sie warf einen Zehndollarschein auf den Tisch. »Das dürfte reichen für den Wein. Ich lasse mir nichts schenken, auch nicht das Abendessen, das Sie mir damals spendiert haben.«

Sie eilte hinaus, dicht gefolgt von Alvirah, die das lebhafte Simmengewirr registrierte. Die Leute haben mitgekriegt, daß was im Gange ist, dachte sie. Ausgezeichnet.

Die beiden wechselten kein Wort, bis sie wieder im

Wagen saßen. Dann erkundigte sich Cynthia mit schwacher Stimme: »Wie war ich?«

»Fantastisch.«

»Das klappt nicht, Alvirah. Bei einem Vergleich mit der Zeichnung, die Jeff in der Sendung gezeigt hat, entdeckt man doch sofort, was ich alles hinzugefügt habe, damit's Ihnen ähnlich sieht.«

»Für so was bleibt denen gar keine Zeit. Sind Sie sicher, daß Sie gestern Ihre Stiefschwester vor der Villa gesehen haben?«

»Hundertprozentig;«

»Dann dürfte das Gespräch zwischen den beiden in diesem Augenblick stattfinden.«

Cynthia fuhr mechanisch, ohne etwas von diesem strahlenden Nachmittag wahrzunehmen. »Es gab massenhaft Leute, die Stuart verabscheuten. Warum sind Sie so überzeugt davon, daß Lillian in die Geschichte verwickelt ist?«

Alvirah zog den Reißverschluß ihres purpurroten Baumwollkleides auf. »Meine Güte, ist der Fetzen eng. Ich ersticke ja darin.« Kummervoll fuhr sie sich durch das höchst eigenwillig abgesäbelte Haar. »Wenn die mich bei Sassoon wieder hinkriegen wollen, müssen die ihre gesamte Mannschaft dransetzen. Ich gehe wohl am besten wieder nach Cypress Point Spa zur Generalüberholung. Was haben Sie gefragt? Richtig, Lillian. Sie muß mit drinstecken. Sehen Sie's doch mal von der Seite. Es gab massenhaft Leute, die Ihren Stiefvater nicht ausstehen konnten, aber die hätten doch keinen Ned Creighton nötig, um Sie reinzulegen. Lillian hat von jeher gewußt, daß das Dartmouth College laut Testament die Hälfte des Geldes bekommen sollte. Stimmt's?«

»Ja.« Cynthia bog in die Straße ein, die zu den Ferienhäusern führte.

»Mir ist's schnuppe, wie viele Leute Ihren Stiefvater möglicherweise gehaßt haben. Lillian war jedenfalls die

185

einzige, die davon profitierte, wenn Sie zum Sünden-bock für diesen Mord gestempelt wurden. Sie kannte Ned. Und der versuchte, Geld aufzutreiben, um ein Restaurant zu eröffnen. Sie muß von ihrem Vater erfahren haben, daß er Ihnen anstelle von Dartmouth die Hälfte seines Vermögens hinterlassen würde. Sie waren ihr von jeher verhaßt. Das haben Sie mir selbst gesagt. Also trifft sie ein Abkommen mit Ned. Er lädt Sie zu einem Ausflug in seinem Motorboot ein und täuscht eine Panne vor. Jemand bringt Stuart Richards um. Lillian hatte ein Alibi. Sie war in New York. Wahrscheinlich hat sie jemand engagiert, der ihren Vater ermorden sollte. Als Sie in der Nacht unbedingt einen Hamburger haben wollten, hätten Sie um ein Haar alles vermasselt. Und Ned wußte nicht, daß Sie mit jemand gesprochen haben. Die beiden müssen ordentlich Schiß gehabt haben, daß diese Zeugin auftauchen könnte.«

»Und wenn ihn nun in der Nacht irgendwer erkannt und ausgesagt hätte, er habe ihn einen Hamburger kaufen sehen?«

»In dem Fall wäre er sofort mit einer plausiblen Erklärung bei der Hand gewesen: Er ist mit seinem Boot rausgefahren, hat sich danach irgendwo einen Hamburger geholt, und Sie haben ihn dann in Ihrer Verzweiflung um ein Alibi angefleht. Aber es ist ja eben niemand aufgekreuzt.«

»Das Ganze hört sich so riskant an«, wandte Cynthia ein.

»Von wegen riskant. Ein Kinderspiel«, korrigierte Alvirah. »Glauben Sie mir, auf dem Gebiet hab' ich jede Menge Erfahrungen gesammelt. Sie würden sich wundern, in wie vielen Fällen der Mörder als Hauptleidtragender hinter dem Sarg hergeht.«

Sie waren angelangt. »Was jetzt?« wollte Cynthia wissen.

»Jetzt gehen wir zu Ihnen und warten auf den Anruf

von Ihrer Stiefschwester.« Kopfschüttelnd musterte sie Cynthia. »Sie glauben mir immer noch nicht. Abwarten und Tee trinken. Wie wär's übrigens mit einer schönen Tasse Tee? Ich koche uns welchen. Ein Jammer, daß Creighton aufkreuzte, bevor wir den Lunch bestellen konnten. Die Speisekarte klang vielversprechend.«

Sie aßen Sandwiches mit Thunfischsalat im Vorgarten, als das Telefon klingelte. »Lillian«, erklärte Alvirah lakonisch. Sie folgte Cynthia in die Küche und blieb neben ihr stehen.

»Hallo.« Cynthia meldete sich fast im Flüsterton. Alvirah beobachtete, wie ihr die Farbe aus dem Gesicht wich. »Hallo, Lillian.«

Alvirah preßte Cynthias Arm und nickte heftig.

»Ja, Lillian, ich war gerade bei Ned. Nein, ich mache keine Witze. Ich kann an der Sache nichts Komisches finden. Ja. Ich komme abends vorbei. Bloß keine Umstände mit dem Essen. In deiner Gegenwart schnürt's mir sowieso die Kehle zu. Noch eins, Lillian – ich hab' Ned gesagt, was ich verlange. Das ist mein letztes Wort.«

Cynthia legte auf und ließ sich auf einen Stuhl fallen. »Alvirah, Lillian sagt, meine Anschuldigung sei geradezu lachhaft, aber sie wisse genau, daß ihr Vater jeden so weit treiben konnte, bis er die Beherrschung verlor. Sie ist gerissen.«

»Das hilft uns nicht, Ihren Namen reinzuwaschen. Ich gebe Ihnen meine Anstecknadel. Sie müssen sie dazu bringen, klipp und klar zuzugeben, daß Sie mit dem Mord nicht das geringste zu tun hatten, daß sie Ned veranlaßt hat, Ihnen eine Falle zu stellen. Um welche Zeit haben Sie sich angesagt?«

»Acht Uhr. Ned wird auch dort sein.«

»Bestens. Willy begleitet Sie. Er rollt sich im Fond auf dem Boden zusammen, das kann er prima, trotz seines Umfangs. Er ist gelenkig wie 'ne Gummipuppe. Er wird ein Auge auf Sie haben. Dort im Haus versuchen die beiden garantiert keine krummen Touren. Das wäre zu riskant.« Alvirah nahm die rosettenförmige Brosche ab. »Das ist, gleich nach Willy, mein größter Schatz«, erklärte sie. »Ich zeig' Ihnen jetzt, wie das funktioniert.«

Den ganzen Nachmittag über bleute sie Cynthia ein, was sie ihrer Stiefschwester sagen sollte. »Sie muß das Geld für das Restaurant gegeben haben. Wahrscheinlich hat sie irgendwelche Investmentgesellschaften vorgeschoben. Hämmern Sie ihr ein, wenn sie nicht berappt, setzen Sie sich mit einem namhaften Wirtschaftsprüfer in Verbindung, der oft im Auftrag der Regierung arbeitet.«

»Sie weiß doch, daß ich kein Geld habe.«

»Sie hat aber keine Ahnung, wer sich sonst noch für Ihren Fall interessieren könnte. Zum Beispiel der Knabe, der die Sendung über weibliche Sträflinge gemacht hat, stimmt's?«

»Ja. Jeff hat sich dafür interessiert.«

Alvirah kniff die Augen zusammen, riß sie dann weit auf. »Ist da was zwischen Ihnen und Jeff?«

»Sollte ich freigesprochen werden – ja. Andernfalls wird es nie eine Beziehung für mich geben, weder zu Jeff noch zu sonst jemand.«

Um 18 Uhr läutete das Telefon abermals. »Ich geh' ran«, sagte Alvirah. »Die sollen ruhig wissen, daß ich hier bei Ihnen bin.« Auf ihr brummiges Hallo folgte ein herzlicher Wortschwall. »Jeff, gerade haben wir von Ihnen gesprochen. Cynthia sitzt neben mir. Meine Güte, ist das eine bildhübsche Person! Sie sollten sie mal sehen in ihrer neuen Aufmachung. Sie hat mir alles über Sie erzählt. Moment, ich geb' sie Ihnen.«

Alvirah hörte ungeniert zu, als Cynthia erklärte: »Alvirah hat das Haus nebenan gemietet. Sie hilft mir. Nein, ich komme nicht zurück. Ja, es gibt einen Grund hierzubleiben. Vielleicht kriege ich heute abend den Beweis dafür, daß ich unschuldig bin an Stuart Richards Tod. Nein, komm nicht her. Ich möchte dich nicht sehen, Jeff, nicht jetzt ... Jeff, ja, ja, ich liebe dich. Ja, wenn ich voll und ganz rehabilitiert bin, werde ich deine Frau.«

Als Cynthia auflegte, war sie den Tränen nahe. »Alvirah, ich wünsche mir nichts so sehr wie ein Leben mit ihm. Wissen Sie, was er eben gesagt hat? Er hat die Bibel zitiert: ›Tod, wo ist dein Stachel! Hölle, wo ist dein Sieg!‹ Ich eile zu dir, und wenn die Welt voll Teufel wär – das kam am Schluß.«

»Ich mag ihn«, stellte Alvirah fest. »Ich kann aus einer Stimme am Telefon genau heraushören, mit was für einem Menschen ich es zu tun habe. Kommt er heute noch? Ich möchte nicht, daß Sie sich aufregen oder sich das Ganze ausreden lassen.«

»Nein. Er muß die Zehn-Uhr-Nachrichten moderieren. Aber ich gehe jede Wette ein, daß er gleich morgen losfährt.«

»Da müssen wir uns was überlegen. Je mehr Leute da mitmischen, desto eher könnten Ned und Lillian den Braten riechen.« Sie schaute aus dem Fenster. »Sehen Sie mal, da kommt Willy. Heiliger Strohsack, er hat schon wieder ein paar von den verdammten Makrelen geangelt. Ich kriege davon Sodbrennen, aber das verrate ich ihm nicht. Deshalb hab' ich immer ein Magnesiumpräparat in der Tasche.«

Sie öffnete ihm die Tür, und Willy stapfte freudestrahlend herein. Voller Stolz zeigte er auf die Angelrute, an der zwei einsame Makrelen baumelten. Sein Lächeln erstarb beim Anblick von Alvirahs grellroten Zotteln und dem purpurfarbenen Baumwollkleid, in dem überall die quellenden Fettwülste sichtbar wurden. »Da haut's einen glatt um«, kommentierte er. »Wieso haben die jetzt auf einmal das Geld von der Lotterie zurückverlangt?«

Um 19.30 Uhr, nach dem Abendessen, zu dem Alvirah wohl oder übel Willys heutige magere Ausbeute aufgetischt hatte, stellte sie Cynthia eine Tasse Tee hin. »Sie haben keinen Bissen gegessen«, sagte sie streng. »Sie müssen aber was im Magen haben, sonst können Sie nicht mehr klar denken. Na, haben Sie alles kapiert?«

Cynthia fingerte an der Anstecknadel. »Ich glaube schon. Mir scheint alles klar zu sein.«

»Vergessen Sie nicht, zwischen den beiden ist unter der Hand Geld verschoben worden. Mit welchem Dreh, ist mir piepe, das kann man verfolgen. Wenn sie einwilligen, Sie auszuzahlen, bieten Sie ihnen einen Tauschhandel an: Sie gehen mit Ihrer Forderung runter und verlangen als Gegenleistung, daß die beiden mit der vollen Wahrheit rausrücken, also ein hieb- und stichfestes Geständnis. Kapiert?«

»Kapiert.«

Um 19.50 Uhr fuhr Cynthia den kurvenreichen Weg hinunter, mit Willy im Fond, der sich auf dem Boden zusammengerollt hatte.

Nach dem strahlend sonnigen Tag hatte es sich abends bewölkt. Alvirah durchquerte das Haus und trat vor die Hintertür. Wind fegte über die Bucht hinweg, peitschte die aufschäumenden Wellen ans Ufer. In der Ferne hörte man Donnergrollen. Die Temperatur war gesunken, plötzlich herrschte im August herbstliche Kühle. Fröstelnd überlegte sie, ob sie sich nebenan einen Pullover holen sollte, ließ es dann aber doch. Falls jemand anrief, wollte sie lieber an Ort und Stelle sein.

Sie goß sich eine zweite Tasse Tee auf und setzte sich, mit dem Rücken zur Haustür, an den Ecktisch, wo sie mit dem ersten Entwurf für den Artikel begann, den sie sicher bald an den *New York Globe* abschicken konnte. *Cynthia Lathem, die mit neunzehn Jahren zu zwölf Jahren Gefängnis verurteilt wurde für einen Mord, den sie nicht begangen hatte, kann jetzt ihre Unschuld beweisen.*

Hinter ihr sagte eine Stimme: »Nun, ich denke nicht, daß es dazu kommen wird.«

Alvirah wirbelte herum und starrte fassungslos in das finstere, wütende Gesicht von Ned Creighton.

Cynthia wartete auf den Verandastufen vor Richards' Villa. Durch die hübsche Mahagonitür hörte sie leisen Glockenschlag. Ihr kam der absurde Gedanke, daß sie ja immer noch einen eigenen Hausschlüssel besaß, und sie fragte sich, ob Lillian wohl das Schloß ausgewechselt hatte.

Die Tür öffnete sich. Lillian stand in der weiträumigen Eingangshalle, die Tiffany-Deckenlampe hob ihre hohen Backenknochen hervor, die großen blauen Augen, das silberblonde Haar. Ein eisiger Schauer durchrann Cynthia vom Scheitel bis zur Sohle. Lillian war in diesen zwölf Jahren zum Ebenbild von Stuart Richards geworden. Kleiner natürlich. Jünger, aber trotzdem äußerlich genauso attraktiv wie er, nur in weiblicher Ausgabe. Und um die Augen der gleiche Zug, der einen Hang zur Grausamkeit andeutete.

»Tritt ein, Cynthia.« Lillians Stimme hatte sich nicht verändert. Klar, wohlerzogen, aber mit diesem vertrauten scharfen, aufgebrachten Unterton, der typisch für Stuart Richards gewesen war.

Stumm folgte sie Lillian durch die Halle. Im Wohnzimmer herrschte gedämpfte Beleuchtung. Hier sah es fast genauso aus, wie sie es in Erinnerung hatte. Die Anordnung der Möbel, die Orientteppiche, das Gemälde über dem Kamin – alles unverändert. Das prunkvolle Speisezimmer links wirkte so unbenutzt wie eh und je. Sie hatten die Mahlzeiten gewöhnlich in dem kleinen Eßzimmer neben der Bibliothek eingenommen.

Sie hatte erwartet, daß Lillian sie in die Bibliothek führen würde. Statt dessen ging sie geradewegs in das Arbeitszimmer, in dem Stuart gestorben war. Cynthia verzog den Mund, tastete nach der rosettenförmigen Brosche. Sollte sie auf diese Weise eingeschüchtert werden?

Lillian setzte sich hinter den wuchtigen Schreibtisch.

Cynthia dachte abermals an die Nacht, in der sie hier hereingestürzt war und Stuart auf den Teppich hingestreckt gefunden hatte. Sie spürte, wie ihre Hände feucht wurden, wie ihr der Schweiß auf der Stirn stand. Draußen hörte sie den Wind mit ständig steigender Geschwindigkeit heulen.

Lillian faltete die Hände und blickte zu Cynthia hoch. »Du kannst dich ebensogut hinsetzen.«

Cynthia biß sich auf die Lippen. Was sie in den nächsten Minuten sagte, würde über ihr weiteres Leben entscheiden. »Meiner Meinung nach bin ich es, die hier die Sitzordnung bestimmen sollte«, erklärte sie. »Dein Vater hat mir dieses Haus hinterlassen. Bei deinem Anruf hast du von einer Regelung gesprochen. Keine faulen Tricks jetzt! Und versuch ja nicht, mich einzuschüchtern. Der Knast hat mir jede Scheu gründlich abgewöhnt, das garantiere ich dir. Wo ist Ned?«

»Der muß jeden Augenblick hier sein. Deine Anschuldigungen ihm gegenüber sind doch einfach verrückt. Und das weißt du auch.«

»Ich dachte, ich bin hergekommen, um über die Regelung meiner Erbansprüche zu reden.«

»Du bist hergekommen, weil du mir leid tust und weil ich dir eine Chance geben möchte, irgendwo ein neues Leben anzufangen. Ich bin bereit, einen Treuhandfonds einzurichten, aus dem du ein monatliches Einkommen beziehst. Eine andere wäre nicht so großzügig gegenüber der Mörderin ihres Vaters.«

Cynthia fixierte Lillian, registrierte den verächtlichen Augenausdruck, die eisige Ruhe, mit der sie auftrat. Sie mußte diese Ruhe erschüttern. Sie ging hinüber zum Fenster und schaute hinaus. Regen trommelte an die Hausmauern. Donnerschläge durchbrachen die Stille im Raum. »Ich frage mich, was Ned wohl getan hätte, um mich vom Haus fernzuhalten, wenn es damals so geschüttet hätte wie heute«, sagte sie. »Das Wetter hat ihm geholfen, stimmt's? Warm und bewölkt. Kein Boot in der Nähe. Nur diese eine Zeugin, und die habe ich jetzt gefunden. Hat Ned dir erzählt, daß sie ihn einwandfrei identifiziert hat?«

»Wie viele Leute würden das wohl glauben, daß jemand einen Fremden nach fast dreizehn Jahren wiedererkennen könnte? Ich habe keine Ahnung, wen du für diese Maskerade angeheuert hast, aber ich warne dich: Laß den Blödsinn. Entweder du akzeptierst mein Angebot oder ich hole die Polizei und lasse dich wegen Hausfriedensbruch verhaften. Vergiß nicht, die bedingte Haftentlassung von Kriminellen kann man mühelos rückgängig machen.«

»Auf Kriminelle trifft das allerdings zu. Aber ich bin keine Kriminelle, und das weißt du.« Cynthia ging zu dem antiken Schrank, zog die oberste Schublade auf. »Mir war bekannt, daß Stuart hier eine Waffe aufbewahrte. Aber dir mit Sicherheit auch. Du hast behauptet, er habe dir gegenüber kein Wort davon verlauten lassen, daß er sein Testament geändert und die Dartmouth zugedachte Hälfte seines Vermögens mir hinterlassen hatte. Doch du hast gelogen. Wenn Stuart mich herzitierte, um mich darüber zu informieren, dann hat er dich garantiert nicht über seine Absichten im unklaren gelassen.«

»Er hat mir kein Wort gesagt. Ich hatte ihn seit drei Monaten nicht gesehen.«

»Du hast ihn vielleicht nicht gesehen, aber mit ihm gesprochen, oder etwa nicht? Mit der Hälfte für Dartmouth hättest du dich abfinden können, doch der Gedanke, sein Geld mit mir zu teilen, war dir unerträglich. Du hast mich gehaßt, weil ich Jahre in diesem Haus gewohnt habe, weil er mich gern hatte. Ihr beide seid deswegen dauernd aneinandergeraten. Deinen niederträchtigen Charakter, den hast du von ihm geerbt.«

Lillian stand auf. »Du weißt ja nicht, wovon du sprichst.«

Cynthia knallte die Schublade zu. »O doch, ganz genau. Und jede Tatsache, die mich überführt hat, wird dich überführen. Ich besaß einen Hausschlüssel. Du auch. Es gab keinerlei Kampfspuren. Ich meine nicht, daß du jemand hergeschickt hast, um ihn umzubringen. Ich meine, du hast es selber getan. Stuart hatte einen Alarmknopf an seinem Schreibtisch. Er hat ihn nicht gedrückt. Er wäre nie auf die Idee verfallen, daß seine eigene Tochter ihm etwas antun würde. Warum kam Ned ausgerechnet an jenem Nachmittag hereingeschneit? Du wußtest, daß Stuart mich über das Wochenende eingeladen hatte. Du wußtest, daß er mir zureden würde, mit Ned auszugehen. Stuart hatte gern Gesellschaft, und dann war er auch wieder gern allein. Vielleicht hat Ned dir eins nicht deutlich übermittelt. Die Zeugin, die ich ausfindig gemacht habe, führt Tagebuch. Sie hat es mir gezeigt. Seit ihrem zwanzigsten Lebensjahr trägt sie Abend für Abend alles ein, was tagsüber passiert ist. Irgendeine Manipulation ist demnach mit Sicherheit auszuschließen. Sie hat mich genau beschrieben und Neds Wagen ebenso. Sogar die lärmenden Halbwüchsigen in der Schlange hat sie erwähnt und auch, wie sich alle über sie aufregten.«

Ich dringe zu ihr durch, dachte Cynthia. Lillians Gesicht war bleich, ihre Haltung verkrampft. Cynthia ging ruhig zum Schreibtisch zurück, so daß die rosettenförmige Brosche direkt auf Lillian gerichtet war. »Du hast es schlau eingefädelt, oder?« fragte sie. »Ned hat erst angefangen, Geld in das Restaurant zu stecken, als ich hinter Gittern saß. Und ich bin sicher, er hatte ein paar angesehene Investoren als Strohmänner vorgeschoben. Aber die Regierung hat heutzutage hervorragende Methoden, um Fällen von Geldwäsche auf die Spur zu kommen. *Dein* Geld, Lillian.«

»Das kannst du nie beweisen.« Doch Lillians Stimme klang schrill.

Mein Gott, wenn ich sie doch bloß dazu bringen kann, es zuzugeben, dachte Cynthia. Sie umklammerte die Schreibtischkante und beugte sich vor. »Möglicherweise nicht. Aber laß es nicht darauf ankommen. Ich werde dir sagen, wie man sich bei Fingerabdrücken und in Handschellen fühlt. Wie einem zumute ist, wenn man neben einem Rechtsanwalt sitzt und hört, wie einen der Staatsanwalt des Mordes anklagt. Was das für ein Gefühl ist, die Gesichter der Geschworenen zu studieren. Lauter normale Durchschnittsbürger. Alt. Jung. Schwarze. Weiße. Gut angezogen. Schäbig. Aber in ihren Händen liegt dein weiteres Leben. Und das wird dir kein bißchen behagen, Lillian. Das Warten. Das vernichtende Beweismaterial, das auf dich weitaus mehr zutrifft als jemals auf mich. Du hast weder das Naturell noch den Schneid, das durchzustehen.«

Lillian erhob sich. »Denk daran, daß hohe Steuern zu zahlen waren, nachdem die Aufstellung sämtlicher Vermögenswerte vorlag. Wieviel verlangst du?«

»Sie hätten in Arizona bleiben sollen«, sagte Ned Creighton, die Waffe auf Alvirahs Brust gerichtet. Sie saß am Ecktisch und erwog ihre Fluchtchancen. Es gab keine. Er hatte ihre Geschichte geschluckt, und jetzt mußte er sie umbringen. Alvirah schoß es durch den Kopf, daß sie es ja schon immer gewußt habe, was für eine fabelhafte Schauspielerin in ihr steckte. Sollte sie ihm mitteilen, daß ihr Mann jeden Moment zurückkommen würde? Nein. Im Restaurant hatte sie ihm erzählt, sie sei verwitwet. Wie lange würden Willy und Cynthia ausbleiben? Zu lange. Lillian würde Cynthia nicht weglassen, ehe sie sicher war, daß es keine lebenden Zeugen gab, aber vielleicht fiel ihr irgendwas ein, wenn sie ihn zum Reden brachte. »Wieviel haben Sie für Ihre Rolle bei dem Mord kassiert?« erkundigte sie sich.

Ned Creighton verzog die schmalen Lippen zu einem spöttischen Lächeln. »Drei Millionen. Reichte gerade, ein erstklassiges Restaurant zu eröffnen.«

Alvirah bedauerte, daß sie ihre rosettenförmige Anstecknadel Cynthia geliehen hatte. Der Beweis. Der eindeutige, klare Beweis, und sie war außerstande, das aufzuzeichnen. Und sollte ihr etwas zustoßen, würde niemand davon erfahren. Falls ich da heil rauskomme, dachte sie, muß ich Charley Evans bitten, mir einen Ersatz zu beschaffen. Diesmal vielleicht eine Zweitbrosche in Silber.

»Stehen Sie auf«, befal Creighton und schwenkte dabei die Pistole.

Alvirah stieß den Stuhl zurück, stützte die Hände auf den Tisch. Die Zuckerdose stand direkt vor ihr. Sollte sie den Versuch riskieren? Sie konnte zwar gut zielen, aber eine Schußwaffe war in jedem Fall schneller als eine Zuckerdose.

»Gehen Sie ins Wohnzimmer.« Als sie um den Tisch herumkam, schnappte sich Creighton ihre Notizen samt dem angefangenen Artikel und stopfte alles in die Tasche.

Creighton deutete auf den hölzernen Schaukelstuhl neben dem Kamin. »Setzen Sie sich da hin.«

Alvirah ließ sich schwerfällig nieder. Neds Waffe war immer noch auf sie gerichtet. Wenn sie nun den Schaukelstuhl so weit vornüberkippte, daß sie auf ihn katapultiert wurde? Ob sie sich dann auch rechtzeitig absetzen könnte? Creighton langte nach einem schmalen Schlüssel, der am Kaminsims baumelte. Er beugte sich vor, steckte ihn in einen Zylinder, der in einen Ziegel eingelassen war, und drehte ihn um. Aus dem Kamin drang das zischende Geräusch von ausströmenden Gas. Er richtete sich auf, zog aus einer Streichholzschachtel auf dem Kaminsims ein langes Sicherheitszündholz, benutzte die Ziegel als Reibfläche, blies die Flamme aus, warf es dann auf den Rost. »Es wird kalt«, sagte er. »Sie beschlossen, Feuer zu machen, drehten den Gashahn auf, warfen ein Streichholz hinein, aber es klappte nicht. Als Sie sich hinunterbeugten, um das Gas abzudrehen und das Ganze noch mal zu versuchen, verloren Sie das Gleichgewicht und stürzten. Sie schlugen mit dem Kopf auf die steinerne Einfassung und wurden ohnmächtig. So eine nette Frau und so ein schrecklicher Unfall! Cynthia wird außer sich sein.«

Gasgeruch erfüllte den Raum. Alvirah versuchte, den Schaukelstuhl vorzukippen. Sie mußte es riskieren, Creighton einen Kopfstoß zu versetzen, damit er die Pistole fallen ließ. Zu spät. Ein Schraubstock schien ihre Schultern zu umklammern. Das Gefühl, vorwärtsgezogen zu werden. Ihr Kopf, der seitlich gegen Stein prallte. Als sie das Bewußtsein verlor, nahm Alvirah den widerwärtigen Gasgeruch wahr, der sich in ihren Atemwegen ausbreitete.

»Da kommt Ned«, erklärte Lillian gelassen, als die Türglocke läutete. »Ich mache ihm auf.«

Cynthia wartete. Lillian hatte immer noch nicht das mindeste zugegeben. Ob sie Ned Creighton dazu bringen konnte, sich selbst zu beschuldigen? Sie fühlte sich wie eine Seiltänzerin, die auf einem schlüpfrigen Seil zentimeterweise einen Abgrund zu überqueren suchte. Wenn es ihr mißlang, wäre ihr Leben nicht mehr lebenswert.

Creighton betrat hinter Lillian das Zimmer. »Cynthia.« Ein unpersönliches, aber nicht unfreundliches Nicken. Er zog sich einen Stuhl an den Schreibtisch, auf dem Lillian einen aufgeschlagenen Ordner mit Computerausdrucken deponiert hatte.

»Ich vermittle Cynthia gerade eine Vorstellung davon, wie stark das Vermögen nach Entrichtung der Steuern zusammengeschmolzen ist«, teilte sie Creighton mit. »Danach taxieren wir ihren Anteil.«

»Was immer du Ned bezahlt hast, wird nicht in Abzug gebracht, das stammte ja aus dem mir rechtmäßig zustehenden Geld.« Cynthia bemerkte den wütenden Blick, den er Lillian zuwarf. »Also bitte, unter uns müssen wir drei doch kein Blatt vor den Mund nehmen«, sagte sie barsch.

Lillian konterte kalt: »Ich hab' dir doch erklärt, daß ich dich am Nachlaß beteiligen wollte. Ich weiß, daß mein Vater die Menschen bis zur Weißglut reizen konnte, so daß sie nicht mehr wußten, was sie taten. Ich tue das, weil ich Mitleid mit dir habe. Hier sind also die Zahlen.«

In den folgenden fünfzehn Minuten zog Lillian eine Aufstellung nach der anderen heraus. »Abzüglich der Steuern und unter Hinzurechnung der Zinserträge würde sich dein Anteil jetzt auf fünf Millionen Dollar belaufen.«

»Und dieses Haus«, warf Cynthia ein. Bestürzt realisierte sie, daß Lillian und Ned von Minute zu Minute sichtlich entspannter wurden. Beide lächelten.

»Oh nein, das Haus nicht«, protestierte Lillian. »Das würde zuviel Klatsch verursachen. Wir lassen das Haus schätzen, und ich zahle dir dann den Schätzpreis. Vergiß nicht, Cynthia, ich bin überaus großzügig. Mein Vater spielte mit Menschenleben. Er war grausam. Hättest nicht du ihn umgebracht, wäre es jemand anders gewesen. Deshalb tue ich das.«

»Du tust es, weil du nicht in einem Gerichtssaal sitzen und Gefahr laufen willst, wegen Mordes verurteilt zu werden, das ist der wahre Grund.« Mein Gott, es ist sinnlos, dachte Cynthia. Wenn ich sie nicht dazu bringen kann, alles zuzugeben, ist es aus und vorbei. Dann hätten Lillian und Ned morgen Gelegenheit, Alvirah zu überprüfen. »Du kannst das Haus haben«, sagte sie. »Ohne mir etwas dafür zu bezahlen. Gib mir nur die Genugtuung, die Wahrheit zu hören, das Eingeständnis, daß ich mit dem Mord an deinem Vater nichts zu tun hatte.«

Lillian blickte rasch zu Ned, dann auf die Uhr. »Ich meine, um diese Zeit sollten wir dem auch Folge leisten.« Sie fing an zu lachen. »Cynthia, ich bin tatsächlich so wie mein Vater. Ich genieße es, mit Menschen Katz und Maus zu spielen. Mein Vater *hat* angerufen und mich über die Testamentsänderung informiert. Ich konnte mich damit abfinden, daß Dartmouth die Hälfte seines Vermögens bekommt, aber nicht du. Er erzählte mir, daß er dich erwartet – und der Rest war ein Kinderspiel. Meine Mutter war eine wunderbare Frau. Sie hat liebend gern bestätigt, daß ich an dem bewußten Abend bei ihr in New York war. Ned war entzückt, eine stattliche Summe dafür zu erhalten, daß er mit dir einen Bootsausflug unternahm. Du bist klug, Cynthia. Klüger als der Staatsanwalt und seine Leute. Klüger als dieser Trottel von einem Anwalt, der dich verteidigt hat.«

Gott gebe, daß der Rekorder funktioniert, betete Cynthia. »Und klug genug, die Zeugin ausfindig zu machen, die meine Aussage bestätigen konnte«, ergänzte sie.

Lillian und Ned brachen in schallendes Gelächter aus. »Was denn für eine Zeugin?« fragte Ned.

»Raus hier«, fauchte Lillian. »Verschwinde auf der Stelle. Und laß dich nie wieder blicken.«

Jeff Knight brauste über die Route 6, bemühte sich angestrengt, durch die von einem wahren Wolkenbruch überschwemmte Windschutzscheibe die Schilder zu entziffern. Ausfahrt 8. Er näherte sich seinem Ziel. Der für die Zehn-Uhr-Nachrichten verantwortliche Redakteur hatte sich überraschend verständnisvoll gezeigt. Natürlich nicht ohne Grund. »Fahren Sie los. Wenn Cynthia Lathem sich am Kap aufhält und meint, einen brauchbaren Hinweis für den Tod ihres Stiefvaters zu haben, dann fällt Ihnen ein echter Knüller in den Schoß.«

Jeff war nicht an einem Knüller interessiert. Seine ganze Sorge galt Cynthia. Seine langen, kräftigen Finger umklammerten das Lenkrad. Ihre Adresse nebst Telefonnummer hatte er dem mit der Schutzaufsicht betrauten Beamten entlockt. Cape Cod war ihm durch viele Sommeraufenthalte vertraut, deshalb hatte ihm die Enttäuschung auch so zugesetzt, als er sich vergebens bemühte, Beweise für Cynthias Aussage zu finden. Sein ständiges Feriendomizil war allerdings auch in Eastham, gute 80 km von Cotuit entfernt.

Ausfahrt 8. Er bog in die Union Street, fuhr weiter in Richtung Route 6A. Noch ein paar Kilometer. Wieso hatte er dieses Gefühl einer drohenden Katastrophe? Sollte Cynthia tatsächlich einen hilfreichen Hinweis haben, könnte sie in Gefahr schweben.

An der Nobscusset Road mußte er scharf bremsen. Ein Wagen übersah das Stoppschild und überquerte die Route 6A in mörderischem Tempo. Verdammter Idiot, dachte Jeff, als er nach links in Richtung Bucht abbog. Er registrierte, daß die ganze Gegend im Dunkeln lag. Stromausfall. Am Ende der Sackgasse bog er links ein. Das Haus mußte an diesem Pfad liegen. Nummer sechs. Er fuhr langsam, versuchte, mit Hilfe der Scheinwerfer die Hausnummern an den Briefkästen auszumachen. Zwölf. Acht. Sechs.

Jeff stellte den Wagen in der Auffahrt ab, riß die Tür auf und rannte durch den prasselnden Regen auf das Haus zu. Er drückte auf die Klingel, bis ihm klar wurde, daß sie ja wegen des Stromausfalls nicht funktionieren konnte. Er hämmerte mehrmals an die Tür. Keine Antwort. Cynthia war nicht zu Hause.

Er machte bereits kehrt, als ihn plötzlich eine begründete Furcht überfiel und er abermals an die Haustür hämmerte, dann am Knauf drehte. Der bewegte sich, er stürmte hinein, begann zu rufen: »Cynthia!« Da spürte er den Gasgeruch, hörte das Zischen, mit dem es aus dem Kamin strömte. Als er hinraste, um es abzudrehen, stolperte er über eine reglos auf dem Bauch liegende Gestalt.

Willy rutschte unruhig auf dem Rücksitz von Cynthias Wagen hin und her. Sie war jetzt seit über einer Stunde in der Villa. Der Kerl, der nach ihr gekommen war, verweilte auch schon eine Viertelstunde dort drin. Willy wußte nicht recht, was er tun sollte. Alvirah hatte keine präzisen Instruktionen erteilt. Sie wollte ihn lediglich in greifbarer Nähe haben, um sicherzustellen, daß Cynthia das Haus nicht in irgendeiner Begleitung verließ.

Während er noch mit sich zu Rate ging, hörte er Sirenengeheul. Streifenwagen. Sie kamen näher. Erstaunt beobachtete Willy, wie sie in die lange Zufahrt fuhren und mit ohrenbetäubendem Lärm auf ihn zurasten. Polizisten stürmten aus dem Streifenwagen, sausten die Stufen hinauf und hämmerten an die Tür.

Kurz darauf bog eine Limousine in die Zufahrt ein und hielt hinter den Streifenwagen. Willy sah den Hünen im Trenchcoat mit einem Satz herausspringen und zur Veranda hinaufeilen, immer zwei Stufen auf einmal. Willy erhob sich schwerfällig und wuchtete sich aus dem Wagen.

Er kam gerade zurecht, um Alvirah zu packen, als sie hinten aus der Limousine wankte. Sogar im Dunkeln konnte er die Schramme auf ihrer Stirn sehen. »Schätzchen, was ist denn passiert?«

»Ich erzähl's dir später. Bring mich rein. Ich möchte das keinesfalls verpassen.«

Im Arbeitszimmer des verstorbenen Stuart Richards erlebte Alvirah ihre Sternstunde. Sie deutete mit dem Finger auf Ned und verkündigte mit aller ihr zu Gebote stehenden Lautstärke: »Er hat eine Pistole auf mich gerichtet. Er hat den Gashahn aufgedreht. Er hat mich mit dem Schädel gegen den Kamin geschmettert. Und mir gesagt, daß Lillian Richards ihm drei Millionen Dollar dafür bezahlt hat, daß er Cynthia mit fingierten Beweisen als Mörderin hinstellte.«

Cynthia starrte ihre Stiefschwester unverwandt an. »Und wenn die Batterien in Alvirahs Rekorder nicht leer sind, habe ich das Schuldgeständnis von beiden auf Band.«

Am nächsten Morgen sorgte Willy für ein spätes Frühstück, das er auf der Terrasse servierte. Der Sturm hatte sich gelegt, und der Himmel war wieder strahlend blau. Möwen stießen herunter und schnappten die an der Oberfläche schwimmenden Fische. Die Bucht war ruhig, und im feuchten Sand bauten Kinder friedlich ihre Strandburgen.

Alvirah, nicht allzu sehr mitgenommen, hatte ihren Artikel beendet und ihn Charley Evans durchtelefoniert. Charley hatte ihr die prachtvollste Brosche mit allen nur denkbaren Verzierungen versprochen, die Juweliere zu bieten hatten, und das eingebaute Mikrofon sollte so empfindlich sein, daß es sogar das Niesen einer Maus im Raum nebenan auffing.

Jetzt kaute sie schmatzend an einem Krapfen mit Schokoladenguß und schlürfte dazu Kaffee. »Da kommt ja Jeff! Ein Jammer, daß er gestern nacht noch nach Boston zurückfahren mußte. Aber war sein Bericht über die Sache heute früh in den Nachrichten nicht einfach fabelhaft? Der bringt's noch mal weit beim Fernsehen, das kannst du mir glauben.«

»Der Junge hat dir das Leben gerettet, Schätzchen«, kommentierte Willy. »Bei mir ist er gut angeschrieben. Ich kann's einfach nicht fassen, daß ich da hinten im Wagen wie ein Schachtelmännchen zusammengerollt war, während du mit dem Kopf neben dem Gasbrenner lagst.«

Sie beobachteten, wie Jeff ausstieg und Cynthia in seine Arme flog.

Alvirah schob ihren Stuhl zurück. »Ich geh' mal auf einen Sprung rüber. Eine reine Freude, wie die beiden sich anschauen. So was von verliebt!«

Willy legte ihr sanft, aber energisch die Hand auf die Schulter.

»Alvirah, mein Schatz, sei so lieb und kümmere ich ausnahmsweise wenigstens fünf Minuten mal nur um deine eigenen Angelegenheiten.«

Klempner Willys Meisterstück

Hätte sich Alvirah Meehan in einer Kristallkugel Einblick verschaffen können über den Verlauf der nächsten zehn Tage, dann hätte sie Willy bei der Hand genommen und fluchtartig den grünen Raum verlassen. So aber saß sie seelenruhig da und plauderte mit den übrigen Gästen der Sendung von Phil Donahue. Diesmal standen weder Sexorgien noch ramponierte Ehemänner auf dem Programm, sondern Menschen, die sich ihr Leben durch einen stattlichen Lotteriegewinn verpfuscht hatten. Die Donahue-Show hatte sich mit dem Hilfskomitee für Lotteriegewinner in Verbindung gesetzt und einige der schlimmsten Fälle ausgesucht. Alvirah und Willy sollten dazu das Gegenbeispiel abgeben, hatte ihnen die Reporterin erklärt. »Weiß der Himmel, was sie damit gemeint hat«, lautete Alvirahs Kommentar nach dem ersten Interview.

Für ihren Auftritt hatte sie sich das Haar frisch färben lassen in dem gedämpften Erdbeerrot, das ihr scharfgeschnittenes Gesicht weicher erscheinen ließ. Morgens hatte Willy ihr versichert, sie sähe noch haargenau so aus wie damals vor vierzig Jahren, als sie sich beim Tanz am Kolumbustag zum erstenmal begegnet waren. Baronin Min von Schreiber war von Cypress Point Spa in Pebble Beach nach New York geflogen, um Alvirahs Garderobe für die Sendung auszusuchen. »Vergiß ja nicht zu erwähnen, daß du sofort nach dem Lotteriegewinn als erstes nach Cypress Point Spa gekommen bist«, schärfte sie Alvirah ein. »Bei dieser verdammten Rezession blüht das Geschäft nicht gerade.«

Alvirah trug ein hellblaues Seidenkostüm mit weißer Bluse und als Markenzeichen ihre rosettenförmige Anstecknadel.

Wenn sie es doch nur geschafft hätte, die zwanzig Pfund wieder loszuwerden, die sie bei der gemeinsamen Spanienreise im August zugelegt hatte! Und doch wußte Alvirah, daß sie sehr hübsch aussah. Das heißt – für ihre Verhältnisse. Sie machte sich keine Illusionen, daß sie mit ihrem etwas vorspringenden Unterkiefer und dem kompakten Körperbau jemals ausersehen sein würde, an einer Schönheitskonkurrenz teilzunehmen.

Außer ihnen waren zwei weitere Gruppen geladen: drei Mitarbeiter einer Damenwäschefabrik, die vor sechs Jahren zusammen zehn Millionen Dollar gewonnen hatten. Im festen Glauben an ihre Glückssträhne beschlossen sie, das Geld in Rennpferde zu investieren, und nun waren sie pleite. Mit den noch zu erwartenden Schecks mußten sie ihre Schulden bei der Bank und bei Onkel Sam abdecken. Die anderen, ein Ehepaar, hatten mit ihrem Gewinn von sechzehn Millionen Dollar ein Hotel in Vermont gekauft und rackerten sich sieben Tage in der Woche bei dem Versuch ab, die Unkosten zu decken. Was sie erübrigen konnten, wurde für Zeitungsanzeigen verwendet, in der Hoffnung, das Hotel anderweitig zu verscherbeln.

Ein Assistent erschien, um sie ins Aufnahmestudio zu bringen.

Alvirah war mittlerweile an Fernsehauftritte gewöhnt. Sie wußte, daß sie sich ein wenig schräg hinsetzen mußte, um etwas schlanker zu wirken. Sie trug keine klobigen Schmuckstücke, um störende Nebengeräusche zu vermeiden. Sie äußerte sich in kurzen, präzisen Sätzen.

Willy dagegen scheute nach wie vor die Öffentlichkeit. Auch wenn Alvirah ihm immer wieder versicherte, wie toll er aussähe und daß die Leute ihn für Tip O'Neill hielten, war er am glücklichsten, wenn er mit einer Zange in der Hand eine undichte Leitung reparierte. Willy war der geborene Klempner.

Donahue begann in seinem üblichen forschen, leicht skeptischen Tonfall. »Können Sie sich vorstellen, daß Sie ein Hilfskomitee benötigen, nachdem Sie etliche Millionen Dollar in der Lotterie gewonnen haben? Können Sie sich vorstellen, daß Sie pleite sind, auch wenn immer noch dicke Schecks bei Ihnen eingehen?«

»Nein«, brüllte das Publikum im Studio pflichtschuldig.

Alvirah zog den Bauch ein, ergriff dann Willys Hände und verschränkte ihre Finger ineinander. Sie wollte nicht, daß er auf dem Bildschirm nervös wirkte, wenn viele ihrer Verwandten und Freunde zuschauten. Schwester Cordelia, Willy älteste Schwester, hatte einen ganzen Haufen im Ruhestand lebender Nonnen ins Kloster eingeladen, damit sie sich die Sendung ansehen konnten.

Drei Männer, die das Programm begierig verfolgten, zählten nicht zu Donahues Stammpublikum. Sammy, Clarence und Tony waren gerade aus dem Hochsicherheitstrakt des Gefängnisses bei Albany entlassen worden, wo sie zwölf Jahre wegen Beteiligung an dem bewaffneten Raubüberfall auf einen Geldtransport gesessen hatten. Zu ihrem Pech blieb ihnen jedoch jede Gelegenheit versagt, die erbeuteten sechshunderttausend Dollar zu verjubeln. Der Fluchtwagen hatte, einen Häuserblock vom Schauplatz des Verbrechens entfernt, eine Reifenpanne.

Nach Begleichung ihrer Schuld an die Gesellschaft, suchten sie jetzt einen neuen Weg, reich zu werden. Die Idee, den Angehörigen eines Lotteriegewinners zu entführen, stammte von Clarence. Aus diesem Grund sahen sie sich in ihrem schäbigen Hotelzimmer im Lincoln Arms die Sendung von Donahue an. Tony war mit fünfunddreißig zehn Jahre jünger als die beiden anderen, breitbrüstig, mit muskulösen Armen wie sein Bruder Sammy. Die kleinen Augen verschwanden unter schweren, von Fleischwülsten umrandeten Lidern. Das dicke dunkle Haar war ungekämmt. Er gehorchte seinem Bruder blind, und sein Bruder gehorchte Clarence.

Clarence war das komplette Gegenstück zu den beiden. Klein, drahtig, mit leiser Stimme verbreitete er um sich herum eine eisige Atmosphäre. Die instinktive Angst, die Menschen vor ihm empfanden, war durchaus begründet. Clarence – fehlte von Geburt an jedes Gewissen, und wenn er während der Haft im Schlaf geredet hätte, wäre eine Reihe von ungeklärten Mordfällen gelöst worden.

Sammy hatte Clarence gegenüber nie zugegeben, daß Tony in der Nacht vor dem Raubüberfall mit dem Fluchtauto herumkutschiert und durch eine Straße voller Glasscherben gerast war. Dann wäre Tony nicht einmal Zeit geblieben, sein Bedauern darüber auszusprechen, daß er die Reifen nicht überprüft hatte.

Einer der Lotteriegewinner, die in Pferde investiert hatten, jammerte: »Kein Geld der Welt hätte gereicht, diese Klepper satt zu kriegen.« Seine Partner nickten nachdrücklich.

Sammy lachte höhnisch. »Diese Schwachköpfe können ja nicht mal 'n paar lumpige Kröten zusammen kratzen.« Er wollte den Fernseher abschalten.

»Warte doch noch«, fuhr ihn Clarence an.

Alvirah hatte das Wort. »Wir waren nicht an Geld gewohnt«, erklärte sie. »Ich meine, wir haben anständig gelebt. Wir hatten 'ne Dreizimmerwohnung in Flushing, und die behalten wir auch, nur für den Fall, daß der Staat pleite macht und uns mitteilt, wir könnten die restlichen Schecks in den Wind schreiben. Aber ich war Putzfrau und Willy Klempner, und wir mußten sparen.«

»Installateure verdienen doch blendend«, wandte Donahue ein.

»Nicht Willy.« Alvirah lächelte. »Er hat wenigstens die Hälfte seiner Zeit damit verbracht, in Pfarrhäusern und Klöstern und bei Leuten, die sich schwer taten, Reparaturen umsonst zu machen. Sie kennen das doch. Es kostet ein Heidengeld, Spülsteine und Toiletten und Badewannen in Schuß zu halten, und Willy fand, das wäre seine Art, anderen das Leben zu erleichtern. Das tut er immer noch.«

»Ja, Sie hatten bestimmt auch ein paar Annehmlichkeiten durch das Geld?« erkundigte sich Donahue. »Sie sind sehr gut angezogen.«

Alvirah vergaß den werbewirksamen Hinweis auf Cypress Point Spa nicht, als sie erklärte, sie hätten sich in der Tat einige Annehmlichkeiten geleistet. Die Eigentumswohnung in Central Park South. Die vielen Reisen. Spenden für wohltätige Zwecke. Außerdem schrieb sie Artikel für den *New York Globe* und hatte obendrein das Glück, da und dort ein paar Verbrechen aufklären zu können. Der Beruf des Detektivs war von jeher ihr Wunschtraum. »Und dennoch haben wir in den fünf Jahren seither von jedem einzelnen Scheck die Hälfte gespart. Und das ganze Geld liegt auf der Bank.«

Clarence, gefolgt von Sammy und Tony, stimmte in den stürmischen Applaus der Studiogäste ein. Er lächelte jetzt, verkniffen, freudlos. »Zwei Millionen Mäuse im Jahr. Sagen wir mal, die Hälfte geht drauf für Steuern, dann bleibt ihnen also etwas über 'ne Million im Jahr, und davon legen die die Hälfte auf die hohe Kante. Die müssen zwei Millionen auf der Bank haben. Damit hätten wir 'ne Weile ausgesorgt.«

»Schnappen wir sie uns?« fragte Tony und zeigte auf den Bildschirm.

Clarence musterte ihn mit vernichtenden Blick. »Nein, du Trottel. Schau dir doch die beiden an. Er klammert sich an sie wie an 'nen Rettungsring. Der würde durchdrehen und zu den Bullen rennen. Wir nehmen ihn. Sie kriegt ihre Anweisungen und wird blechen, um ihn wiederzubekommen.« Er sah sich um. »Ich hoffe, Willy genießt das Zusammensein mit uns.«

Tony runzelte die Stirn. »Wir müssen ihm die Augen verbinden. Der darf mich nicht wiedererkennen, bei keiner Gegenüberstellung oder so was.«

Sammy seufzte tief. »Zerbrich dir darüber nicht den Kopf, Tony. Sowie wir die Knete haben, kann Willy Meehan im Hudson nach undichten Stellen suchen.«

Zwei Wochen danach ließ sich Alvirah im Salon von Louis Vincent, um die Ecke von der Wohnung im Central Park South, frisieren. »Seit der Sendung krieg' ich jede Menge Post«, erzählte sie Vincent. »Sogar einen Brief vom Präsidenten, können Sie sich das vorstellen? Er hat uns zu unserer vernünftigen Finanzgebarung beglückwünscht. Wir seien ein Musterbeispiel für stetige Vermögensbildung, schreibt er. Ich wünschte, er hätte uns zum Dinner ins Weiße Haus eingeladen. Davon hab' ich schon immer geträumt. Na, vielleicht klappt's irgendwann mal.«

»Denken Sie bloß daran, sich dann rechtzeitig bei mir anzumelden«, ermahnte Vincent sie, als er ihrer Frisur den letzten Schliff gab. »Bekommen Sie eine Maniküre?«

Im nachhinein wußte Alvirah, sie hätte auf diese seltsame innere Stimme hören müsse, die ihr riet, in die Wohnung zurückzukehren. Dann hätte sie Willy noch erwischt, bevor er zu den Männern im Wagen stürzte.

Als der Portier sie eine halbe Stunde später sah, lächelte er erleichtert. »Mrs. Meehan, das muß ein Irrtum gewesen sein. Ihr Mann war völlig außer sich.«

Ungläubig hörte Alvirah zu, als José ihr berichtete, daß Willy in Tränen aufgelöst aus dem Fahrstuhl gerast kam. Alvirah habe unter der Trockenhaube einen Herzanfall gehabt, schrie er, und sei sofort ins Roosevelt Hospital gebracht worden.

»Draußen wartete ein Typ mit einem schwarzen Cadillac«, erläuterte José. »Er bog in die Auffahrt ein, als ich die Tür öffnete. Der Arzt hat Mr. Meehan seinen Privatwagen geschickt.«

»Hört sich komisch an«, sagte Alvirah langsam. »Ich sause gleich rüber zum Krankenhaus.«

»Ich ruf' Ihnen ein Taxi«, erbot sich der Portier. Sein Telefon klingelte. Er lächelte entschuldigend, als er den Hörer abnahm. »Zwo-elf Central Park South.« Er lauschte, sagte dann verblüfft: »Es ist für Sie, Mrs. Meehan.«

»Für mich?« Alvirah griff zum Telefon und hörte entgeistert auf diese Flüsterstimme: »Alvirah, passen Sie genau auf. Sagen Sie dem Portier, daß es Ihrem Mann bestens geht. Das Ganze war ein Mißverständnis. Er wird Sie später treffen. Dann fahren Sie nach oben in Ihre Wohnung und warten auf weitere Anweisungen.«

Willy war entführt worden. Alvirah wußte es. Mein Gott, dachte sie. »Sehr gut«, brachte sie mühsam heraus. »Sagen Sie Willy, ich hole ihn in einer Stunde ab.«

»Sie sind wirklich auf Draht, Mrs. Meehan«, flüsterte die Stimme.

Ein Klicken. Alvirah wandte sich zu José.

»Falscher Alarm natürlich. Der arme Willy.« Sie versuchte zu lachen. »Ah … ha … ha …«

José strahlte. »In Puerto Rico hab' ich noch nie was davon gehört, daß ein Arzt seinen eigenen Wagen schickt.«

Die Wohnung lag im zweiundzwanzigsten Stock und hatte eine Terrasse mit Aussicht auf den Central Park. Normalerweise lächelte Alvirah, sobald sie die Tür öffnete. Das Apartment war so hübsch, und sie hatte einen Blick für Möbel, wie sie selber sagte. All die Jahre, in denen sie die Häuser von anderen Leuten putzte, hatten ihr viel über Inneneinrichtung beigebracht.

Doch diesmal blieb die Wirkung aus. Die elfenbeinfarbene Couch und das passende zweisitzige Sofa, Willys tiefer, bequemer Sessel mit dazugehörigem Sitzpolster, der kaminrote und königsblaue Orientteppich, der schwarz lackierte Tisch und die Stühle in der Eßecke, die späte Nachmittagssonne, die über die Decke aus buntem

Herbstlaub im Park tanzte – nichts vermochte sie zu trösten.

Wozu war all das gut, wenn Willy irgend etwas zustieß? Alvirah wünschte aus tiefstem Herzen, sie hätten nie in der Lotterie gewonnen und wären wieder in Flushing, in ihrer Wohnung über der Schneiderwerkstatt von Orazio Romano. Um diese Zeit würde sie gerade vom Saubermachen bei Mrs. O'Keefe zurückkommen und aus Jux zu Willy sagen, Mrs. O'Keefe müsse mit einer Grammophonnadel geimpft worden sein. »Sie hält nie die Klappe, Willy, überschreit sogar noch den Staubsauger. Ein Segen, daß sie wenigstens nicht schlampig ist. Sonst würde ich im Leben nicht mit der Arbeit fertig.«

Das Telefon läutete. Alvirah sauste zum Apparat im Wohnzimmer, überlegte es sich dann anders und hastete ins Schlafzimmer. Dort befand sich der Anrufbeantworter. Sie schaltete ihn ein, als sie den Hörer abnahm.

Wiederum die Flüsterstimme. »Alvirah?«

»Ja. Wo ist Willy? Was immer Sie vorhaben, tun Sie ihm ja nichts.« Die Geräusche im Hintergrund hörten sich an wie startende Flugzeuge. War Willy auf einem Flugplatz?

»Wir tun ihm nichts, solange wir das Geld kriegen und solange Sie nicht die Bullen reinziehen. Sie haben sie doch nicht etwa verständigt, oder?«

»Nein. Ich möchte mit Willy sprechen.«

»Gleich. Wieviel Geld haben Sie auf der Bank?«

»Etwas über zwei Millionen Dollar.«

»Sie sind 'ne ehrliche Person, Alvirah. Stimmt ziemlich genau mit unserer Schätzung überein. Wenn Sie Willy zurückhaben wollen, fangen Sie besser schon mal an, was abzuheben.«

»Sie können alles kriegen.«

Ein leises Kichern. »Ich mag Sie, Alvirah. Zwei Millionen sind prima. Lassen Sie sich's bar auszahlen. Und keine Andeutung, daß irgendwas faul ist. Keine markierten Scheine, Baby. Und gehen Sie ja nicht zur Polente. Wir behalten Sie im Auge.«

Der Fluglärm wurde fast ohrenbetäubend. »Ich kann Sie nicht hören«, sagte Alvirah verzweifelt. »Und ich gebe Ihnen keinen müden Cent, bevor ich nicht weiß, daß Willy noch lebt.«

»Reden Sie mit ihm.«

Nach einer Minute sagte eine verängstige Stimme: »Hallo, mein Schatz.«

Unendliche Erleichterung erfüllte Alvirah. Ihr sonst so wacher, erfindungsreicher Verstand, seit Josés Bericht über Willys Einstieg in den ›Arzt-Wagen‹ wie gelähmt, begann jetzt wieder messerscharf zu funktionieren.

»Darling«, kreischte sie, damit seine Entführer es auch hören konnten, »sag diesen Typen, sie sollen gut auf dich achtgeben. Sonst kriegen sie nicht das Schwarze unterm Nagel.«

Willy sah, wie der Boß, Clarence, den Daumen auf die Gabel drückte und die Verbindung unterbrach. »Hast 'ne echt tolle Frau, Willy«, sagte er. Dann schaltete Clarence den Apparat ab, der Fluggeräusche simulierte.

Willy fühlte sich schuldbewußt. Wenn Alvirah wirklich einen Herzanfall gehabt hätte, wäre er von Louis oder Vincent verständigt worden. Das hätte er wissen müssen. Was war er doch für ein Idiot. Er schaute sich um. Eine lausige Räuberhöhle. Als er in den Wagen einstieg, hatte ihm der auf dem Rücksitz versteckte Typ eine Kanone ins Genick gedrückt. »Keinen Muckser, sonst puste ich dich weg.«

In Tuchfühlung mit der Waffe bugsierten sie ihn durch die Halle, dann im wackeligen Fahrstuhl hinauf in diese Bruchbude. Das Hotel war nur einen Häuserblock entfernt vom Lincoln Tunnel. Trotz der fest geschlossenen Fenster verpesteten die Abgase von Bussen, Lastwagen und Autos die Luft unerträglich.

Willy hatte Tony und Sammy rasch eintaxiert. Nicht allzu hell im Kopf. Ihnen könnte er vielleicht irgendwie entwischen. Doch als Clarence auf den Plan trat und mit seiner Warnung an Alvirah herausrückte, den Portier in dem Glauben zu lassen, alles sei in Butter, da verspürte Willy zum erstenmal richtige Angst. Clarence erinnerte ihn an Nutsy, einen gleichaltrigen Jungen aus Kindertagen. Nutsy pflegte mit seinem Luftgewehr in Vogelnester zu schießen.

Es bestand kein Zweifel, daß Clarence der Boß war. Er rief Alvirah an und sprach mit ihr über das Lösegeld. Er traf die Entscheidung, Willy ans Telefon zu holen. Jetzt befahl er: »Verfrachtet ihn zurück in den Schrank.«

»He, Moment mal«, protestierte Willy. »Ich hab' Kohldampf.«

»Wir lassen Hamburger und Fritten kommen«, erklärte Sammy, während er ihn knebelte. »Du kriegst schon was zu futtern.«

Er verschnürte und verknotete Willys Füße und Beine, dann band er ihm die Hände zusammen und schob ihn in den engen Schrank. Die Tür schloß nicht dicht, so daß Willy das leise Gespräch mithören konnte. »Zwei Millionen Mäuse heißt, daß sie zwanzig Banken aufsuchen muß. Die hat auf keiner mehr als hundert Riesen, dafür ist sie viel zu gerissen – schon von wegen Versicherung. Dann muß sie Formulare ausfüllen, die Bank muß das Geld abzählen, also geben wir ihr drei, vier Tage, bis sie alles zusammenhat.«

»Sie braucht vier«, erklärte Clarence. »Bis Freitagabend kriegen wir die Kohle. Wir sagen ihr, daß wir's nachzählen, und dann kann sie Willy abholen.« Er lachte. »Dann schicken wir 'ne Karte und markieren die Stelle, wo der Bagger anfangen soll.«

Alvirah saß in Willys Sessel, starrte blicklos nach draußen, wo die späte Nachmittagssonne die Schatten im Central Park immer länger werden ließ. Als auch die letzten Strahlen verlöscht waren, zündete sie die Lampe an und erhob sich langsam. Es war sinnlos, an all die guten Zeiten zu denken, die sie und Willy in diesen vierzig Jahren verbracht hatten, oder an die Prospekte, die sie noch morgens durchgeblättert hatten, um ihre Wahl zu treffen zwischen einem Kamelritt durch Indien oder einer Ballon-Safari in Westafrika.

Ich hole ihn mir zurück, beschloß sie, wobei sie das Kinn noch etwas angriffslustiger vorstreckte. Zuallererst mußte sie sich eine Tasse Tee aufgießen. Als nächstes sämtliche Kontobücher herausnehmen und die Reihenfolge festlegen, in der sie eine Bank nach der anderen aufsuchen und Geld abheben wollte.

Die Banken lagen über Manhattan und Queens verstreut. In jeder unterhielten sie ein Konto von jeweils hunderttausend Dollar und natürlich die anfallenden Zinsen, die sie Ende des Jahres abhoben und damit ein neues Konto einrichteten. ›Irgendwelche Spekulationen sind für uns nicht drin‹, darüber waren sie sich einig. Auf die Bank. Versichert, Punktum. Als jemand sie zu überreden versuchte, Wertpapiere mit einer Laufzeit von zehn bis fünfzehn Jahren zu erwerben, hatte Alvirah erwidert: »In unserem Alter kommt nichts in Frage, was sich in zehn Jahren auszahlt.«

Lächelnd erinnerte sie sich an Willys Einwurf: »Und wir kaufen auch keine grünen Bananen.«

Alvirah schluckte einen Riesenkloß im Hals herunter, als sie den Tee trank, und beschloß, am nächsten Morgen in der 75th Street bei der Chase Manhattan anzufangen, dann zur Chemical gegenüber zu gehen, die Park Avenue abzuklappern, von der Citibank an, und dann die Wall Street.

Sie lag die ganze Nacht über wach und grübelte, ob Willy auch nichts geschehen war. Ich werde sie dazu bringen, daß sie mich jeden Abend mit Willy sprechen lassen, bis ich das Geld zusammenhabe, gelobte sie sich.

Dann können sie ihm auch nichts tun, bis ich irgendwas ausgeknobelt habe.

Bei Tagesanbruch war sie versucht, die Polizei zu verständigen. Als sie dann um sieben aufstand, verwarf sie den Gedanken. Vielleicht hatten diese Leute einen Spion im Gebäude sitzen, der solche auffälligen Aktivitäten in der Wohnung melden würde. Sie durfte kein Risiko eingehen.

Willy verbrachte die Nacht im Schrank. Sie lockerten die Stricke soweit, daß er ein wenig Bewegungsfreiheit hatte. Eine Decke oder ein Kissen gaben sie ihn allerdings nicht, und sein Kopf lag auf irgendeinem Schuh. Unmöglich, den wegzuschieben. Der Schrank war viel zu vollgestopft mit allem möglichen Krempel. Als er irgendwann eindöste, träumte er, sich an der Außenwand vom Mount Rushmore, direkt unter dem Antlitz von Teddy Roosevelt, zu befinden, festgeklammert mit einer steinernen Halskrause.

Die Banken öffneten erst um neun Uhr. Um 8 Uhr 30 hatte Alvirah in einem Anfall von überschäumender Energie die bereits blitzsaubere Wohnung geputzt. Im Schrank hatte sie eine wurstförmige Plastiktasche ausgegraben, das einzige in Central Park South vorhandene Überbleibsel aus der Zeit, in der sie und Willy mit dem Greyhound Ferienreisen in die Catskill Mountains unternahmen.

Es war ein frischer Oktobermorgen, und Alvirah trug ein hellgrünes Kostüm, das sie sich während einer ihrer Schlankheitskuren gekauft hatte. Der Rockbund klaffte, aber dieses Problem war mit Hilfe einer großen Sicherheitsnadel zu lösen. Automatisch befestigte sie die rosettenförmige Anstecknadel mit dem eingebauten Aufnahmegerät am Revers.

Immer noch zu früh für den Aufbruch. Alvirah bemühte sich, an den positiven Gedanken festzuhalten, daß alles in Butter wäre, sobald das Geld bezahlt war, setzte den Wasserkessel wieder auf und schaltete die Morgennachrichten ein.

Die Schlagzeilen waren diesmal halbwegs zivil. Kein Mafiaboß vor Gericht. Kein spektakulärer Mordfall. Keine Verhaftung von Dealern, die gepanschten Stoff verkauften.

Alvirah nippte an ihrem Tee und wollte gerade abschalten, als der Nachrichtensprecher mitteilte, vom heutigen Tag an könnten die New Yorker das Gerät benutzen, das die Telefonnummer von Anrufern aufzeichnete.

Sie brauchte einen Moment, bis ihr klar wurde, was das bedeutete. Dann sprang Alvirah auf und rannte zum Materialschrank. Unter den diversen elektronischen Geräten, die sie und Willy mit Begeisterung heimschleppten, befand sich auch eines, das die Telefonnummern von Anrufern aufzeichnete. Beim Kauf hatten sie übersehen, daß es in New York zwecklos war.

Lieber Gott, betete sie, als sie die Schachtel aufriß, den Rekorder entnahm und ihn mit zitternden Fingern gegen den Anrufbeantworter im Schlafzimmer austauschte. Gib, daß sie Willy in New York festhalten. Gib, daß sie von dem Versteck aus anrufen.

Sie mußte noch eine Mitteilung auf Band sprechen. »Sie sind mit der Wohnung von Alvirah und Willy Meehan verbunden. Bitte warten Sie den Signalton ab und hinterlassen Sie dann eine Nachricht. Wir rufen Sie baldmöglichst zurück.« Sie hörte die Ansage ab. Ihre Stimme klang verändert, besorgt, angespannt.

Schließlich hatte sie bei einer Schulaufführung in der Bronx einmal einen Preis gewonnen, rief sie sich ins Gedächtnis. Zeig, was du als Schauspielerin kannst, ermahnte sie sich. Sie holte tief Luft und begann von neuem: »Hallo. Sie sind mit der Wohnung ...«

Das klingt schon besser, fand sie beim Abhören der neuen Version. Dann griff sie nach ihrer Schultertasche und machte sich auf den Weg zur Chase Manhattan Bank, um das Lösegeld für Willy zusammenzubringen.

Ich werd' noch verrückt, dachte Willy, als er die Arme zu biegen versuchte, die einerseits erstarrt waren und zugleich schmerzten. Seine Beine waren immer noch fest zusammengebunden. Die konnte man vergessen. Um halb neun hörte er leises Klopfen. Vermutlich der sogenannte Zimmerservice in dieser Absteige. Sie brachten Schlangenfraß auf Papptellern. Zumindest waren die Hamburger am Vorabend auf diese appetitliche Weise serviert worden. Egal, der Gedanke an eine Tasse Kaffee und eine Scheibe Toast machte Willy den Mund wäßrig.

Kurz darauf öffnete sich die Schranktür. Sammy und Tony glotzten zu ihm herunter. Sammy hielt die Kanone, während Tony den Knebel abnahm. »Na, gut gepennt?« Tonys abstoßendes Lächeln entblößte einen abgebrochenen Eckzahn.

Willy wünschte sich sehnlichst, bloß zwei Minuten die Hände frei zu haben. Die juckte es, Tonys anderen Eckzahn dem ersten anzugleichen und so für Symmetrie zu sorgen. »Geschlafen wie ein Säugling«, log er.

Er nickte in Richtung Badezimmer. »Wie wär's damit?« »Was?« Tony blinzelte, sein zerknautschtes Gesicht glich einer verwirrten Gummipuppe.

»Er muß auf den Topf«, erläuterte Clarence. Er durchquerte den engen Raum und beugte sich über Willy. »Siehste die Kanone?« Er deutete darauf. »Hat 'nen Schalldämpfer. Eine falsche Bewegung und aus der Traum. Sammy hat 'nen sehr nervösen Zeigefinger. Dann sind wir alle stocksauer, weil du uns so viel Mühe gemacht hast. Und die Wut müssen wir dann an deiner Alten auslassen. Kapiert?«

Willy war fest davon überzeugt, daß Clarence es ernst meinte. Tony mochte dämlich sein. Sammy hatte ja vielleicht einen nervösen Zeigefinger, aber ohne Einwilligung von Clarence würde er garantiert nichts unternehmen. Und Clarence war ein Killer. Er bemühte sich um einen ruhigen Tonfall. »Ich hab's kapiert.«

Irgendwie gelang es ihm zum Badezimmer zu humpeln. Tony lockerte die Handfesseln, so daß er sich etwas Wasser ins Gesicht spritzen konnte. Willy schaute sich angewidert um. Der Fliesenfußboden war brüchig und anscheinend seit Jahren nicht mehr geputzt worden. Auf der Beschichtung von Wanne und Waschbecken hatten sich überall Rostflecken eingefressen. Am schlimmsten war das ständige Tropfen aus Wasserbehälter, Hähnen und Dusche. »Hört sich an wie die Niagarafälle«, bemerkte er zu Tony, der an der Tür stand.

Tony schubste ihn zu dem wackeligen Spieltisch, an dem Sammy und Clarence saßen und der mit Kaffeebechern und Abfällen von irgendwelchen Gepäckverpackungen übersät war. Clarence wies mit einer Kopfbewegung auf den Klappstuhl neben Sammy. »Setz dich dahin.« Dann drehte er sich ruckartig um. »Mach die verdammte Tür zu«, befahl er Tony. »Ich werd' wahnsinnig bei dem elenden Getropfe. Hat mich die halbe Nacht nicht schlafen lassen.«

Willy kam eine Idee. Er versuchte, möglichst beiläufig zu klingen. »Ich schätze, wir bleiben 'n paar Tage hier. Wenn ihr mir die richtigen Werkzeuge besorgt, kann ich das für euch reparieren. Ich bin nämlich der beste Klempner, den ihr je entführt habt.«

Alvirah lernte, daß es viel leichter war, Geld in einer Bank zu deponieren, als es wieder herauszubekommen. Als sie ihren Abhebungsschein in der Chase Manhattan vorlegte, bekam der Kassierer Stielaugen. Dann bat er sie, sich zu einem Direktionsassistenten zu bemühen. Fünfzehn Minuten später beteuerte Alvirah immer noch beharrlich, sie sei keineswegs unzufrieden mit dem Kundendienst, nein. Ja, sie wünsche ohne jeden Zweifel eine

Barauszahlung. Ja, sie habe verstanden, was ein von der Bank bestätigter Scheck sei. Schließlich fragte sie unverblümt: »Ist es nun mein Geld oder nicht?«

»Natürlich. Selbstverständlich.« Man müsse sie nur bitten, ein paar Formulare auszufüllen – eine Vorschrift bei Barabhebungen über mehr als zehntausend Dollar.

Es wurde kurz vor zwölf, bis Alvirah einem Taxi winken konnte, das sie die drei Häuserblocks bis zur Wohnung brachte. Sie stopfte das Geld in eine Kommodenschublade und machte sich wieder auf den Weg zur Chemical Bank in der Eighth Avenue.

Abends hatte sie von den benötigten zwei Millionen nur dreihunderttausend zusammenbekommen. Nun saß sie in der Wohnung und starrte auf das Telefon. Es gab eine Möglichkeit, das Verfahren zu beschleunigen. Am nächsten Morgen würde sie bei den restlichen Banken anrufen und ihre Abhebungen ankündigen. Fangt schon mal zu zählen an, Leute ...

Um halb sieben klingelte das Telefon. Als Alvirah nach dem Hörer griff, erschien auf dem Anrufbeantworter eine Nummer. Eine wohlbekannte. Die unvergleichliche Schwester Cordelia war am Apparat.

Willy hatte sieben Schwestern, von denen sechs ins Kloster gegangen waren. Die inzwischen verstorbene siebente war die Mutter von Brian, dem Dramatiker, den Alvirah und Willy wie einen Sohn liebten. Brian befand sich derzeit in London. Alvirah hätte sich an ihn um Hilfe gewandt, wenn er in New York gewesen wäre.

Cordelia jedoch gedachte sie kein Wort von Willys Entführung zu sagen. Die würde prompt im Weißen Haus anrufen und vom Präsidenten verlangen, er solle unverzüglich die Army in Marsch setzen, um ihren Bruder zu retten.

Cordelia hörte sich etwas verärgert an. »Alvirah, Willy sollte heute nachmittag herkommen. Bei einer von den alten Damen, die wir betreuen, muß die Toilette repariert werden. Sieht ihm gar nicht ähnlich, so was zu vergessen. Gib ihn mir mal.«

Alvirah lachte, ein Hahaha, das selbst in ihren Ohren klang wie die Tonkonserven miserabler Fernsehshows. »Cordelia, das muß er glatt verschwitzt haben. Willy ist ... er ...« Plötzlich kam ihr eine Erleuchtung. »Willy ist in Washington, er soll sich dazu äußern, wie sich die Installationen in den vom Staat restaurierten Wohnhäusern am preisgünstigsten reparieren lassen. Der Präsident hat gelesen, daß Willy in solchen Sachen genial ist, und nach ihm geschickt.«

»Der Präsident!« Cordelias ungläubiger Ton erweckte in Alvirah den Wunsch, sie hätte besser irgendeinen Kongreßabgeordneten zitiert. Ich lüge eben nie, dachte sie wütend. Ich kann's einfach nicht.

»Willy würde nie ohne dich nach Washington fahren«, ereiferte sich Cordelia.

»Sie haben ihn mit dem Wagen abgeholt.« Na, wenigstens das ist wahr, dachte Alvirah.

Sie hörte das langgedehnte Hm ... am anderen Ende der Leitung. Cordelia ließ sich von keinem zum Narren halten. »Na schön, wenn er zurückkommt, sage ihm bitte, er soll gleich mal vorbeischauen.«

Nach zwei Minuten klingelte es wieder. Diesmal erschien keine bekannte Nummer. Das sind SIE, dachte Alvirah. Sie sah ihre Hand zittern, zwang sich, an ihren Schauspielerpreis zu denken, und nahm den Hörer ab. Ihr Hallo kam forsch und zuversichtlich.

»Wir hoffen, Sie haben die Banken abgeklappert, Mrs. Meehan.«

»Ja, hab' ich. Geben Sie mir Willy.«

»Gleich können Sie mit ihm reden. Freitagabend wollen wir das Geld.«

»Freitagabend! Heute ist Dienstag. Da bleiben mir nur drei Tage. Es dauert 'ne Weile, das Ganze zusammenzukriegen.«

»Halten Sie sich ran. Und jetzt Ihr Hallo an Willy.«

»He, Schatz.« Willys Stimme klang gedämpft. Dann sagte er: »Laßt mich doch reden.«

Alvirah hörte etwas zu Boden fallen. »Okay, Alvirah«, sagte die Flüsterstimme. »Wir rufen erst wieder am Freitagabend um sieben Uhr an. Dann lassen wir Sie mit Willy reden und sagen Ihnen, wo Sie uns treffen. Vergessen Sie nicht – irgendwelche Mätzchen, und Sie müssen Ihre Klempnerrechnung bezahlen. Willy steht dann für Reparaturen nicht mehr zur Verfügung.«

Ein Klicken. Willy. Willy. Sie umklammerte immer noch den Hörer, starrte die aufgezeichnete Nummer an: 555-7000. Sollte sie zurückrufen? Aber falls sich einer von denen meldete, wüßten sie, daß sie ihnen nachspürte. Also versuchte sie es beim *Globe*. Jim, ihr Chefredakteur, saß noch am Schreibtisch, wie erwartet. Sie erklärte, was sie brauchte.

»Klar, das kann ich für Sie rauskriegen, Alvirah. Sie klingen irgendwie mysteriös. Arbeiten Sie an einem Fall, über den Sie einen Artikel für uns schreiben können?«

»Das weiß ich noch nicht genau.«

Zehn Minuten später rief er zurück. »He, Alvirah, das ist 'n ganz obskures Etablissement, nach dem Sie fahnden. Heißt Lincoln Arms Hotel, in der Ninth Avenue, in der Nähe vom Tunnel. ›Absteige‹ wär noch geprahlt.«

Lincoln Arms Hotel. Alvirah rang sich noch einen Dank an Jim ab, bevor sie den Hörer hinknallte und hinausstürzte.

Vorsichtshalber verließ sie das Gebäude durch die Garage und nahm ein Taxi. Sie wollte dem Fahrer die Adresse des Hotels nennen, überlegte es sich dann anders. Wenn nur einer von Willys Entführern sie entdeckte? Sie ließ sich am Busbahnhof absetzen. Das war nur einen Block vom Lincoln Tunnel entfernt.

Mit Kopftuch und hochgeschlossenem Mantelkragen ging Alvirah am Lincoln Arms Hotel vorbei. Zu ihrem

Schrecken stellte sie fest, daß es sich um einen recht umfänglichen Komplex handelte. Sie schaute zu den Fenstern hinauf. Befand sich Willy hinter einem? Das Haus sah aus, als sei es vor dem Bürgerkrieg erbaut worden, aber es hatte mindestens zehn bis zwölf Stockwerke. Wie konnte sie ihn dort jemals finden? Wiederum überlegte sie, ob sie die Polizei rufen solle, und dann erinnerte sie sich wieder an den Fall, in dem eine Ehefrau genau das gemacht hatte; die Bullen wurden am vereinbarten Ort bei der Übergabe des Lösegelds entdeckt, und die Entführer rasten davon. Die Leiche fand man nach drei Wochen.

Alvirah stand an der Seitenfront des Hotels im Dunkeln und betete. Und dann sah sie es. Ein Schild im Fenster. BEDIENUNG GESUCHT. Schichtdienst von 16 bis 24 Uhr. Zimmerkellnerin? Sie mußte diesen Job unbedingt kriegen, aber nicht in diesem Aufzug.

Ohne auf die Lastwagen, Autos und Busse zu achten, die auf den Tunnel zurasten, schoß Alvirah auf die Straße, schnappte sich ein Taxi und nannte die Adresse in Flushing.

Vierzig Jahre lang war die alte Wohnung ihr Zuhause gewesen, und sie sah noch genauso aus wie an dem Tag, als sie in der Lotterie gewonnen hatten. Die dunkelgraue Samtcouch mit den tiefen Polstern und dem passenden Sessel, der kleine Teppich in Grün und Orange, den die Dame, bei der sie dienstags putzte, ausrangiert hatte, die Schlafzimmereinrichtung mit Mahagonifurnier, von Willys Mutter mit in die Ehe gebracht.

Im Schrank hingen all die Sachen, die sie damals getragen hatte. Farbenfrohe Baumwollkleider. Lange Hosen und Sweatshirts aus Polyester, Turnschuhe und ebenso hochhackige Schuhe, alles Sonderangebote. Im Spiegelschrank im Badezimmer fand sie die Hennatönung, mit der ihr Haar die gleiche Farbe bekam wie die aufgehende Sonne auf der japanischen Flagge.

Eine Stunde später war keine Spur mehr übrig von der zur feinen Dame avancierten Lotteriegewinnerin. Leuchtend rote Haarsträhnen umrahmten ein Gesicht, grell geschminkt, wie sie es bevorzugte, bevor Baronin Min ihr beibrachte, daß weniger mehr war. Der alte Lippenstift paßte zum flammendroten Haar. Ihre Augen waren farbenprächtig dekoriert. Arbeitshosen, die über dem Gesäß spannten, knöchellange, dicke Wollsocken, abgetragene Turnschuhe, ein Sweatshirt mit Fellbesatz und der bunten Skyline von Manhattan auf dem Rücken machten die Verwandlung komplett.

Alvirah begutachtete das Ergebnis tief befriedigt. Ich sehe genau aus wie jemand, der sich in dem lausigen Hotel um einen Job bewirbt, befand sie. Zögernd ließ sie die rosettenförmige Anstecknadel in der Schublade. Die paßte einfach nicht auf das Sweatshirt.

Als sie ihren alten Allwettermantel anzog, fiel ihr ein, daß sie Geld und Schlüssel noch umräumen müßte in die schwarzgrüne Einkaufstasche, die sie immer zu ihren Putzstellen mitgenommen hatte.

Nach vierzig Minuten war sie im Lincoln Arms Hotel. Die schmuddelige Halle bestand aus einem abgenutzten Schreibtisch vor einer mit Briefkästen bestückten Wand sowie vier Sesseln in unterschiedlich ramponiertem Zustand. Der fleckige Teppich war durchlöchert, darunter erkannte man den uralten Linoleumbelag.

Was heißt hier Zimmerkellnerin, dachte Alvirah, die sollten sich nach einer Putzfrau umschauen.

Als sie auf den Schreibtisch zuging, blickte der sogenannte Empfangschef auf, ein bleichgesichtiger Typ mit trüben Augen.

»Sie wünschen?«

»Einen Job. Bin 'ne gute Kellnerin.«

Er verzog mehr höhnisch als lächelnd den Mund. »Gut brauchen Sie gar nicht zu sein, nur fix. Wie alt?«

»Fünfzig«, schwindelte Alvirah.

»Wenn Sie fünfzig sind, bin ich zwölf. Scheren Sie sich weg.«

»Ich brauche unbedingt 'nen Job.« Alvirah ließ nicht locker. Sie hatte Herzklopfen, spürte Willys Gegenwart. Sie konnte darauf schwören, daß er irgendwo in diesem Hotel versteckt war. »Geben Sie mir eine Chance. Ich arbeite auch von vier Tagen drei umsonst.. Wenn sich nicht bis – sagen wir, Samstag – rausstellt, daß ich die beste Kraft bin, die Sie je gehabt haben, können Sie mich rausschmeißen.«

Er zuckte die Achseln. »Was kann ich da schon groß verlieren? Also kommen Sie morgen, Punkt vier. Wie heißen Sie doch gleich?«

»Tessie«, entgegnete Alvirah unbeirrt. »Tessie Magink.«

Am Mittwochmorgen spürte Willy, wie die Spannung zwischen seinen Entführern wuchs. Clarence verweigerte Sammy rundweg die Erlaubnis, den Raum zu verlassen. Als Sammy sich beschwerte, fuhr Clarence ihn an: »Nach zwölf Jahren Knast dürfte es dir ja nicht schwerfallen, seßhaft zu bleiben.«

Weit und breit kein Zimmermädchen, das anklopfte, um sauberzumachen. Aber hier war anscheinend sowieso seit einem Jahr nicht mehr geputzt worden, befand Willy. Die drei Feldbetten standen nebeneinander, mit dem Kopfende an der Badezimmerwand. Eine schmale Frisierkommode, von der die Kunststoffolie sich ablöste, ein Schwarzweißfernseher und ein runder Tisch mit vier Stühlen vervollständigten die Einrichtung.

Dienstagabend hatte Willy seine Wärter überredet, ihn im Badezimmer auf dem Fußboden schlafen zu lassen. Dort war mehr Platz als im Schrank, und wenn er sich besser ausstrecken konnte, würde ihm auch das Gehen leichter fallen nach der Übergabe des Lösegeldes. Die Blicke, die sie bei diesem Vorschlag wechselten, entgingen ihm keineswegs. Sie dachten gar nicht daran, ihn laufenzulassen. Das hieß, ihm blieben etwa achtundvierzig Stunden, einen Fluchtweg aus dieser Mausefalle zu ersinnen.

Um drei Uhr früh, als er Sammy und Tony im Duett schnarchen und Clarence schwer, aber regelmäßig atmen hörte, hatte Willy es geschafft, sich hochzurappeln und zur Toilette zu humpeln. Das Seil, mit dem er am Badewannenhahn festgebunden war, gewährte ihm gerade genügend Spielraum, den Deckel des Wassertanks zu fassen. Mit seinen gefesselten Händen hob er ihn an, legte ihn aufs Waschbecken und langte in das schmutzige, mit Rost durchsetzte Wasser. Binnen weniger Minuten war das Tropfen lauter, häufiger und hartnäckiger geworden.

Das nervtötende, andauernde Glucksen hatte Clarence geweckt. Willy lächelte boshaft in sich hinein, als Clarence geiferte: »Ich werd' noch wahnsinnig. Hört sich an wie'n pissendes Kamel.«

Als das Frühstück gebracht wurde, lag Willy bereits wieder gefesselt und geknebelt im Schrank, diesmal mit Sammys Kanone an der Schläfe. Vom Korridor hörte er das leise Krächzen des offenbar alten Mannes, vermutlich der einzige Zimmerkellner. Den alarmieren zu wollen, wäre reine Zeitverschwendung.

Am Nachmittag machte sich Clarence daran, die Badezimmertür mit Handtüchern zu verpflastern, doch das penetrante Geräusch rinnenden Wassers ließ sich nicht blockieren. »Ich krieg' wieder mal meine gräßlichen Kopfschmerzen«, knurrte er und ließ sich auf dem ungemachten Bett nieder. Kurz darauf begann Tony zu pfeifen. Sammy brachte ihn sofort zum Schweigen. »Wenn Clarence einen von seinen Kopfschmerzanfällen kriegt, heißt's aufpassen.«

Tony langweilte sich eindeutig. Seine Frettchenaugen wurden glasig, als er sich vor den Fernseher hockte, die Lautstärke auf ein Minimum drosselte. Willy saß neben ihm, an den Stuhl gefesselt, den Knebel so weit gelockert, daß er durch die fast geschlossenen Lippen sprechen konnte.

Am Tisch spielte Sammy unentwegt Solitär. Am Spätnachmittag hatte Tony genug vom Fernsehen und schaltete ab. »Hast du Kinder?« fragte er Willy.

Wenn es für ihn irgendeine Hoffnung gab, lebend aus dieser Bruchbude herauszukommen, dann mußte er auf Tony setzen. Das war Willy klar. Bemüht, seine teils verkrampften, teils erstarrten Gliedmaßen zu ignorieren, erklärte er Tony, daß ihm und Alvirah zwar Kinder versagt geblieben waren, sie aber seinen Neffen Brian wie ihren eigenen Sohn liebten, vor allem, seit dem Heimgang seiner Mutter, Willys Schwester. »Ich hab' außerdem noch sechs Schwestern«, erläuterte er. »Alle Nonnen. Cordelia ist die älteste. Am einundzwanzigsten wird sie achtundsechzig.«

Tony fiel die Kinnlade herunter. »Mach Sachen. Als Junge hab' ich mich viel auf der Straße rumgetrieben und mir'n paar Kröten damit verdient, daß ich Frauen um ihren Geldbeutel erleichtert hab', du verstehst schon. Aber mit Nonnen bin ich nie Schlitten gefahren, nicht mal auf dem Weg zum Supermarkt, wo sie ja Bares bei sich haben. Und von 'nem guten Reibach hab' ich immer zwei Dollar in den Briefkasten vom Kloster geschoben, so 'ne Art Dank.«

Willy tat beeindruckt von Tonys Freigiebigkeit.

»Wollt ihr wohl die Klappe halten?« herrschte Clarence sie an. »Mir platzt der Schädel.«

Willy betete im Stillen, als er sagte: »Ich brauche ja bloß 'nen Franzosen und 'nen Schraubenzieher, dann könnt ich's abdichten.«

Wenn ich nur Hand an den Behälter legen könnte, dachte er. Alles unter Wasser setzen. Sie könnten ihn nicht gut erschießen, wenn Leute angerannt kämen, um die Überschwemmung zu stoppen.

Schwester Cordelia wußte, daß irgend etwas nicht stimmte. Bei aller Liebe zu Willy konnte sie sich nicht vorstellen, daß der Präsident ihn mit einem Privatwagen abholen ließ. Außerdem: Alvirah war immer so offen, daß man in ihr lesen konnte wie in einem offenen Buch. Doch als Cordelia sie am Mittwochabend telefonisch zu erreichen versuchte, meldete sie sich nicht. Und als sie sie dann um halb vier erwischte, schien sie außer Atem zu sein. Sie habe gerade einen anstrengenden Lauf hinter sich, erklärte sie, ohne nähere Angaben zu machen. Natürlich ging es Willy blendend. Warum auch nicht? Am Wochenende wäre er wieder daheim.

Das Kloster befand sich in einer Wohnung in einem alten Haus in der Amsterdam Avenue Ecke 110th Street. Schwester Cordelia lebte dort zusammen mit vier älteren Nonnen und einer einzigen Novizin, der siebenundzwanzigjährigen Schwester Maeve Marie, einer ehemaligen Polizistin, die nach drei Dienstjahren erkannt hatte, wozu sie berufen war.

Nach Beendigung ihres Gesprächs mit Alvirah ließ sich Cordelia schwer auf einen massiven Küchenstuhl sinken. »Maeve, irgendwas stimmt nicht mit Willy«, sagte sie. »Ich spür' das genau.«

Das Telefon klingelte abermals. Arturo Morales, Direktor der Bank in Flushing, gleich um die Ecke von Willys und Alvirahs alter Wohnung.

»Schwester«, begann er, »ich belästige Sie höchst ungern, aber ich mache mir Sorgen.«

Cordelia hörte beklommen zu, als Arturo ihr erklärte, Alvirah habe versucht, hunderttausend Dollar abzuheben. Sie konnten ihr nur zwanzigtausend auszahlen, hatten ihr aber die restliche Summe bis Freittagmorgen versprochen.

Cordelia bedankte sich für die Information, gelobte striktes Stillschweigen darüber, daß er das Bankgeheimnis verletzt hatte, legte auf und herrschte Maeve an: »Los, mach schon. Wir gehen zu Alvirah.«

Alvirah meldete sich pünktlich um vier im Lincoln Arms Hotel zur Stelle. Sie hatte sich in der Hafenbehörde umgezogen. Als sie jetzt vor dem Portier stand, fühlte sie sich in ihrer Verkleidung ganz sicher. Er bedeutete ihr mit einer ruckartigen Kopfbewegung, daß sie den Korridor hinuntergehen müsse bis zu der Tür mit der Aufschrift EINTRITT VERBOTEN.

Die führte in die Küche. Der Chefkoch, ein knochiger Siebziger, der Gabby Hayes, dem Cowboystar der vierziger Jahre, verblüffend ähnlich sah, bereitete Hamburger zu. Von den Fettspritzern auf dem Bratrost stiegen Rauchwolken zur Decke. Er blickte hoch. »Du bist Tessie?«

Alvirah nickte.

»Okay. Ich bin Hank. Fang schon mal mit Auftragen an.«

Finessen gab es in der Abteilung Zimmerservice nicht. Braune Plastikbecher, wie sie in den Cafeterias der Krankenhäuser zu finden sind, derbe Servietten, Plastikgeschirr, Senf, Ketchup und Gewürze in Probetüten.

Hank schaufelte schwammige Hamburger auf Brötchen. »Schenk den Kaffee ein. Nicht zu voll. Fritten auftun.«

Alvirah gehorchte. »Wieviel Zimmer gib's hier?,« erkundigte sie sich, während sie die Tabletts herrichtete.

»Hundert.«

»So viele!«

Hank grinste, entblößte dabei ein von Nikotin verfärbtes Gebiß. »Nur vierzig Übernachtungen. Der Stundenbetrieb verlangt keinen Zimmerservice.«

Alvirah überlegte. Vierzig – das ging noch. Ihrer Schätzung nach mußten mindestens zwei Männer an der Entführung beteiligt sein. Ein Fahrer, einer, der Willy im Zaum hielt. Womöglich sogar noch einer, der das erste Telefongespräch führte. Sie mußte also auf große Bestellungen achten. Das war wenigstens ein Anfang.

Sie machte sich ans Servieren, von Hank eindringlich

ermahnt, sofort zu kassieren. Die Hamburger gingen an die Theke, wo etwa ein Dutzend brutale Typen herumlungerten, denen man nicht im Dunkeln begegnen wollte. Die zweite Bestellung brachte sie dem Empfangschef und dem Hoteldirektor, die in einem stickigen Raum hinter der sogenannten Rezeption residierten. Ihre Riesensandwiches gingen auf Kosten des Hauses. Ihr nächstes Tablett mit Cornflakes sowie einem doppelten Whisky nebst Bier bekam ein verlotterter, triefäugiger Rentner. Alvirah war überzeugt, daß ihm die Cornflakes erst nachträglich eingefallen waren.

Danach wurde sie mit einem schweren Tablett zu vier Männern beordert, die im neunten Stock Karten spielten. Eine weitere Runde in der siebenten Etage bestellte Pizzas. Im achten Stock empfing sie ein vierschrötiger Kerl an der Tür mit den Worten: »Ach, Sie sind neu. Ich nehm's schon. Hämmern Sie nicht an die Tür, wenn Sie's abholen kommen. Mein Bruder hat gräßliche Kopfschmerzen.« Hinter ihm konnte Alvirah einen Mann erkennen, der auf einem Bett lag, die Augen mit einem Tuch bedeckt. Ein unablässiges Tropfgeräusch im Badezimmer erinnerte sie übermächtig an Willy. Er hätte das im Nu abgedichtet.

Sonst war eindeutig niemand im Raum, und der Typ an der Tür machte den Eindruck, als könne er alles auf dem Tablett spielend allein verputzen.

Die Wünsche nach Zimmerservice hielten Alvirah von sechs bis etwa zehn Uhr in Trab. Aus ihren eigenen Beobachtungen und aus den Erklärungen von Hank, der immer geschwätziger wurde, je mehr er ihre Tüchtigkeit schätzen lernte, konnte sich Alvirah ein klares Bild machen. Es gab zehn Etagen mit jeweils zehn Zimmern. Die ersten sechs Stockwerke waren für Stundengäste reserviert. Die Zimmer in der oberen Etage waren am geräumigsten, alle mit Bad, und zur Vermietung für zumindest einige Tage gedacht.

Bei einem handfesten Hamburger, den sie ihm um zehn zubereitete, erfuhr sie von Hank, daß sich hier jeder unter falschem Namen eintrug. Alle zahlten bar. »Einer kommt her, um seine privaten Postfächer zu leeren. Er publiziert Pornohefte. Ein anderer organisiert Kartenspiele. Viele saufen sich hier einen an, wenn sie eigentlich auf Geschäftsreise sein sollen. In der Preislage. Keine krummen Touren. Mehr so 'ne Art Privatclub.«

Hanks Kopf begann allmählich herabzusinken, nachdem er das dritte Glas Bier geleert hatte. Ein paar Minuten später war er eingeschlafen. Leise schlich Alvirah sich an den Tisch, der zugleich als Arbeitsplatz und Ablagefläche diente. Wenn sie eine Bestellung ausgeführt und abkassiert hatte, mußte sie das Geld hier in eine Zigarrenkiste tun. Der Bestellzettel mit Preisangabe kam in die Schachtel daneben. Laut Hanks Erklärung endete der Zimmerservice um Mitternacht, der Portier zählte das Geld nach, kontrollierte die Summe anhand der Quittungen und deponierte es im Safe, der unten im Kühlschrank versteckt war. Die Bestellzettel wurden dann in einen unter dem Tisch befindlichen Karton geworfen. Im Augenblick türmte sich ein ganzer Berg darin.

Wenn ein paar von ihnen fehlten, würde das keinem auffallen. Die neuesten dürften obenauf liegen, kalkulierte Alvirah, fischte einen Stapel heraus und stopfte ihn in ihre voluminöse Tragetasche. Zwischen elf und zwölf brachte sie drei weitere Bestellungen in die Bar. Es war ihr unmöglich, müßig in der schmutzigen Küche herumzustehen, und so machte sich Alvirah ans Putzen, mit dem benebelten Hank als Zuschauer.

In der Hafenbehörde zog sie sich geschwind wieder um, wischte sich die Schminke aus dem Gesicht, wickelte sich einen Turban um das grellrote Haar und landete dann um Viertel nach eins mit dem Taxi in Central Park South. Ramon, der Nachtportier, empfing sie mit der

Mitteilung: »Schwester Cordelia war hier. Sie hat 'ne Menge Fragen gestellt, wo Sie sind.«

Cordelia ist kein Dummkopf, mußte Alvirah widerwillig zugeben. Doch da begann der Plan Gestalt anzunehmen, in dem Cordelia eine Rolle spielte.

Noch bevor Alvirah ihren erschöpften Körper in das nach Ölen duftende Schaumbad sinken ließ, ordnete sie die schmierigen Bestellzettel. Binnen einer Stunde hatte sie die Möglichkeiten eingeengt. Aus sieben Zimmern kamen regelmäßig große Bestellungen. Sie schob die nagende Furcht weit von sich, daß die Bewohner durchweg Kartenspieler oder sonstige Glücksritter waren, und Willy sich jetzt vielleicht schon in Alaska befand. Ihr Instinkt hatte gleich nach Betreten des Hotels gesagt, daß er ganz in der Nähe war.

Es war fast drei Uhr, als sie sich in das Doppelbett legte. Trotz ihrer Müdigkeit konnte sie einfach nicht einschlafen. Schließlich sah sie ihn im Geiste neben sich. »Gute Nacht, mein Schatz«, sagte sie laut und hörte ihn in Gedanken antworten: »Schlaf gut, Liebling.«

Am Donnerstagmorgen waren die Kopfschmerzen so unerträglich geworden, daß sie Clarence den Schädel zu sprengen drohten und er zu schielen anfing. Selbst Tony bemühte sich, ihm nicht in die Quere zu kommen. Er rührte den Fernseher nicht an, sondern begnügte sich damit, neben Willy zu sitzen und ihm heiser flüsternd seine Lebensgeschichte zu erzählen. Er war gerade dabei, wie er als Siebenjähriger entdeckt hatte, daß Ladendiebstahl im Süßwarengeschäft ein Kinderspiel war, als Clarence vom Bett blaffte: »Du sagst, du kannst das verdammte Ding abdichten?«

Willy wollte seine Aufregung nicht allzu deutlich zeigen, aber seine Kehle war wie zugeschnürt, als er heftig nickte.

»Was brauchste?«

»Einen Franzosen«, krächzte Willy durch den Knebel. »Einen Schraubenzieher. Draht.«

»In Ordnung. Du hast's gehört, Sammy. Zieh los und schaff das Zeug her.«

Sammy spielte wieder Solitär. »Ich schick' Tony.«

Clarence fuhr hoch. »DU gehst, hab' ich gesagt. Dein dämlicher Bruder quatscht doch jeden an und bindet ihm auf die Nase, wohin er geht, warum er's macht, für wen er's besorgt. Hau jetzt ab.«

Sammy zitterte bei dem Tonfall, ihm fiel ein, wie Tony mit dem Fluchtwagen eine Vergnügungsfahrt unternommen hatte. »Sicher, Clarence, klar«, besänftigte er ihn. »Und wo ich schon mal unterwegs bin, könnt' ich doch was zu essen mitbringen vom Chinesen, wie wär's? Mal 'ne Abwechslung.«

Die finstere Miene hellte sich sofort auf. »Okay. Und jede Menge Sojasoße, denk dran.«

Schwester Cordelia erschien am Donnerstagmorgen um sieben Uhr. Alvirah war darauf gefaßt. Sie war vor einer halben Stunde aufgestanden, in Willys karierten Bademantel geschlüpft, der leicht nach seinem Rasierwasser roch, und hatte eine Kanne Kaffee auf dem Herd. »Was ist los?« fragte Cordelia schroff.

Bei Kaffee und Gebäck erklärte Alvirah die Lage. »Wenn ich behaupten würde, ich hätte keine Angst, wär' das glatt gelogen, Cordelia«, schloß sie. »Ich hab' 'ne Todesangst um Willy. Aber wenn jemand das Haus beobachtet oder womöglich einen Botenjungen als Spitzel angeheuert hat und so erfährt, daß auffällige Typen dort ein- und ausgehen, bringen sie Willy um. Er ist in dem Hotel, Cordelia, das schwör' ich dir, und ich hab' 'nen Plan. Maeve hat doch noch ihren Waffenschein, oder?«

»Ja.« Schwester Cordelias graue Augen fixierten Alvirah mit durchdringendem Blick.

»Und sie steht immer noch gut mit den Typen, die sie in den Knast geschickt hat, stimmt's?«

»Aber sicher. Die lieben sie alle abgöttisch. Du weißt ja, wie sie Willy bei Reparaturen zur Hand gehen, und unseren Kranken bringen sie immer abwechselnd das Essen.«

»Genau darauf will ich hinaus. Sie passen dort prima ins Bild. Ich hätt's gern, daß drei oder vier von ihnen sich morgen abend im Lincoln Arms einquartieren. Sie sollen 'ne Kartenrunde zusammentrommeln. Das ist dort an der Tagesordnung. Morgen abend um sieben krieg' ich den Anruf, wo ich das Geld deponieren soll. Sie wissen, daß ich' erst übergebe, wenn ich mit Willy gesprochen hab'. Sie dürfen ihn nicht rausschaffen, deshalb möchte ich, daß Maeves Leute die Ausgänge sichern. Das ist unsere einzige Chance.«

Cordelia starrte finster ins Leere und sagte dann: »Willy hat mir immer geraten, ich soll mich auf deinen sechsten Sinn verlassen, Alvirah. Ich denke, das sollte ich jetzt wohl besser tun.«

Das chinesische Mahl bot eine willkommene Abwechslung. Nach dem Essen wurde Willy von Clarence ins Bad beordert, um dort das lästige Tropfen zu beseitigen. Sammy begleitete ihn. Willy sank der Mut, als Sammy sagte: »Ich hab' keinen Schimmer, wie man so was repariert, aber ich weiß, wie man's nicht macht, also keine krummen Touren.«

Mein großartiger Plan wäre damit ja im Eimer, dachte Willy. Na ja, vielleicht kann ich's so lange rausziehen, bis mir was anderes einfällt. Er begann am Boden des Behälters den in Jahren angesetzten Rost wegzustemmen.

Um zwanzig vor vier stellte Alvirah den Koffer mit ihrer letzten Bankabhebung ab; es blieb kaum noch Zeit, zur Hafenbehörde zu rasen, sich umzuziehen und sich zur

Arbeit zu melden. Auf dem Weg durch die Halle vom Lincoln Arms bemerkte sie eine Nonne in Ordenstracht mit ausgesprochen liebem Gesicht. Mit einem Korb in der Hand machte sie geräuschlos die Runde bei den Bargästen. Jeder warf etwas hinein. In der Küche erkundigte sich Alvirah bei Hank nach der Nonne.

»Ach die. Ja. Die läßt's den Kindern in der Gegend zukommen. Für jeden 'n gutes Gefühl, wenn er ihr 'nen Dollar oder auch zwei hinwirft. Irgendwie erhebend, du weißt schon.«

An diesem Abend liefen die Bestellungen nicht so flott wie letzte Nacht. Alvirah schlug Hank vor, die alten Bestellzettel in der Schachtel zu sortieren.

»Warum?« Hank machte ein erstauntes Gesicht.

Alvirah zupfte an ihrem Sweatshirt. Es trug die Aufschrift ICH HAB DIE NACHT MIT BURT REYNOLDS VERBRACHT; Willy hatte es aus Jux gekauft, als sie das Reynolds Theater in Florida besuchten. Warum sollte jemand wertlose Zettel sortieren? »Man kann nie wissen«, flüsterte sie.

Die Antwort schien Hank zu genügen.

Die bereits sortierten Zettel ließ sie unter dem Haufen verschwinden, den sie auf den Tisch kippte. Sie wußte bereits, wonach sie suchte. Bestellungen, die seit Montag in gleichbleibender Größenordnung erfolgt waren. Es blieben dieselben vier Zimmer, die sie schon zu Hause in die engere Wahl gezogen hatte.

Um sechs wurde der Betrieb plötzlich lebhaft. Um halb neun hatte sie drei von den vier in Frage kommenden Zimmern beliefert. Zwei waren von den unentwegten Kartenspielern okkupiert. Im dritten wurde jetzt gewürfelt. Sie mußte zugeben, daß die Beteiligten alle nicht wie Kidnapper aussahen. Vom Zimmer 802 kam keine telefonische Bestellung. Vielleicht war der Typ mit den gräßlichen Kopfschmerzen samt Bruder ausgezogen. Als Alvirah um Mitternacht entmutigt gehen wollte, brummelte Hank: »Mit dir klappt die Arbeit prima. Der Typ von der Tagesschicht geht, und die lassen 'nen Jungen einspringen, der vermasselt jede Bestellung.«

Mit einem stummen Dankgebet erbot sich Alvirah unverzüglich, die Frühschicht von sieben bis eins zu übernehmen, zusätzlich zu ihrer üblichen von vier bis zwölf. Dann könnte sie trotzdem noch zu den Banken rasen, die ihr das Geld zwischen Viertel nach zwölf und drei Uhr zugesagt hatten.

»Bin um sieben wieder hier«, versprach sie.

»Ich dito«, jammerte er. »Der Koch von der Tagesschicht haut auch ab.«

Im Hinausgehen bemerkte Alvirah ein paar bekannte Gesichter an der Bar. Louie, der sieben Jahre wegen Bankraub gesessen hatte und Träger des schwarzen Karategürtels war; Al, früher Leibwächter bei einem Pfandleiher und vier Jahre im Knast wegen tätlicher Beleidigung; Lefty, spezialisiert auf gestohlene Autos.

Die drei hatten sie bestimmt gesehen, hielten sich jedoch an die Spielregeln und ließen sich nicht das geringste anmerken.

Willy brachte das Tropfen auf den ursprünglichen Störeffekt zurück, als ihm Clarence gereizt zubrüllte, er solle gefälligst das Hämmern einstellen. »Mit der Lautstärke kann ich's noch mal vierundzwanzig Stunden aushalten.«

Und was dann, fragte sich Willy. Es gab eine Hoffnung. Sammy ödete es an, ihn zu überwachen, während er am Wasserbehälter herumfummelte. Tags darauf würde er das lässiger handhaben. Nachts stellte Willy sicher, daß seine Dienste auch weiterhin benötigt würden, indem er das Tropfen wieder verstärkte.

Am nächsten Morgen glänzten Sammys Augen fiebrig. Tony schwadronierte von einer alten Freundin, die er aufsuchen wolle, sobald sie das Versteck in Queens bezogen hatten, und keiner verbot ihm den Mund. Also macht's ihnen nichts aus, daß ich zuhöre, dachte Willy.

Als das Frühstück gebracht wurde, fuhr der sicher im Schrank verstaute Willy so jählings hoch, daß Sammys Kanone um ein Haar losgeballert hätte. Er hörte nicht nur einen Tonfall, der ihn an Alvirah erinnerte, sondern ihre unverwechselbare Stimme, die sich erkundigte, ob die Kopfschmerzen des Bruders sich gebessert hätten.

Perplex zischte Sammy ihm ins Ohr: »Bist wohl plemplem?«

Alvirah suchte nach ihm. Willy mußte ihr dabei helfen, sich im Badezimmer wieder am Wasserbehälter zu schaffen machen und mit dem Schraubenschlüssel den Takt der Melodie angeben, nach der er damals, vor über vierzig Jahren, zum erstenmal mit Alvirah getanzt hatte.

Vier Stunden später erhielt er seine Chance, als er, Schraubenschlüssel und Schraubenzieher in der Hand, den zappeligen Sammy neben sich, dem wütenden Befehl von Clarence gehorchte und sich wieder der Aufgabe widmete, zu reparieren und gleichzeitig zu sabotieren.

Er hütete sich, die Sache zu übertreiben, setzte dem protestierenden Sammy plausibel auseinander, daß er doch gar nicht so viel Krach mache und man sich hier bestimmt freuen würde, wenigstens eine ordentliche Toilette zu haben. Er kratzte sich den vier Tage alten Bartwuchs, genierte sich heftig in den zerknitternten Sachen und begann, im Abstand von drei Minuten musikalische Signale auszusenden.

Alvirah hörte sie, als sie in Zimmer 702 Pizzas ablieferte. Dieses Klopfen. Sie bekam weiche Knie und stellte das Tablett auf die schiefe Tischplatte. Der Bewohner des Zimmers, ein gutaussehender Dreißiger, war von einer Sauftour zurückgekehrt. Er zeigte zur Decke.

»Macht Sie das denn nicht auch wahnsinnig? Die renovieren wohl oder so was.«

»Muß in 802 sein«, entschied Alvirah im Gedanken an den Typ auf dem Bett, den Türsteher, das offene Badezimmer. Sie müssen Willy in den Schrank stecken, wenn sie was beim Zimmerservice bestellen. Obwohl ihr Herz unter dem Sweatshirt mit der Aufschrift SEI KEIN UMWELTSÜNDER hämmerte, nahm sie sich die Zeit, den Säufer zu warnen, daß noch mehr Alkohol sein Verderben wäre.

Im Korridor neben der Bar war ein Telefon. Alvirah rief rasch bei Cordelia an und hoffte nur, daß der Portier sie nicht beobachtete. »Um sieben werden sie mich anrufen«, schloß sie.

Um Viertel vor sieben erstarrten die Gäste in der Bar von Lincoln Arms Hotel vor Ehrfurcht beim Anblick von acht zumeist älteren Nonnen in langen Ordensgewändern mit Schleier und Brusttuch, die beim Betreten der Halle leise ein Kirchenlied summten. Der Portier sprang auf und zeigte unmißverständlich auf die Drehtür hinter ihnen. Alvirah, das Tablett auf den Armen, beobachtete Maeve, die als Wortführerin den Portier von oben herab musterte.

»Wir haben die Genehmigung des Eigentümers, in jedem Stockwerk zu singen und um Spenden zu bitten«, teilte sie ihm mit.

»Erzählen Sie keine Märchen.«

Sie flüsterte gedämpft: »Wir haben die Genehmigung von Mr ....«

Er erblaßte. »Ihr haltet jetzt gefälligst die Klappe und holt die Piepen raus«, brüllte er zu den Bargästen hinüber. »Die Schwestern hier singen jetzt Lieder für euch.«

»Nein, wir fangen oben an«, korrigierte ihn Maeve. »Wir beenden das Konzert hier.«

Alvirah bildete die schützende Nachhut, als die Nonnenschar unter Führung von Cordelia singend den Fahrstuhl betrat.

Sie fuhren geradewegs in den achten Stock und versammelten sich im Korridor, wo Lefty, Al und Louie bereits warteten. Um Punkt sieben klopfte Alvirah an die Tür. »Zimmerservice«, rief sie.

»Wir haben nichts bestellt«, knurrte eine Stimme.

»Doch, irgend jemand war's und ich muß kassieren«, beharrte sie lautstark.

Sie hörte Schlurfen. Eine Tür schlug zu. Der Schrank. Sie versteckten Willy. Die Zimmertür öffnete sich einen Spalt breit. Ein nervöser Tony gab Anweisungen: »Lassen Sie das Tablett draußen. Wieviel?«

Alvirah klemmte den Fuß fest zwischen die Tür, als fromme Klänge im Korridor erschallten. Die ältesten Nonnen tauchten hinter Alvirah auf. Clarence hatte das Telefon in der Hand. »Ruhe da draußen«, schrie er.

»He, so redet man doch nicht mit den Schwestern«, protestierte Tony. Er trat ehrerbietig beiseite, um sie Einzug halten zu lassen.

Schwester Maeve bildete die Nachhut, die Hände in den weiten Ärmeln ihres Gewandes gefaltet. Blitzschnell postierte sie sich im Rücken von Clarence, zog die Rechte mit einem Ruck heraus und hielt ihm die Waffe an die Schläfe. In dem knappen, entschiedenen Ton, der sie als Polizistin ausgezeichnet hatte, flüsterte sie: »Keine Bewegung, oder ich schieße.«

Tony öffnete den Mund zum Warnschrei, der jedoch von etlichen lauten Hallelujas erstickt wurde, während Louie ihn mit Karateschlägen bewußtlos machte. Danach brachte er Clarence mit einem gezielten Hieb ins Genick zum Schweigen, der ihn neben Tony zu Boden gehen ließ.

Lefty und Al scheuchten die zögernde Schwester Cordelia mitsamt ihrer betagten Gefolgschaft auf den sicheren Korridor. Höchste Zeit, Willy zu retten. Louies Hand holte zum Schlag aus. Schwester Maeve zielte mit der Waffe. Alvirah riß die Schranktür auf, während sie lauthals brüllte: »Zimmerservice.«

Sammy stand neben Willy, bohrte ihm die Kanone ins Genick.

»Raus mit euch«, fauchte er. »Lassen Sie die Waffe fallen, Lady.«

Maeve zögerte, gehorchte dann.

Sammy entsicherte den Revolver.

Er sitzt in der Falle, und er ist verzweifelt, dachte Alvirah in panischer Aufregung. Er wird meinen Willy umbringen. Sie zwang sich zu einem ruhigen Ton. »Ich hab' vor dem Hotel einen Wagen stehen«, sagte sie zu ihm. »Da sind zwei Millionen Dollar drin. Nehmen Sie Willy und mich mit. Sie können das Geld überprüfen, wegfahren und uns dann irgendwo rauslassen.« Sie wandte sich an Louie und Maeve: »Versucht ja nicht, uns aufzuhalten, damit er Willy nichts tut. Raus mit euch!« Sie hielt den Atem an und fixierte Willys Aufseher, zwang sich, ihrer Sache sicher zu erscheinen.

Sammy zögerte kurz. Alvirah sah, wie er seine Waffe auf die Tür richtete. »Dort geht's besser«, fuhr er sie an. »Bind ihm die Füße los, Lady.«

Gehorsam kniete sie sich hin und zerrte an den Knoten. Als sie den letzten löste, blickte sie kurz auf. Die Waffe war immer noch auf die Tür gerichtet. Alvirah erinnerte sich, wie sie immer die Schulter unter das Klavier von Mrs. O'Keefe geschoben und es hochgewuchtet hatte, um den Teppich glattzuziehen. Eins, zwei, drei. Sie schnellte in die Höhe wie ein Pfeil, rammte ihre Schulter in Sammys Rechte. Als er die Waffe fallen ließ, drückte er ab. Die Kugel ließ Farbbrocken aus der abblätternden Decke spritzen.

Willy nahm mit seinen gefesselten Händen Sammy in die Zange und umarmte ihn stürmisch, bis die anderen zurückgerannt kamen.

Wie im Traum schaute Alvirah zu, als Lefty, Al und Louie ihren Willy von sämtlichen Stricken befreiten und dann die Entführer fest verschnürten. Sie hörte, wie

Maeve die 911 wählte und sagte: »Officer Maeve O'Reilly, ich meine ... Schwester Maeve Marie meldet einen Fall von Kidnapping, Mordversuch sowie Festnahme der Täter.«

Alvirah fühlte Willys Arme, die sie umschlossen. »He, Schatz«, flüsterte er.

Vor lauter Freude brachte sie kein Wort über die Lippen. Sie blickten sich nur an. Sie betrachtete seine blutunterlaufenen Augen, die Bartstoppeln, das glanzlose Haar. Er musterte ihr grelles Make-up und das Sweatshirt mit der albernen Aufschrift. »Du bist einfach großartig, Liebling«, erklärte er begeistert. »Tut mir leid, daß ich aussehe wie einer von den Smith Brothers.«

Alvirah rieb ihre Wange an seiner. Die Tränen der Erleichterung, die ihr in die Kehle stiegen, waren wie weggeblasen, als sie zu lachen begann. »Ach, Schätzchen«, rief sie, »für mich wirst du immer wie Tip O'Neill aussehen.«

Die Leiche im Schrank

Wenn Alvirah Meehan an jenem Augustabend gewußt hätte, was sie in ihrer neuen Luxuswohnung in Central Park South erwartete, wäre sie niemals aus dem Flugzeug ausgestiegen. Doch diesmal gab ihr die bewährte innere Stimme auch nicht das leiseste Alarmsignal.

Auch wenn sie und Willy nach dem Lotteriegewinn das Reisefieber gepackt hatte, kehrte Alvirah immer gern nach New York zurück. Die Wolkenkratzer, deren Umrisse sich gegen die Wolken abhoben, und die Lichter der Brücke, die den East River überspannte, boten einen herzerwärmenden Anblick.

Willy tätschelte ihre Hand, und Alvirah drehte sich liebevoll lächelnd zu ihm um. Er sieht einfach fabelhaft aus in der neuen blauen Leinenjacke, die genau zu seiner Augenfarbe paßt, dachte sie. Mit diesen Augen und dem dichten weißen Haarschopf konnte Willy ohne weiteres als Doppelgänger von Tip O'Neill passieren.

Alvirah strich das rotbraune Haar glatt, das Dale in London kürzlich getönt und gestylt hatte. Als Dale hörte, das Alvirah sechzig war, rang er nach Luft. »Sie machen Witze«, stammelte er.

An ihrem Revers funkelte die rosettenförmige Ansteckadel mit dem eingebauten Mikrofon. Damit zeichnete Alvirah Gespräche auf, die sie für ihre Arbeit im *New York Globe* gebrauchen konnte. »Diese Reise war wundervoll«, bemerkte sie, »aber kein Erlebnis, über das ich schreiben könnte. Die Story, wie die Queen zum Tee im Stafford Court Hotel erschien und die Katze des Direktors auf ihre Corgis losging, mußte ja schon als Knüller herhalten.«

»Ich bin richtig froh, daß wir 'nen hübschen, ruhigen

Urlaub hatten«, entgegnete Willy. »Von der Sorte, wo du unbedingt Verbrechen aufklären mußt und dabei beinahe abgemurkst wirst, kann ich nicht mehr viel verkraften.«

Die Stewardeß von British Airways kontrollierte auf ihrem Rundgang durch die Erster-Klasse-Kabine, ob sich die Passagiere angeschnallt hatten. »Ich hab' mich wirklich gern mit Ihnen unterhalten«, erklärte sie. Willy hatte erzählt, daß er Klempner und Alvirah Putzfrau gewesen waren, bevor sie in der Lotterie vierzig Millionen gewannen. »Meine Güte«, sagte sie jetzt zu Alvirah, »ich kann's einfach nicht glauben, daß Sie mal Reinemachefrau waren.«

Erfreulich bald nach der Landung saßen sie in einem Taxi, ihr Gepäck, ein exklusives Set von Vuitton, stapelte sich im Kofferraum. New York war heiß, schwül und stickig, wie immer im August. Das Taxi glich einer Sauna, und Alvirah sehnte den Augenblick herbei, in dem sie die neue Wohnung in Central Park South betreten konnte, wo es natürlich herrlich kühl war. Ihre alte Dreizimmerwohnung in Flushing wollten sie beibehalten, immerhin hatten sie dort dreißig Jahre gelebt, bevor der Lotteriegewinn alles veränderte. Man könnte ja nie wissen, argumentierte Willy, ob New York nicht eines Tages pleite gehen und den Gewinnern mitteilen würde, sie sollten die restlichen Schecks in den Wind schreiben. Für den Fall der Fälle behielten sie die Wohnung bei und einen Notgroschen in der Citizens of Flushing Bank.

Als das Taxi vor dem Wohnhaus hielt, öffnete ihnen der Pförtner, in Rot und Gold mit wuchtigen schwarzen Pelzhut, die Tür. »Sie müssen ja zerfließen«, meinte Alvirah. »Man fragt sich, wozu die Sie so ausstaffieren, bevor sie mit den Renovierungen fertig sind.«

Das Gebäude wurde einer kompletten Instandsetzung unterzogen. Als sie die Wohnung im Frühjahr kauften, hatten ihnen der Immobilienmakler versichert, die Renovierung wäre innerhalb von Wochen abgeschlossen. Die Gerüste in der Halle widerlegten diesen ungezügelten Optimismus eindeutig.

Vor den Fahrstühlen trafen sie auf ein Ehepaar, einen hochgewachsenen Fünfziger und eine schlanke Frau im weißseidenen Abendkostüm; sie macht ein Gesicht wie jemand, dem beim Öffnen des Kühlschranks der Geruch nach faulen Eiern in die Nase steigt, fand Alvirah. Die beiden kenne ich doch, dachte sie und begann ihr phänomenales Gedächtnis zu durchforschen. Er war Carleton Rumson, der legendäre Broadway-Produzent, und sie seine Frau Victoria, eine ehemalige Schauspielerin, vor dreißig Jahren Zweite bei der Wahl zur Miss America.

»Mr. Rumson!« Mit einem Lächeln, das ihre etwas vorspringende, scharfe Kinnpartie weicher machte, streckte sie ihm die Hand entgegen. »Ich bin Alvirah Meehan. Wir haben uns in Cypress Point Spa in Pebble Beach kennengelernt. Was für eine nette Überraschung! Das ist mein Mann, Willy. Wohnen Sie hier?«

Rumson lächelte dünn. »Wir unterhalten eine Zweitwohnung für den Bedarfsfall.« Er nickte Willy zu, stellte dann widerwillig seine Frau vor. Die Fahrstuhltür öffnete sich, als Victoria Rumson sie mit einem Lidzucken zur Kenntnis nahm.

Kalt wie 'ne Hundeschnauze, dachte Alvirah, während sie das makellose, wenngleich hochmütige Profil registrierte, das hellblonde, zu einem straffen Nackenknoten gesteckte Haar. Die langjährige Lektüre von *People*, *US*, *National Enquirer* und Klatschspalten hatte Alvirah zur unerschöpflichen Informationsquelle über die Reichen und Berühmten programmiert.

Sie hielten gerade im vierunddreißigsten Stock, als Alvirah intime Details zu Rumson einfielen. Er war als Casanova berühmt. Das Geschick, mit dem seine Frau seine

Eskapaden übersah, hatte ihr den Spitznamen ›einäugige Vicky‹ eingetragen.

»Mr. Rumson«, begann Alvirah, »Willys Neffe, Brian McCormack, ist ein fabelhafter Dramatiker. Er hat gerade sein zweites Stück fertig. Ich würde es Ihnen zu gern zu lesen geben.«

Rumson blickte verärgert drein. »Mein Büro steht im Telefonbuch«, sagte er.

»Brians erstes Stück läuft zur Zeit Off-Broadway.« Alvirah ließ nicht locker. »Ein Kritiker hat geschrieben, er wär'n junger Neil Simon.«

»Komm schon, Schatz«, drängte Willy. »Du hältst die Leute auf.«

Plötzlich schmolz die eisige Starre in Victoria Rumsons Gesicht dahin. »Darling«, sagte sie, »ich hab' schon von Brian McCormack gehört. Warum liest du das Stück denn nicht hier? Wenn die dir's ins Büro schicken läßt, geht's doch bloß unter.«

»Das ist wirklich nett von Ihnen, Victoria«, entgegnete Alvirah herzlich. »Morgen kriegen Sie's.«

Auf dem Weg vom Fahrstuhl zur Wohnung fragte Willy: »Meinst du nicht, Schätzchen, daß du'n bißchen zu stark auf die Tube gedrückt hast?«

»Keine Spur«, erwiderte Alvirah. »Wer nicht wagt, der nicht gewinnt. Wenn ich Brian bei seiner Karriere helfen kann, ist mir jedes Mittel recht.«

Ihre Wohnung bot einen umfassenden Blick auf den Central Park. Beim Hereinkommen dachte Alvirah jedesmal daran, daß sie noch vor nicht allzu langer Zeit das Haus von Mrs. Chester Lollop in Little Neck, bei der sie jeden Donnerstag putzte, für ein Schlößchen gehalten hatte. Die letzten paar Jahre hatten ihr erst richtig die Augen geöffnet!

Sie hatten die Wohnung komplett möbliert von einem Börsenmakler erworben, der wegen irgendwelcher Manipulationen unter Anklage stand. Er hatte sie gerade von einem Designer einrichten lassen, dem absoluten Hit in Manhattan, wie er ihnen versicherte. Insgeheim bezweifelte Alvirah das mittlerweile ernsthaft. Wohnzimmer, Eßzimmer und Küche waren ganz in Weiß gehalten. Es gab niedrige weiße Sofas, aus denen sie sich hochwuchten mußte, dicke weiße Teppiche, auf denen der kleinste Fleck zu sehen war, weiße Tische und Schränke und Marmor und Geräte.

An der Terrassentür klebte ein großes gedrucktes Schild.

Eine Gebäudeinspektion hat ergeben, daß diese Wohnung zu den wenigen gehört, bei denen an Geländer sowie Einfassung der Terrasse bedenkliche Konstruktionsmängel festgestellt wurden. Ihre Terrasse kann ohne jedes Risiko normal genutzt werden, doch vermeiden Sie es, sich auf das Geländer zu stützen oder dies anderen zu gestatten. Die Reparaturarbeiten werden so schnell wie möglich ausgeführt.

Alvirah zuckte die Achseln. »So schlau bin in ja nun von allein, mich auf kein Geländer zu stützen, Risiko hin oder her.«

Willy lächelte verzagt. Er litt unter einer heillosen Höhenangst und hatte die Terrasse noch nie betreten. Beim Kauf der Wohnung hatte er erklärt: »Du magst 'ne Terrasse. Ich hab' gern festen Boden unter den Füßen.«

Willy ging in die Küche, um den Kessel aufzusetzen. Alvirah öffnete die Terrassentür und trat hinaus. Die schwüle Luft schlug ihr glühend heiß ins Gesicht, doch das machte ihr nichts aus. Es hatte seinen besonderen Reiz, da draußen zu stehen, über den Park hinweg auf die festlich leuchtenden geschmückten Bäume um die *Tavern on the Green* zu schauen, die endlose Kette der Autoscheinwerfer, die Pferdekutschen im Hintergrund.

Wie gut, daß wir wieder daheim sind, dachte sie abermals, als sie hineinging und das Wohnzimmer inspizierte, mit sachkundigem Blick den Wirkungsgrad des wöchentlichen Reinigungsdienstes einschätzte, der am Vortag fällig gewesen wäre. Zu ihrem Erstaunen entdeckte sie auf der Glasplatte des Couchtisches überall Fingerspuren. Automatisch griff sie nach einem Taschentuch und rubbelte sie weg. Dann stellte sie fest, daß neben der Terrassentür die Vorhangschlaufe verschwunden war. Hoffentlich ist sie nicht im Staubsauger gelandet, dachte sie. Wenigstens war *ich* eine gute Putzfrau. Sie erinnerte sich an die Worte der Stewardeß im Flugzeug.

»He, Alvirah«, rief Willy. »Hat Brian 'ne Nachricht hinterlassen? Sieht so aus, als hätte er jemanden erwartet.«

Brian, Willys Neffe, war das einzige Kind seiner ältesten Schwester, Madelaine. Von Willys sieben Schwestern waren sechs ins Kloster gegangen. Madelaine hatte als Vierzigerin geheiratet und in den Wechseljahren noch ein Baby zur Welt gebracht, Brian, inzwischen sechsundzwanzig. Er war in Nebraska aufgewachsen, hatte für eine dortige Repertoirebühne Stücke geschrieben und war nach New York gekommen, als Madelaine vor zwei Jahren starb. Brian mit seinem mageren, empfindsamen Gesicht, dem widerspenstigen rotblonden Haar und dem scheuen Lächeln weckte in Alvirah all ihre unverbrauchten mütterlichen Instinkte. »Mehr könnte ich ihn auch nicht lieben, wenn ich ihn neun Monate unter dem Herzen getragen hätte«, sagte sie oft zu Willy.

Als sie im Juni nach England abflogen, hatte Brian gerade den ersten Entwurf für sein neues Stück fertig und hatte ihr Angebot, ihm den Wohnungsschlüssel zu überlassen, mit Freuden akzeptiert. »Dort schreibt sich's viel leichter als hier in meiner Bude«, bemerkte er dankbar. Er wohnte in einem Mietshaus ohne Fahrstuhl, mit lauter geräuschvollen Familien als Nachbarn.

Alvirah ging in die Küche, blickte sich um. Zwei

Champagnergläser und eine Flasche Champagner in einem Weinkühler standen auf einem silbernen Tablett. Der Champagner, ein Geschenk des Maklers, der den Wohnungskauf gehandhabt hatte, kostete fünfhundert Dollar je Flasche und gehörte zu den Lieblingssorten der Queen, wie er mehrfach betonte.

Willy wirkte beunruhigt. »Das ist doch dieses sündteure Gesöff, stimmt's? An so was geht Brian nicht ran, ausgeschlossen. Da ist irgendwas nicht koscher.« Alvirah wollte ihn beschwichtigen, unterließ es dann doch. Irgend etwas stimmte nicht, und ihr Riecher sagte ihr, daß sich Ärger zusammenbraute.

Die Türglocke läutete. Ein reumütiger Gepäckträger brachte ihre Koffer. »Entschuldigung, daß es so lange gedauert hat, Mr. Meehan. Seit die Umbauten im Gange sind, benutzen so viele Bewohner den Lastenaufzug, daß die Angestellten Schlange stehen müssen.« Auf Willys Bitte brachte er das Gepäck ins Schlafzimmer, verabschiedete sich dann lächelnd, die Fünfdollarnote in der geschlossenen Hand.

Willy und Alvirah saßen in der Küche bei einer Kanne Tee. Willy starrte unverwandt auf den Champagner. »Ich ruf' mal bei Brian an«, entschied er.

»Der wird noch im Theater sein«, meinte Alvirah, schloß die Augen, konzentrierte sich und gab ihm die Nummer der Kasse.

Willy wählte, lauschte, legte dann auf. »Da läuft eine Tonbanddurchsage«, erklärte er. »Brians Stück ist abgesetzt. Sie geben bekannt, wie man die Rückerstattung für die Billetts kriegt.«

»Der arme Junge«, flüsterte Alvirah. »Versuch's mal in seiner Wohnung.«

»Nur der Anrufbeantworter«, verkündete er gleich darauf. »Ich hinterlasse ihm 'ne Nachricht.«

Alvirah merkte plötzlich, wie erschöpft sie war. Beim Abräumen machte sie sich klar, daß es fünf Uhr früh, englischer Zeit, war, sie also ein Recht darauf hatte, ihre sämtlichen Knochen schmerzhaft zu spüren. Sie stellte die Teetassen in den Geschirrspüler, zögerte, spülte dann die unbenutzten Champagnergläser aus und deponierte sie ebenfalls in der Maschine. Ihre Freundin, die Baronin Min von Schreiber – ihr gehörte Cypress Point Spa, wohin Alvirah sich nach dem Lotteriegewinn zwecks gründlicher Regeneration begeben hatte –, pflegte ihr einzuschärfen, daß man teure Weine nicht stehend aufbewahren dürfe. Mit einem feuchten Schwamm rieb sie die ungeöffnete Flasche kräftig ab, ebenso das silberne Tablett und den Weinkühler und verstaute alles. Sie löschte das Licht und ging ins Schlafzimmer.

Willy hatte angefangen auszupacken. Alvirah mochte das Schlafzimmer, das für den Börsenmakler, einen Junggesellen, eingerichtet worden war: ein überbreites Bett, ein dreiteiliger Toilettentisch, geräumige Nachttische, auf denen man Bücher, Lesebrillen und Salben für Alvirahs rheumatische Knie unterbringen konnte, und bequeme Sessel am Fenster. Das Dekor jedoch bestärkte sie in der Überzeugung, daß der Designer seine Berufung zum Trendsetter prägenden Kindheitseindrücken in der Arktis verdanken mußte. Weiße Bettdecke. Weiße Vorhänge. Weißer Teppich.

Der Gepäckträger hatte Alvirahs Kleidersack auf dem Bett deponiert. Sie öffnete ihn und begann die Kostüme und Kleider herauszunehmen. Baronin von Schreiber flehte sie ständig an, ja nicht allein einkaufen zu gehen. »Du bist das geborene Opfer für Verkäuferinnen, die Anweisung haben, die Fehlgriffe des Einkäufers loszuschlagen, Alvirah«, argumentierte Min. »Sie wittern dein Kommen, während du noch im Fahrstuhl bist. Ich bin oft genug in New York. Du besuchst Cypress Point Spa mehrmals im Jahr. Ich werde mit dir einkaufen gehen.«

Alvirah fragte sich, ob Min das Schottenkostüm in Orange und Pink gutheißen würde, von dem die Verkäuferin bei Harrod's so geschwärmt hatte. Mit Sicherheit nicht …

Die Arme voller Kleider, öffnete sie die Tür zum Wandschrank, blickte nach unten und stieß einen Schrei aus. Auf dem Teppichboden, zwischen Alvirahs aufgereihten Maßschuhen, Größe 42, extra weit, lag die Leiche einer schlanken jungen Frau: starrende grüne Augen, von blonden Locken umrahmtes Gesicht, Zunge ein wenig herausgestreckt und um den Hals die fehlende Vorhangschlaufe.

»Großer Gott!« ächzte Alvirah, als ihr die Kleider aus den Armen fielen.

»Was ist denn los, Schatz?« erkundigte sich Willy, der zu ihr eilte. »Ach, du lieber Himmel«, flüsterte er. »Wer zum Teufel ist das?«

»Es ist … Es ist … du weißt schon. Die Schauspielerin. Die Hauptdarstellerin in Brians Stück. Von der er so begeistert ist.« Alvirah kniff die Augen zu, erleichtert, nicht in das starre, wächserne Gesicht der Leiche zu ihren Füßen sehen zu müssen. »Fiona ist das. Fiona Winters.«

Willy führte Alvirah sicher zu der niedrigen Couch im Wohnzimmer, auf der sie immer glaubte, ihre Knie müßten sich gleich ins Kinn bohren. Als er die Nummer 911 wählte, zwang sie sich, klar zu denken. Man brauchte keine Leuchte zu sein, um zu wissen, daß diese Sache sehr übel für Brian aussehen könnte, ich muß also mein Gedächtnis anstrengen, mich möglichst an alles erinnern, was ich von dem Mädchen weiß. Sie war so gemein zu Brian. Hatten sie Streit?

Willy durchquerte das Zimmer, setzte sich neben sie, ergriff ihre Hand. »Es kommt alles in Ordnung, Schatz«, tröstete er sie. »Die Polizei ist in ein paar Minuten hier.«

»Ruf doch mal bei Brian an«, meinte Alvirah.

»Gute Idee.« Willy wählte rasch die Nummer. »Bloß wieder das verdammte Ding. Ich hinterlasse noch 'ne Nachricht. Ruh dich 'n bißchen aus.«

Alvirah nickte, schloß die Augen und konzentrierte sich sofort auf den Abend im vergangenen April, als Brians Stück Premiere hatte.

Das Theater war gerappelt voll. Brian verschaffte ihnen Plätze in der ersten Reihe, Mitte, und Alvirah trug ihr neues Kleid, schwarz und silbern, mit Ziermünzen benäht. Das Stück, *Gratwanderungen*, spielte in Nebraska und handelte von einem Familientreffen. Fiona Winters spielte die Vertreterin der Schickeria, die ihre unbedarfte angeheiratete Verwandtschaft unsäglich anödet, und das sehr glaubhaft, wie Alvirah zugeben mußte. Die Darstellerin der zweiten Hauptrolle gefiel ihr wesentlich besser. Emmy Laker hatte leuchtend rotes Haar, blaue Augen und lieferte mit einer Mischung aus Komik und Nachdenklichkeit eine perfekte Charakterstudie.

Die Darsteller erhielten stehende Ovationen, und Alvirah platzte fast vor Stolz, als der Ruf nach dem Autor ertönte und Brian auf die Bühne kam. Ihm wurde ein Blumenstrauß überreicht, er beugte sich über die Rampe und gab ihn weiter an Alvirah, die zu weinen begann.

Die Premierenfeier fand im Obergeschoß von Gallagher's Steak House statt. Brian plazierte Alvirah und Fiona Winters neben sich. Willy und Emmy Laker saßen gegenüber. Alvirah brauchte nicht lange, um die Lage zu peilen. Brian wachte über Fiona Winters wie ein liebeskranker Vollidiot. Sie strafte ihn mit Verachtung und ließ die anderen wissen, daß sie aus allerbesten Kreisen stammte: »Die Familie war entsetzt, als ich nach Foxcroft beschloß, zum Theater zu gehen.« Dann eröffnete sie Willy und Brian, die sich gerade an einer gemischten Bratenplatte, einer Spezialität des Hauses, delektierten, daß sie zur Risikogruppe der vom Herzinfarkt Bedrohten gehörten. Sie selber esse kein Fleisch.

Die hat jeden von uns in die Pfanne gehauen, erinnerte sich Alvirah. Mich fragte sie, ob ich die Putzarbeit vermisse. Dann erklärte sie mir, daß Brian unbedingt lernen müsse, sich anzuziehen, sie wunderte sich, daß wir mit unserem Einkommen ihm da nicht unter die Arme griffen. Und als diese reizende Emmy Laker meinte, Brian habe über wichtigere Dinge nachzudenken als über seine Garderobe, fuhr sie ihr heftig über den Mund.

Auf dem Heimweg war sie sich mit Willy völlig einig, daß Brian noch viel lernen müsse, wenn er nicht merkte, was für eine miese Type Fiona war. »Ich hätt's gern, wenn er mit Emmy Laker zusammen wär'«, hatte Willy verkündet. »Wenn er den Verstand, den er mitbekommen hat, benutzen würde, dann wüßte er, daß sie ganz versessen auf ihn ist. Und daß Fiona kein unbeschriebenes Blatt ist. Sie muß gut und gern acht Jahre älter sein als er.«

Es läutete Sturm. Du lieber Himmel, dachte Alvirah, wenn ich doch nur eine Chance hätte, mit Brian zu reden.

Die nächsten Stunden verstrichen, blieben irgendwie nebelhaft. Als ihr Kopf etwas klarer wurde, merkte Alvirah, daß sie die verschiedenen Sparten von Gesetzeshütern, die in der Wohnung herumwimmelten, sehr wohl auseinanderzuhalten vermochte. Da waren zunächst die Polizisten in Uniform. Dann Kriminalbeamte, Fotografen, Leichenbeschauer. Sie und Willy saßen stumm nebeneinander und beobachteten alles.

Ihre Aussagen hatten die ersten beiden Polizisten aufgenommen. Um drei Uhr früh öffnete sich die Schlafzimmertür. »Schau nicht hin, Schatz«, sagte Willy. Doch Alvirah konnte den Blick nicht von der Tragbahre wenden, die zwei Männer mit düsterem Gesicht herausbrachten. Wenigstens war der Körper von Fiona Winters zugedeckt. Ruhe in Frieden, betete Alvirah, als sie das zerzauste blonde Haar und die hervorstehenden Lippen wiedersah. Sie war kein angenehmer Mensch, dachte sie, aber den Tod hat sie bestimmt nicht verdient.

Jemand ließ sich ihnen gegenüber nieder, ein langbei-

niger Vierziger, der sich als Detective Mr. Rooney vorstellte. »Ich habe Ihre Artikel im *Globe* gelesen, Mrs. Meehan, und zwar mit dem größten Vergnügen«, sagte er zu
Alvirah.

Willy lächelte verständnisvoll, doch Alvirah ließ sich
nicht hinters Licht führen. Sie wußte, daß Mr. Rooney
ihr Honig ums Maul schmierte, um ihr Vertrauen zu gewinnen. Sie suchte fieberhaft nach Möglichkeiten, Brian
zu schützen. Automatisch schaltete sie das Mikrofon in
der rosettenförmigen Anstecknadel ein. So konnte sie
später alles Gesagte noch einmal durchgehen.

Rooney zog seine Notizen zu Rate. »Wie Sie zuvor
ausgesagt haben, sind Sie gerade erst von einem Aus-
landsurlaub zurückgekehrt und gegen 11 Uhr eingetrof-
fen. Kurz darauf fanden Sie das Opfer, Fiona Winters.
Sie erkannten Miss Winters, weil sie in dem Stück ihres
Neffen, Brian McCormack, die Hauptrolle spielte.«

Alvirah nickte. Sie merkte, daß Willy etwas sagen
wollte, und legte ihm warnend die Hand auf den Arm.
»Das ist richtig.«

»Soviel ich verstanden habe, sind Sie Miss Winters
nur einmal persönlich begegnet«, fuhr Rooney fort. »Wie
erklären Sie es sich, daß sie in Ihrem Wandschrank ihr
Ende fand?«

»Keine Ahnung«, entgegnete Alvirah.

»Wer hatte einen Schlüssel zu dieser Wohnung?«

Wieder spitzte Willy den Mund. Diesmal kniff ihn Alvirah in den Arm. »Schlüssel zu dieser Wohnung«, wiederholte sie nachdenklich. »Lassen Sie mich überlegen.
Der Reinigungsdienst Eins-Zwei-Drei hat einen. Nein, eigentlich nicht direkt. Die holen sich einen beim Portier
und geben ihn dort wieder ab, wenn sie fertig sind. Meine Freundin Maude hat einen Schlüssel. Sie kam am
Muttertag übers Wochenende in die Stadt, weil sie mit
ihrem Sohn und seiner Frau ins Theater gehen wollte.
Die beiden haben 'ne Katze, und Maude ist allergisch ge-

gen Katzen, da hat sie auf unserer Couch geschlafen. Dann hat Willys Schwester, Schwester Patricia, 'ne Schlüssel. Und dann ...«

»Hat Ihr Neffe Brian McCormack einen Schlüssel, Mrs. Meehan?« unterbrach Rooney.

Alvirah biß sich auf die Lippen.

»Brian McCormack hat einen Schlüssel.« Diesmal sprach Rooney mit leicht erhobener Stimme. »Dem Portier zufolge hat er diese Wohnung während Ihrer Abwesenheit häufig benutzt. Übrigens liegt der Zeitpunkt des Todes nach Schätzung des Leichenbeschauers gestern zwischen 11 und 15 Uhr, wobei eine exakte Festlegung vor der Autopsie natürlich unmöglich ist.« Sein Ton wurde nachdenklich. »Zu erfahren, wo Brian McCormack in dieser Zeit war, dürfte aufschlußreich sein.«

Sie wurden informiert, daß sie nicht in der Wohnung bleiben könnten, bevor die Spurensuche Fingerabdrücke und sonstige Hinweise sichergestellt hätte. »Es ist alles so, wie Sie es vorgefunden haben?« fragte Rooney.

»Außer ...«, begann Willy.

»Außer, daß wir eine Kanne Tee aufgebrüht haben«, fiel ihm Alvirah ins Wort. Von den Gläsern und dem Champagner kann ich ihnen immer noch erzählen, aber zurücknehmen kann ich nichts, dachte sie. Dieser Kriminalbeamte wird herausfinden, daß Brian verrückt nach Fiona war, und es als im Affekt begangenes Verbrechen einstufen. In diese Theorie muß sich dann alles einfügen.

Rooney klappte seinen Notizblock zu. »Wie ich höre, stellt die Verwaltung eine möblierte Wohnung zur Verfügung, in der Sie übernachten können.«

Fünfzehn Minuten später lag Alvirah im Bett und kuschelte sich dankbar an den bereits eingedösten Willy. Bei aller Müdigkeit war es gar nicht so einfach, sich in einem fremden Bett zu entspannen. Das Ganze könnte sehr übel für Brian aussehen, dachte sie. Es muß eine Erklärung geben. Brian hätte sich niemals an einer Flasche Champagner zu fünfhundert Dollar vergriffen und Fiona Winters bestimmt nicht umgebracht. Aber wie hat sie in meinem Wandschrank ihr Ende gefunden?

Trotz der kurzen Nacht waren Alvirah und Willy um sieben wieder auf den Beinen. Der Schock, den sie beide erlitten hatten, ebbte ab, und nun setzten die Sorgen um Brian ein. »Kein Grund zur Aufregung«, meinte Alvirah ohne innere Überzeugung. »Wenn wir mit ihm sprechen, wird sich alles aufklären, da bin ich sicher. Mal sehen, ob wir wieder in unsere Wohnung reinkönnen.«

Sie zogen sich rasch an und eilten nach draußen. Carleton Rumson stand an den Fahrstühlen. Seine sonst rosige Gesichtsfarbe war fahl; dunkle Augensäcke machten ihn zehn Jahre älter. Wieder schaltete Alvirah automatisch das Mikrofon in ihrer Anstecknadel ein.

»Haben Sie schon von dem gräßlichen Mord in unserer Wohnung gehört, Mr. Rumson?« erkundigte sie sich.

Er drückte heftig auf den Fahrstuhlknopf. »Ja, allerdings. Freunde im Haus haben uns angerufen. Schrecklich für die junge Dame, schrecklich auch für Sie.«

Der Lift kam. Als sie drin waren, sagte Rumson: »Mrs. Meehan, meine Frau hat mich noch mal an das Stück Ihres Neffen erinnert. Wir fliegen morgen früh nach Mexiko. Ich würde es furchtbar gern heute lesen.«

Alvirah fiel das Kinn herunter. »Oh, das ist wirklich fabelhaft von Ihrer Frau, daß sie deswegen so hinter Ihnen her ist. Wir schicken's Ihnen bestimmt rauf.«

Als sie und Willy auf ihrer Etage ausstiegen, sagte sie: »Das könnte für Brian der große Durchbruch sein. Vorausgesetzt, daß ...« Sie hielt abrupt inne.

Vor ihrer Wohnungstür hielt ein Polizist Wache. Drinnen hatte die Spurensuche ihrerseits überall Spuren hinterlassen. Und gegenüber von Rooney saß Brian, verwirrt, hilflos. Er sprang auf. »Tut mir leid, Tante Alvirah. Das ist ja schrecklich für euch.«

Für Alvirah sah er wie ein Zehnjähriger aus. Sein T-Shirt und die Khakihose waren zerknittert; bei einer Flucht aus einem brennenden Gebäude hätte er auch nicht schlimmer aussehen können.

Alvirah strich ihm das rotblonde Haar aus der Stirn, während Willy seine Hand ergriff. »Bist du okay?« fragte er.

Brian lächelte gequält. »Ich denke schon.«

Rooney unterbrach: »Mr. McCormack ist eben gekommen, und ich wollte ihn davon in Kenntnis setzten, daß er im Fall Fiona Winters als tatverdächtig gilt und das Recht auf einen Anwalt hat.«

»Soll das ein Witz sein?« fragte Brian ungläubig.

»Ich mache keine Witze, mein Wort darauf.« Rooney zog ein Blatt aus der Brusttasche, las Brian seine Rechte vor und gab es ihm dann. »Lassen Sie mich bitte wissen, ob Sie das in allen Punkten verstanden haben.« Mit einem Blick auf Alvirah und Willy sagte er: »Unsere Leute sind fertig. Sie können jetzt in der Wohnung bleiben. Mr. McCormacks Aussage nehme ich im Präsidium auf.«

»Du sagst kein Wort, Brian, bis wir dir einen Anwalt besorgt haben«, befahl Willy.

Brian schüttelte den Kopf. »Ich habe nichts zu verbergen, Onkel Willy. Ich brauche keinen Anwalt.«

Alvirah gab Brian einen Kuß. »Sobald du's hinter dir hast, kommst du gleich wieder her.«

Der Zustand der Wohnung gab ihr einiges zu tun. Sie schickte Willy mit einer langen Einkaufsliste los, schärfte ihm ein, den Lastenaufzug zu benutzen und so den Reportern zu entwischen.

Während sie sich mit Staubsauger, Schrubber, Mop und Staubtuch betätigte, realisierte sie mit wachsender Furcht, daß Polizisten die obligate Rechtsbelehrung, den Miranda Act, nur dann verlesen, wenn sie einen wohlbegründeten Tatverdacht haben.

Am schwersten fiel es ihr, den Teppichboden im Wandschrank zu saugen. Sie meinte, die weit aufgerissenen Augen von Fiona Winters wieder emporstarren zu sehen. Das brachte sie auf einen Gedanken. Wenn Fiona von jemandem erwürgt worden war, der sich von hinten angeschlichen hatte, dann wäre sie nicht auf dem Rükken liegend, mit nach oben gewandtem Gesicht gefunden worden.

Alvirah stellte den Staubsauger aus. Sie dachte über die Fingerabdrücke auf dem Couchtisch nach. Wenn Fiona Winters auf der Couch gesessen, sich vielleicht etwas vorgebeugt hatte, während ihr Mörder auf der Rückseite stand, ihr die Vorhangschlaufe um den Hals legte und dann zudrehte, wäre da ihre Hand nicht automatisch zurückgezogen worden und hätte die Fingerabdrücke auf der Glasplatte hinterlassen? »Du lieber Himmel«, flüsterte Alvirah, »ich wette, ich hab' Beweismittel vernichtet.«

Als sie ihre Anstecknadel am Revers befestigte, läutete das Telefon. Baronin Min von Schreiber rief von Cypress Point Spa in Pebble Beach, Kalifornien, an, nachdem sie die Nachrichten gehört hatte. »Was hat sich diese gräßliche Person bloß dabei gedacht, sich ausgerechnet in deinem Wandschrank umbringen zu lassen?« fragte Min.

»Glaub mir, Min, ich bin ihr nur einmal begegnet, als wir uns Brians Stück angesehen haben. Brian wird jetzt eben von der Polizei vernommen. Ich bin ganz krank vor Angst. Sie halten ihn für den Täter.«

»Du irrst dich, Alvirah. Du hast Fiona Winters hier bei uns getroffen.«

»Ausgeschlossen«, widersprach Alvirah energisch. »Die war so 'ne Nervensäge, die kann man gar nicht vergessen!«

Pause. »Ich überlege gerade. Du hast recht. Sie war zu einer anderen Zeit hier und hat mit ihrem Begleiter das

Wochenende im Bungalow verbracht. Die beiden haben sich sogar die Mahlzeiten dort servieren lassen. Sie hat alles versucht, diesen Produzenten zu ködern. Ein dicker Fisch – Carleton Rumson. Du erinnerst dich doch an ihn, Alvirah? Du hast ihn einmal kennengelernt, als er allein hier war.«

Als Carleton Rumson mittags zurück kam, umlagerten ihn die Reporter und bestürmten ihn mit Fragen.

»Ja, Miss Winters hat in mehreren meiner Produktionen mitgewirkt. Nein, ich hatte keine Ahnung, daß sie sich im Hause aufhielt. Wenn Sie mich jetzt entschuldigen wollen, ich muß ...«

Es gelang ihm, sich einen Weg durch die Menge zu bahnen. Hatte er tags zuvor etwas in dieser Wohnung angefaßt? Fingerabdrücke hinterlassen? Bei diesem Gedanken durchrieselte es ihn eiskalt.

Alvirah durchquerte das Wohnzimmer und trat auf die Terrasse. Die Luftfeuchtigkeit näherte sich dem Sättigungsgrad. Im Park regte sich kein Blatt. Trotzdem seufzte Alvirah befriedigt auf. Wie kann jemand, der in New York geboren ist, es lange woanders aushalten, fragte sie sich.

Willy brachte vom Einkaufen auch die Zeitungen mit. Eine Schlagzeile lautete *Mord in Central Park South;* eine andere *Lotteriegewinnerin findet Leiche.*

Alvirah las die Schauerberichte genau. »Ich hab' nicht geschrien und bin auch nicht in Ohnmacht gefallen«, spottete sie. »Wo haben die denn diese Schnapsidee her?«

»Laut *Post* hast du gerade die sagenhafte neue Garderobe aufgehängt, die du dir in London zugelegt hast«, sagte Willy.

»Von wegen sagenhafte neue Garderobe! Das einzige teure Stück, das ich gekauft habe, war das Schottenkostüm in Orange und Pink – und da weiß ich schon jetzt, Min schafft's, daß ich es verschenke.«

Es gab Artikel über die Vorgeschichte von Fiona Winters: der Bruch mit ihrer noblen Familie, als sie zur Bühne ging. Ihre zwiespältige Karriere. Sie hatte einen Tony gewonnen, galt aber als extrem schwierig in der Zusammenarbeit, was sie eine Reihe von Traumrollen gekostet hatte. Ihr Zerwürfnis mit dem Dramatiker Brian McCormack, als sie abrupt aus seinem Stück *Gratwanderungen* ausstieg, das daraufhin abgesetzt werden mußte.

»Das Motiv«, bemerkte Alvirah tonlos. »Ab morgen wird der Fall in den Zeitungen verhandelt und Brian dann schuldig gesprochen.«

Um halb eins kam Brian zurück. Nach einem Blick in sein aschfahles Gesicht befahl Alvirah, er solle sich hinsetzen. »Ich mache dir eine Kanne Tee und einen Hamburger«, erklärte sie. »Du siehst aus, als ob du jeden Augenblick umkippst.«

»Ich denke, ein Schluck Scotch wäre besser für ihn«, meinte Willy.

Brian brachte ein mattes Lächeln zustande. »Ich glaube, du hast recht, Onkel Willy.« Bei Hamburgern und Fritten berichtete er, wie alles verlaufen war. »Ich habe nicht erwartet, daß sie mich wieder gehen lassen, das schwör' ich euch. Die sind felsenfest davon überzeugt, daß ich sie umgebracht habe.«

»Ist's dir recht, wenn ich mein Mikrofon einschalte?« fragte Alvirah. Sie machte sich an der Anstecknadel zu schaffen. »So, jetzt sagst du uns genau, was du ihnen erzählt hast.«

Brian runzelte die Stirn. »Eine Menge über meine persönliche Beziehung zu Fiona. Ich hatte die Nase voll von ihr und ihrem ganzen Gehabe und war dabei, mich in Emmy zu verlieben. Ich habe ihnen erzählt, daß es mir den Rest gegeben hat, wie sie ihre Rolle hinschmiß und die Aufführung platzen ließ.«

»Aber wie ist sie denn in meinen Wandschrank gekommen?« fragte Alvirah. »Du mußt sie doch in die Wohnung reingelassen haben.«

»Stimmt. Ich hab' viel hier gearbeitet. Ihr solltet zurückkommen, und da hab' ich vorgestern mein Zeug weggebracht. Gestern rief dann Fiona an, sie wär wieder in New York und würde gleich mal bei mir vorbeischauen. Aus Versehen habe ich meine Notizen für die Endfassung samt dem Korrekturexemplar hier zurückgelassen. Ich sagte ihr, es wäre Zeitverschwendung, ich wolle mir gerade hier meine Notizen holen, mich dann den ganzen Tag an die Schreibmaschine setzen und die Tür nicht aufmachen. Wie ich herkam, fand ich sie unten in der Halle vor. Ich wollte keine Szene und nahm sie mit nach oben.«

»Was wollte sie denn?« erkundigten sich Alvirah und Willy.

»Nichts Besonderes. Bloß die Hauptrolle in *Nächte in Nebraska*.«

»Nachdem sie im ersten Stück alles hingeschmissen hat!«

»Sie hat die Schau ihres Lebens abgezogen. Mich angefleht, ihr zu verzeihen. Sie wäre ein Vollidiot gewesen. Mit ihrer Rolle im Film wurde im Schneideraum kurzer Prozeß gemacht und die schlechte Presse über den Theaterskandal hatte ihr geschadet. Sie wollte wissen, ob *Nächte in Nebraska* schon fertig wäre. Ich bin auch nur ein Mensch. Hab' damit angegeben, gesagt, es würde wohl 'ne Weile dauern, den geeigneten Produzenten zu finden, aber wenn ich den hätte, würde es ein Bombenerfolg.«

»Hatte sie's mal gelesen?« fragte Alvirah.

Brian betrachtete die Teeblätter in seiner Tasse. »Zum Wahrsagen taugen die nicht viel«, meinte er. »Sie wußte, worum sich's handelt und daß 'ne tolle weibliche Hauptrolle drin ist.«

»Und die hast du ihr bestimmt nicht versprochen?« bohrte Alvirah.

Brian schüttelte den Kopf. »Tante Alvirah, ich weiß, sie hat mich zum Narren gehalten, aber daß sie mir solchen Schwachsinn zutraut, das konnte ich einfach nicht glauben. Sie bat mich, ein Abkommen zu treffen. Sie hätte Verbindung zu einem der wichtigsten Produzenten am Broadway. Wenn sie's ihm geben könnte und er's nähme, dann wollte sie die Diane spielen – die Beth, meine ich.«

»Wer ist das?« erkundigte sich Willy.

»Die weibliche Hauptrolle. Vergangene Nacht habe ich den Namen in der Endfassung geändert. Ich sagte Fiona, sie mache wohl Witze, aber wenn sie das zuwege brächte, würde ich's mir vielleicht überlegen. Dann habe ich meine Notizen zusammengepackt und versucht, sie rauszukomplimentieren. Sie hätte 'nen Vorsprechtermin im Lincoln Center und würde gern 'ne Stunde hierbleiben, sagte sie. Sie würde sich auch nicht von der Stelle rühren. Schließlich fand ich, es wäre wahrscheinlich gar nichts dabei, wenn ich sie da lasse und mich an die Arbeit machen kann. Gesehen habe ich sie zum letztenmal gegen zwölf, und da saß sie dort auf der Couch.«

»Wußte sie, daß du eine Kopie des neuen Stücks hier hattest?« fragte Alvirah.

»Klar. Ich hab's aus der Schreibtischschublade genommen, als ich die Notizen holte.« Er zeigte in Richtung Diele.

»Es liegt jetzt in der Schublade dort.«

Alvirah stand auf, eilte in die Diele und öffnete die Schublade. Sie war leer, wie sie erwartet hatte.

Emmy Laker hockte regungslos in dem riesigen Clubsessel in ihrer Atelierwohnung auf der West Side. Seitdem sie in den Siebenuhrnachrichten von Fionas Tod erfahren hatte, versuchte sie Brian zu erreichen. War er verhaftet worden? Verzweifelt starrte sie auf das Gepäck in der Zimmerecke. Fionas Gepäck.

Tags zuvor hatte es um neun Uhr morgens geläutet. Als sie die Tür aufmachte, rauschte Fiona herein. »Wie kannst du's nur aushalten, in einem Haus ohne Fahrstuhl zu wohnen?« fragte sie. »Zum Glück war gerade ein Botenjunge auf Tour und hat mir das Zeug raufgetragen.« Sie stellte ihre Koffer ab und griff zur Zigarette.

»Ich bin mit der Frühmaschine gekommen. War 'ne Kateridee, den Job zu akzeptieren. Ich hab' dem Regisseur die Meinung gegeigt, und er hat mich gefeuert. Hab' versucht, Brian zu erreichen. Hast du 'ne Ahnung, wo er steckt?«

Bei der Erinnerung wallte Wut auf in Emmy. »Ich habe sie gehaßt«, sagte sie laut. Sie sah Fiona so deutlich vor sich, als wäre sie noch im Zimmer, ihr zerzaustes blondes Haar, der hautenge einteilige Hosenanzug, der die makellose Figur voll zur Geltung brachte, die Katzenaugen, frech und anmaßend.

Sie war fest davon überzeugt, daß sie wieder in Brians Leben treten konnte, auch wenn sie ihn noch so schlecht behandelt hatte, dachte Emmy, und erinnerte sich an all die Monate, in denen sie beim Anblick von Brian und Fiona Höllenqualen ausgestanden hatte. Wäre es wieder dazu gekommen? Tags zuvor hatte sie es für denkbar gehalten.

Fiona rief ununterbrochen bei Brian an, bis sie ihn endlich erreichte. Als sie den Hörer auflegte, sagte sie: »Hast du was dagegen, wenn ich meine Koffer hierlasse? Er ist auf dem Weg zum Traumschloß einer Putzfrau. Ich werd' ihn abfangen.« Dann zuckte sie die Achseln. »Er ist so 'n verdammter Spießer, dabei sind erstaunlich viele Leute an der Westküste über ihn im Bilde. Ich muß schon sagen, nach allem, was ich über *Nächte in Nebraska* gehört habe, sind da sämtliche Voraussetzungen für 'nen richtigen Knüller drin – und ich hab' vor, die Hauptrolle zu spielen.«

Emmy erhob sich. Ihr Körper fühlte sich steif an und schmerzte. Die uralte Klimaanlage ratterte und keuchte, aber trotzdem war es heiß und feucht im Zimmer. Eine kalte Dusche und eine Tasse Kaffee, dachte sie. Vielleicht bekomme ich dann einen klaren Kopf. Sie wollte Brian sehen. Sie wollte ihn in die Arme schließen. Es tut mir kein bißchen leid, daß Fiona tot ist, gestand sie sich ein, aber wie kannst du erwarten, Brian, daß du ungestraft davonkommst?

Sie hatte sich gerade ein T-Shirt zum Baumwollrock übergestreift und ihr langes, leuchtend rotes Haar zu einem Nackenknoten gedreht, als es an der Haustür klingelte. Über die Sprechanlage teilte der Kriminalbeamte Rooney mit, er sei unterwegs nach oben.

»Allmählich ergibt das Sinn«, sagte Alvirah. »Hast du irgend etwas ausgelassen, Brian? Zum Beispiel, ob du die Flasche Champagner, Hausmarke der Queen, gestern in den silbernen Weinkühler gestellt hast?«

Brian war konsterniert. »Warum sollte ich das tun?«

»Das hab' ich ja auch nicht angenommen. Meine Güte, so 'ne unglaubliche Geschichte. Fiona hat nicht hier rumgelungert, weil sie zum Vorsprechen mußte. Ich gehe jede Wette ein, daß sie Carleton Rumson angerufen und hergebeten hat. Deshalb standen die Gläser und der Champagner hier. Sie gab ihm das Manuskript, und dann sind sie sich in die Haare geraten, wer weiß, warum. Ich hab' nämlich meine kleinen grauen Zellen mobilisiert. Fahr jetzt nach Hause, Brian, und hol die Endfassung von deinem Stück. Ich hab' mit Carleton Rumson, dem Produzenten, darüber gesprochen, er möchte sich's heute ansehen.«

»Carleton Rumson!« rief Brian. »Der ist doch am

Broadway die Nummer eins und am schwersten zu erreichen. Du mußt zaubern können!«

»Ich erzähle dir das später. Er verreist mit seiner Frau, deshalb laß uns das Eisen schmieden, solange es heiß ist.«

Brian schaute zum Telefon hinüber. »Ich müßte Emmy anrufen. Sie hat das mit Fiona inzwischen bestimmt erfahren.« Er wählte die Nummer, wartete, sagte dann enttäuscht: »Sie ist anscheinend nicht zu Hause.«

Emmy war sicher, daß der Anruf von Brian kam, machte aber keine Anstalten, den Hörer abzunehmen. Der magere Mann mit dem finsteren Gesicht ihr gegenüber hatte sie gerade gebeten, genau zu schildern, was sie am Vortag getan hatte. Emmy wählte ihre Worte sorgfältig. »Ich bin vormittags gegen elf zum Jogging gegangen. Gegen halb zwei bin ich zurückgekommen und den Rest des Tages zu Hause geblieben.«

»Allein?«

»Ja.«

»Haben sie Fiona Winters gestern gesehen?«

Emmys Blick glitt in die Ecke, wo die Koffer gestapelt waren. »Ich …« Sie hielt inne.

»Miss Laker, ich muß Sie wohl darauf aufmerksam machen, daß es zu Ihrem Vorteil ist, wenn Sie ganz wahrheitsgemäß antworten.« Rooney zog seine Aufzeichnungen zu Rate. »Fiona Winters kam mit einer Maschine aus Los Angeles, die etwa um 7 Uhr 30 landete. Sie nahm sich ein Taxi und fuhr hierher. Ein Botenjunge, der sie erkannte, half ihr mit dem Gepäck. Sie erzählte ihm, daß Sie sich nicht gerade freuen würden, sie zu sehen, weil Sie hinter ihrem Freund her seien. Als Miss Winters ging, folgten Sie ihr. Ein Pförtner von Central Park South hat Sie erkannt. Sie saßen auf einer Bank gegenüber, beobachteten das Haus annähernd zwei Stunden lang und betraten es dann durch den Lieferanteneingang, den die Maler abgesichert und offengelassen hatten.« Rooney beugte sich vor. Sein Ton wurde vertraulich. »Sie fuhren nach oben zu den Wohnung der Meehans, stimmt's? War Miss Winters schon tot?«

Emmy starrte ihre Hände an. Brian neckte sie immer damit, daß sie so klein wären. »Aber kräftig«, lachte er, wenn sie miteinander rangen. Brian. Was sie auch sagte, sie würde ihm schaden. Sie blickte Rooney an. »Ich möchte mit einem Anwalt sprechen.«

Rooney stand auf. »Das ist selbstverständlich Ihr gutes Recht. Ich möchte Sie jedoch daran erinnern, daß Sie sich mitschuldig machen können, wenn Brian McCormack seine ehemalige Geliebte tatsächlich ermordet hat und Sie Beweise zurückhalten. Und damit tun Sie ihm keinen Gefallen, das versichere ich Ihnen.«

Als Brian in seine Wohnung kam, fand er eine Nachricht von Emmy auf dem Anrufbeantworter vor. »Ruf mich an, Brian. Bitte.« Mit fliegenden Fingern wählte er ihre Nummer.

»Hallo«, flüsterte sie.

»Emmy, was ist los? Ich hab's schon mal versucht, aber da warst du nicht zu Hause.«

»Ich war hier. Ein Kriminalbeamter hat mich besucht. Ich muß dich unbedingt sehen, Brian.«

»Nimm dir ein Taxi und komm in die Wohnung meiner Tante. Ich bin auf dem Weg dorthin.«

»Ich möchte allein mit dir reden. Es geht um Fiona. Sie war gestern hier bei mir. Ich bin ihr gefolgt.«

Brian schnürte es die Kehle zu. »Kein Wort mehr am Telefon.«

Um vier Uhr nachmittags läutete es stürmisch. Alvirah sprang auf. »Brian hat seinen Schlüssel vergessen«, erklärte sie Willy. »Ich hab' ihn auf dem Tisch in der Diele gesehen.«

Doch vor der Tür stand Carleton Rumson. »Mrs. Meehan, bitte entschuldigen Sie die Störung.« Damit trat er ein. »Ich erwähnte einem meiner Assistenten gegenüber, daß ich mir das Stück Ihres Neffen mal anschauen will. Er hat offenbar den Erstling gesehen und sehr gut gefunden.« Rumson ließ sich im Wohnzimmer nieder, trommelte nervös auf der Glasplatte des Couchtisches herum.

»Kann ich Ihnen etwas zu trinken anbieten?« erkundigte sich Willy. »Vielleicht ein Bier?«

»Aber Willy«, tadelte ihn Alvirah. »Ich bin sicher, Mr. Rumson trinkt nur erstklassigen Champagner. Hab' ich wohl in *People* gelesen.«

»Stimmt genau, aber nicht jetzt, vielen Dank.« Rumsons Miene war durchaus freundlich, doch Alvirah registrierte das heftige Pulsieren an seiner Kehle. »Wo kann ich Ihren Neffen erreichen?«

»Er muß jeden Augenblick hier sein. Ich rufe Sie dann sofort an.«

»Ich lese sehr schnell. Wenn Sie mir das Manuskript heraufschicken würden, könnten er und ich uns ungefähr eine Stunde später zusammensetzen.«

Nachdem Rumson sich verabschiedet hatte, fragte Alvirah: »Was meinst du, Willy?«

»Daß er für 'nen Starproduzenten ein ziemliches Nervenbündel ist. Ich kann Leute nicht ausstehen, die auf Tischen rumtrommeln. Macht mich ganz kribbelig.«

»Ihn hat's kribbelig gemacht, daß er hier nicht zum Zuge gekommen ist.« Alvirah lächelte geheimnisvoll.

Eine knappe Minute später klingelte es abermals. Alvirah eilte zur Tür. Emmy Laker, rote Haarsträhnen hatten sich aus dem Nackenknoten gelöst, eine riesige Sonnenbrille verdeckte das halbe Gesicht, das T-Shirt klebte an ihrem schlanken Oberkörper.

»Der Mann, der eben gegangen ist ...« stammelte Emmy. »Wer war das?«

»Carleton Rumson, der Produzent«, erwiderte Alvirah rasch. »Wieso?«

»Weil ...« Emmy nahm die Brille ab, sie hatte ganz verschwollene Augen.

Alvirah legte ihr beide Hände auf die Schultern. »Was ist los, Emmy?«

»Ich weiß nicht, was ich tun soll«, sagte Emmy. »Ich weiß wirklich nicht, was ich tun soll.«

Carleton Rumson kehrte in seine Wohnung zurück, Schweißperlen auf der Stirn. Diese Alvirah Meehan war kein Dummkopf. Der Seitenhieb mit dem Champagner war keine Höflichkeitsfloskel. Wieviel ahnte sie?

Victoria stand auf der Terrasse, die Hände locker auf das Geländer gelegt. »Zum Donnerwetter, hast du die Anschläge nicht gelesen, die überall kleben?« fragte er. »Ein kräftiger Stoß, und das Geländer ist futsch.«

Victoria trug weiße Hosen und einen weißen Pullover. Ein wahrer Jammer, daß irgend jemand einmal in einer Modekolumne geschrieben hatte, eine hellblonde Schönheit wie Victoria Rumson sollte nie etwas anderes als Weiß tragen, dachte er mißmutig. Victoria hatte diesen Rat wörtlich genommen.

Sie entgegnete ruhig: »Das kenne ich, immer wenn dich etwas aus dem Gleichgewicht bringt, wirst du mir gegenüber ausfallend. Wußtest du, daß Fiona Winters sich hier im Haus aufgehalten hat? Vielleicht auf deine Bitte hin.«

»Vic, ich habe Fiona seit fast zwei Jahren nicht mehr gesehen. Wenn du mir nicht glaubst, ist das eben Pech.«

»Solange du sie nicht gestern gesehen hast, Darling. Wie ich höre, stellt die Polizei eine Menge Fragen. Dabei wird unweigerlich herauskommen, daß ihr beide, sie und du, 'ne Story abgegeben habt, wie's die Journalisten nennen. Bist du Brian McCormack auf der Spur geblieben? Ich hab' da wieder mal den gewissen Riecher.«

Rumson räusperte sich. »Diese Alvirah Meehan will McCormack veranlassen, mir das Stück zu bringen. Sobald ich's gelesen habe, gehe ich runter und treffe ihn.«

»Laß es mich auch lesen. Dann könnte ich mitkommen. Ich würde brennend gern sehen, wie eine Putzfrau eingerichtet ist.« Sie hakte ihren Mann unter. »Mein armer Darling. Warum bist du so nervös?«

Als Brian, sein Stück unter dem Arm, in die Wohnung stürzte, lag Emmy unter einer leichten Decke auf der Couch. Alvirah machte die Tür hinter ihm zu und beobachtete, wie er sich neben Emmy hinkniete und sie in die Arme schloß. »Ich geh' nach hinten und laß euch ungestört reden.«

Willy war im Schlafzimmer und breitete Kleidungsstücke aus. »Welche Jacke, Schatz?« Er hielt zwei Sportsakkos hoch.

Alvirah runzelte die Stirn. »Du möchtest nett aussehen, wenn Pete seine Pensionierung feiert, aber es soll nicht angeberisch wirken. Zieh die blaue Jacke an und dazu das weiße Sporthemd.«

»Ich laß dich trotzdem ungern allein heute abend«, protestierte Willy.

»Du darfst bei Petes Dinner nicht fehlen«, erklärte Alvirah bestimmt. »Und wenn's zu sehr rundgeht, Willy, dann mußt du mir versprechen, daß du nicht nach Hause fährst, sondern in der alten Wohnung übernachtest. Du weißt doch, wie du loslegen kannst, wenn du mit den Brüdern zusammen bist.«

Willy lächelte verdattert. »Du meinst, wenn ich ›Danny Boy‹ öfter als zweimal singe, ist das 'n Alarmzeichen für mich.«

»Genau.«

»Schatz, ich bin so kaputt von der Reise und dem Schreck letzte Nacht, daß ich ebenso gern bei Pete ein paar Bierchen kippen und dann heimkommen würde.«

»Das wäre unfreundlich. Pete ist auf unserer Party zum Lotteriegewinn bis zum Morgen geblieben, als der Verkehr auf der Schnellstraße schon voll im Gange war. Jetzt müssen wir mit den jungen Leuten reden.«

Im Wohnzimmer saßen Emmy und Brian Hand in Hand nebeneinander. »Habt ihr zwei schon alles geklärt?« erkundigte sich Alvirah.

»Nicht direkt«, sagte Brian. »Als Emmy es ablehnte, Rooneys Fragen zu beantworten, hat er ihr offenbar heftig zugesetzt.«

Alvirah schaltete ihr Mikrofon ein. »Ich muß alles wissen, was er von Ihnen gewollt hat.«

Emmy berichtete zögernd. Ihre Stimme wurde ruhiger, und ihre Sicherheit kehrte zurück, als sie sagte: »Man wird dich anklagen, Brian. Er will mich dazu bringen, Dinge zu äußern, die dir schaden.«

»Du meinst, du beschützt mich.« Brian machte ein erstauntes Gesicht. »Das ist nicht notwendig. Ich habe nichts getan. Ich dachte …«

»Du dachtest, Emmy sitzt in der Klemme«, ergänzte Alvirah. Sie ließ sich mit Willy auf der gegenüberliegenden Seite der Couch nieder und musterte die beiden. Ihr wurde klar, daß Brian und Emmy direkt vor der Stelle saßen, wo die Tischplatte mit Fingerabdrücken übersät gewesen war. Der Vorhang befand sich etwas mehr rechts. Wer immer auf dieser Couch saß, hatte die Schlaufe genau im Blickfeld gehabt. »Ich werde euch beiden jetzt was erzählen«, verkündete sie. »Jeder von euch denkt, der andere könnte vielleicht was damit zu tun haben – und ihr irrt euch beide. Hast du irgend etwas verschwiegen über deine gestrige Begegnung mit Fiona Winters, Brian?«

»Nicht das geringste«, erwiderte er.

»Gut. Jetzt sind Sie dran, Emmy.«

Emmy ging zum Fenster hinüber.»Ich mag diese Aussicht.« Sie wandte sich zu Alvirah und Willy. »Als Fiona gestern meine Wohnung verließ, um sich mit Brian zu treffen, habe ich wohl etwas durchgedreht. Er ist ja so auf sie fixiert gewesen. Fiona gehört – gehörte zu den Frauen, die nur mit dem Finger zu schnippen brauchen. Ich hatte Angst, daß Brian wieder mit ihr anbändelt.«

»Niemals …«, protestierte Brian.

»Du hältst den Mund«, kommandierte Alvirah.

»Ich habe lange auf der Parkbank gesessen«, fuhr Emmy fort. »Ich sah Brian weggehen. Als Fiona nicht runterkam, dachte ich zuerst, vielleicht hat Brian ihr gesagt, sie solle warten. Endlich entschloß ich mich zur Auseinandersetzung mit ihr. Ich fuhr mit dem Lastenaufzug nach oben, weil ich von niemandem gesehen werden wollte. Ich läutete an der Wohnungstür, wartete, läutete noch mal und ging dann.«

»Das ist alles?« fragte Brian. »Warum hattest du Angst, das Rooney zu erzählen?«

»Weil sie dachte, als sie von Fionas Tod erfuhr, daß du sie da bereits umgebracht hattest und sie deshalb nicht mehr aufmachen konnte.« Alvirah beugte sich vor. »Warum haben Sie sich vorhin nach Carleton Rumson erkundigt, Emmy? Sie haben ihn gestern gesehen, stimmt's?«

»Als ich den Korridor entlanglief, ging er vor mir zum Personenaufzug. Er kam mir bekannt vor, erkannt habe ich ihn aber erst, als ich ihn eben wiedersah.«

Alvirah stand auf. »Ich denke, wir sollten Mr. Rumson anrufen und ihn bitten, herunterzukommen, und ich denke, wir sollten Rooney ebenfalls telefonisch herbitten. Aber zuerst gibst du Willy dein Stück, Brian, damit er's den Rumsons raufbringt. Mal überlegen. Jetzt ist's kurz vor fünf. Rumson soll anrufen, wenn er's gelesen hat und es zurückbringen kann, sag ihm das bitte, Willy.«

Der Summer der Sprechanlage ertönte. Willy meldete sich. »Rooney ist unten. Er sucht dich, Brian.«

Rooney gab sich kalt und unpersönlich. »Mr. McCormack, ich muß Sie bitten, mich zwecks weiterer Vernehmung aufs Revier zu begleiten. Über Ihre Rechte sind Sie informiert worden. Ich wiederhole, daß alles, was Sie sagen, gegen Sie verwendet werden kann.«

»Er wird nirgendwohin gehen«, erklärte Alvirah energisch. »Ich hab' Ihnen allerhand mitzuteilen, Mr. Rooney.«

Zwei Stunden später, kurz vor sieben, rief Carleton Rumson an. Alvirah und Willy hatten Rooney von dem Champagner und den Gläsern, von den Fingerabdrücken auf dem Couchtisch und von Emmys Begegnung mit Carleton Rumson berichtet, aber nichts davon machte sonderlichen Eindruck, wie Alvirah feststellte. Er sperrt sich gegen alles, was nicht zu seiner Theorie über Brian paßt, dachte sie.

Ein paar Minuten darauf sah Alvirah zu ihrem Erstaunen beide Rumsons hereinkommen. Victoria Rumson lächelte herzlich. Als sie mit Brian bekannt gemacht wurde, ergriff sie seine Hände und sagte: »Sie sind ein junger Neil Simon. Ich habe Ihr Stück gelesen. Gratuliere.«

Als Rooney vorgestellt wurde, verfärbte sich Carleton Rumsons Gesicht aschgrau. Er wandte sich stammelnd an Brian: »Tut mir furchtbar leid, daß ich ausgerechnet jetzt störe. Ich mach's ganz kurz. Ihr Stück ist großartig. Ich möchte eine Option darauf. Bitte veranlassen Sie Ihren Agenten, daß er sich morgen mit meinem Büro in Verbindung setzt.«

Victoria Rumson stand an der Terrassentür. »Sie waren so gescheit, die Aussicht nicht zu verdecken«, lobte sie Alvirah. »Mein Dekorateur hat auf Gardinen und Vorhängen bestanden und dadurch das Panorama auf Postkartenformat reduziert.«

Kein Zweifel, sie hat auf Charme geschaltet, dachte Alvirah.

»Wir sollten wohl alle besser Platz nehmen«, schlug Rooney vor. Und dann: »Mr. Rumson, Sie kannten Fiona Winters.«

Sie habe Rooney vielleicht doch unterschätzt, vermutete Alvirah. Er beugte sich vor, in seinem Gesicht spiegelte sich gespannte Aufmerksamkeit.

»Miss Winters hat vor ein paar Jahren in mehreren meiner Produktionen mitgewirkt«, erklärte Rumson.

Er saß auf einer Couch neben seiner Frau. Alvirah bemerkte, daß er nervös zu ihr herüberblickte.

»Was vor Jahren war, interessiert mich nicht«, erklärte Rooney. »Mich interessiert, was gestern passiert ist. Haben Sie sie gesehen?«

»Nein.« Für Alvirah hörte sich das gezwungen an; Rumson befand sich in der Defensive »Hat sie Sie aus dieser Wohnung angerufen?« fragte sie.

»Ich stelle hier die Fragen, Mrs. Meehan, wenn Sie nichts dagegen haben.«

»Reden Sie nicht in dem Ton mit meiner Frau«, ereiferte sich Willy.

»Ich meinte ja bloß, wenn sie von hier aus telefoniert hat, gibt's davon 'ne Aufzeichnung, und da wollte ich vermeiden, daß Mr. Rumson durch 'ne Lüge ins Gedränge kommt.«

Victoria Rumson tätschelte den Arm ihres Mannes.

»Ich glaube, du willst meine Gefühle schonen, Darling. Falls diese unmögliche Person dich wieder belästigt hat, nimm bitte keine Rücksicht auf mich und sag genau, was sie von dir wollte.«

Vor ihren Augen schien Rumson sichtbar zu altern. Als er zu sprechen begann, klang seine Stimme matt, erschöpft. »Wie ich Ihnen bereits sagte, hat Fiona Winters in mehreren meiner Produktionen gespielt. Sie ...«

»Sie hatte auch eine persönliche Beziehung mit Ihnen«, warf Alvirah ein. »Sie haben sie häufig mitgebracht nach Cypress Point Spa.«

»Ich habe seit mehreren Jahren nicht mit Fiona Winters zu tun gehabt. Ja, sie hat gestern gegen Mittag angerufen. Sie hatte ein Stück an der Hand, das sie mir zu lesen geben wollte. Es erfüllte sämtliche Voraussetzungen für einen Kassenschlager, versicherte sie mir, und sie wolle die Hauptrolle spielen. Ich erwartete ein Ferngespräch aus Europa und willigte ein, sie in etwa einer Stunde hier unten aufzusuchen.«

»Das bedeutet, sie hat angerufen, nachdem Brian gegangen war«, triumphierte Alvirah. »Deshalb standen die Gläser und der Champagner bereit. Sie waren für Sie bestimmt.«

»Sind Sie in diese Wohnung gekommen, Mr. Rumson?« fragte Rooney.

Wieder zögerte Rumson.

»Ist schon in Ordnung, Darling«, redete ihm Victoria Rumson sanft zu.

Ohne Rooney dabei anzublicken, verkündete Alvirah: »Emmy hat Sie hier auf dem Korridor kurz nach eins gesehen.«

Rumson sprang auf. »Mrs. Meehan, ich verbitte mir alle weiteren Anspielungen! Ich befürchtete, Fiona würde mich nicht in Ruhe lassen, wenn ich nicht reinen Tisch machte. Also kam ich her und klingelte. Es rührte sich nichts. Die Tür war nicht richtig zu, ich stieß sie auf und rief nach ihr. Wenn ich schon mal da war, wollte ich's auch hinter mich bringen.«

»Haben Sie die Wohnung betreten?« fragte Rooney.

»Ja. Ich durchquerte dieses Zimmer, steckte den Kopf in die Küche und warf einen Blick ins Schlafzimmer. Sie war nirgends zu sehen. Ich hoffte, sie hätte sich das mit dem Treffen anders überlegt, und war erleichtert, das kann ich Ihnen versichern. Als ich dann heute früh die Nachrichten hörte, hatte ich nur einen Gedanken – vielleicht lag ihre Leiche in dem Wandschrank, während ich unten war, und dann würde ich ins Kreuzfeuer geraten.«

Und an seine Frau gewandt: »Im Kreuzfeuer stehe ich ja wohl schon, aber ich schwöre, das ist die Wahrheit.«

Victoria berührte seine Hand. »Ausgeschlossen, daß man dich da hineinzieht. Wie konnte diese unverschämte Person nur auf die Idee kommen, sie würde die Hauptrolle in *Nächte in Nebraska* spielen.« Victoria wandte sich an Emmy. »Jemand in Ihrem Alter sollte die Diane spielen.«

»Wird sie auch«, erklärte Brian. »Ich hab's ihr bloß noch nicht gesagt.«

Rooney klappte seinen Notizblock zu. »Mr. Rumson, ich muß sie bitten, mich ins Präsidium zu begleiten. Von Ihnen, Miss Laker, hätte ich ebenfalls gern eine komplette Aussage. Mit Ihnen, Mr. McCormack, müssen wir uns nochmals unterhalten, und ich rate Ihnen dringend, sich einen Anwalt zu nehmen.«

»Einen Augenblick bitte«, sagte Alvirah ungehalten. »Ich kann feststellen, daß Sie Mr. Rumson mehr Glauben schenken als Brian.« Da geht die Option auf das Stück flöten, aber das ist wichtiger, dachte sie. »Sie meinen damit, daß Brian möglicherweise aufbrechen wollte, sich dann entschloß, zurückzukommen und Fiona zu sagen, sie solle verschwinden, und sie schließlich umgebracht hat. Ich erkläre Ihnen jetzt, wie's meiner Meinung nach gelaufen ist. Rumson tauchte hier auf und kriegte Krach mit Fiona. Er erwürgte sie, war aber schlau genug, das Manuskript mitzunehmen, das sie ihm zeigte.«

»Das ist von A bis Z falsch«, konterte Rumson gereizt.

»Ich wünsche hier keine weiteren Erörterungen«, ordnete Rooney an. »Miss Laker, Mr. Rumson, Mr. McCormack, unten wartet ein Wagen.«

Als sich die Tür hinter ihnen schloß, nahm Willy Alvirah in die Arme. »Schätzchen, ich laß die Party bei Pete sausen. Du bist fix und fertig und darfst einfach nicht allein bleiben.«

Alvirah drückte ihn an sich. »Nein, kommt gar nicht

in Frage. Ich habe alles aufgezeichnet. Ich muß das Band abhören, und das mache ich besser allein. Du amüsierst dich inzwischen gut.«

»Ich weiß schon – wenn ich ›Danny Boy‹ öfter als zweimal singe, soll ich in der alten Bude übernachten.«

Die Wohnung erschien unheimlich still, nachdem Willy gegangen war. Alvirah entschied sich für ein warmes Bad, das würde ihren steifen Körper lockern und den Kopf klar machen.

Danach zog sie ihr Lieblingsnachthemd an und Willys gestreiften Bademantel. Sie stellte den teuren Kassettenrekorder, den ihr der Chefredakteur vom *New York Globe* gekauft hatte, auf den Eßzimmertisch, nahm die winzige Kassette aus der Rosette, legte sie ein und drückte die Rücklauftaste. Für den Fall, daß sie ihre Gedanken laut artikulieren wollte, schob sie eine neue Kassette hinten in die Brosche, die sie am Bademantel befestigte. Sie saß da, hörte sich ihre Gespräche mit Brian an, mit Rooney, mit Emmy, mit den Rumsons.

Was war es, das sie an Carleton Rumson so heftig irritierte? Systematisch ließ sie die erste Begegnung mit den Rumsons Revue passieren. An jedem Abend war er ganz schön frostig, aber als wir am nächsten Morgen mit ihm zusammenprallten, hatte sich sein Ton gründlich verändert, er erinnerte mich sogar, daß er das neue Stück gleich lesen wollte. Brians Worte fielen ihr ein, daß niemand an Carleton Rumson herankommen könne.

Das ist's, dachte sie. Er wußte bereits, wie gut das Stück ist. Er konnte nicht zugeben, daß er es schon gelesen hatte. Abwarten, bis ich Rooney davon überzeugt habe ...

Das Telefon läutete. Verdutzt eilte Alvirah an den Apparat. Emmy. »Mrs. Meehan«, flüsterte sie, »sie vernehmen Brian und Mr. Rumson immer noch, aber ich weiß, sie halten Brian für schuldig.«

»Ich hab' gerade alles ausgetüftelt», jubelte Alvirah.

»Wie gut konnten Sie Carleton Rumson gestern im Flur sehen?«

»Recht gut.«

»Dann konnten Sie doch auch sehen, daß er das Manuskript bei sich trug, stimmt's? Ich meine, wenn er die Wahrheit gesagt hat, daß er nur runtergegangen ist, um Fiona die Leviten zu lesen, dann hätte er das Manuskript garantiert nicht mitgenommen. Aber wenn sie sich darüber unterhalten hatten und er darin gelesen hat, bevor er sie umbrachte, dann hätte er's eingesackt. Emmy, ich glaub', ich hab' den Fall gelöst.«

Emmys Stimme war kaum vernehmbar. »Mrs. Meehan, ich schwöre, Carleton Rumson hat nichts bei sich getragen, als ich ihn sah. Was ist, wenn mir Rooney nun diese Frage stellt? Mit einer wahrheitsgemäßen Antwort würde ich doch Brian schaden.«

»Sie müssen die Wahrheit sagen«, erwiderte Alvirah bekümmert. »Keine Sorge, mein Gehirn arbeitet immer noch auf Hochtouren.« Sie legte auf, schaltete den Kassettenrekorder wieder ein und begann die Bänder nochmals abzuspielen. Sie hörte ihre Gespräche mit Brian mehrfach ab. Er hatte ihr doch etwas erzählt, das ihr anscheinend entgangen war ...

Schließlich stand sie auf, weil sie fand, daß ein wenig frische Luft nicht schaden könnte. Frisch ist die New Yorker Luft ja nun nicht gerade, dachte sie, als sie die Terrassentür öffnete und hinaustrat. Diesmal ging sie geradewegs zur Brüstung und legte die Finger auf das Geländer. Wenn Willy hier wäre, würde er 'nen Koller kriegen, dachte sie, aber ich werde mich nicht aufstützen. Der Blick über den Park hat nur so etwas Beruhigendes. Ich glaube, der Tag, an dem Mama als Sechzehnjährige eine Schlittenfahrt durch den Park gemacht hat, zählte zu ihren schönsten Erinnerungen. Immer wieder hat sie davon gesprochen. Ihre Freundin Beth hatte sich das zum Geburtstag gewünscht.

Beth!

Beth!

Das ist es, dachte Alvirah. Wieder hörte sie Brian sagen, Fiona Winters wolle die Rolle der Diane spielen. Dann verbesserte er sich – ich meine, die Beth. Willy erkundigte sich, wer das sei, und Brian antwortete, so hieße die weibliche Hauptdarstellerin in seinem neuen Stück, er habe den Namen in der Endfassung geändert. Alvirah schaltete ihr Mikrofon ein und räusperte sich. Sie sollte das Ganze lieber festhalten. Dann könnte sie auf ihre unmittelbare Reaktion zurückgreifen, wenn sie den Artikel für den *Globe* schrieb. »Es war nicht Rumson, der Fiona Winters umbrachte«, sagte sie kategorisch. »Es war seine Frau, die ›einäugige Vicky‹. Sie war es, die Rumson drängte, das Stück zu lesen. Sie war es, die sagte, Emmy sollte die Diane spielen. Sie wußte nicht, daß Brian den Namen geändert hatte. Sie muß mitgehört haben, als Fiona ihren Mann anrief. Sie kam, während er auf seine Gespräche aus Europa wartete. Sie wollte nicht, daß Fiona sich abermals an Rumson heranmachte, brachte sie um, nahm dann das Manuskript an sich. Sie hat die Kopie gelesen, nicht die Endfassung.«

»Wie überaus scharfsinnig, Mrs. Meehan.«

Die Stimme klang unmittelbar hinter ihr. Alvirah spürte kräftige Hände an ihrem Kreuz. Sie versuchte sich umzudrehen und fühlte, wie ihr Körper gegen Brüstung und Geländer gedrückt wurde. Wie ist Victoria Rumson hier hereingekommen, überlegte sie, dann fiel ihr blitzartig ein, daß Brians Schlüssel auf dem Tisch gelegen hatte. Mit voller Kraft, versuchte sie, sich auf ihre Angreiferin zu werfen, doch da traf sie ein Schlag seitlich am Hals und betäubte sie. Sie wurde herumgewirbelt und sackte am Geländer zusammen. Aus weiter Ferne nahm sie ein knirschendes, splitterndes Geräusch wahr und Willys Schreckensrufe.

Willy war nicht so lange geblieben, um auch nur einen Refrain von ›Danny Boy‹ zu singen. Nach dem Dinner, ein paar Gläschen Bier und der Gratulationscour bei Pete hatte ihn eine innere Stimme gedrängt, nach Hause zu gehen. Als er die Wohnung betrat und die kämpfenden Gestalten an der Terrassenbrüstung sah, erstarrte er vor Entsetzen. Unter lauten Rufen nach Alvirah stürzte er durch das Zimmer.

»Komm rein, Schatz«, flehte er, »komm zurück.« Dann wurde ihm klar, was die andere Frau tat. Er betrat die Terrasse, sah, wie sich ein Mauerteil löste und niederfiel, so daß neben Alvirah jetzt eine gähnende Lücke klaffte. Willy ging den zweiten Schritt darauf zu und kippte um.

Beth! Diane! Während der ganzen Taxifahrt vom Polizeirevier nach Central Park South balancierte Emmy auf der Sitzkante. Sie hatte dort gewartet, bis ihre Aussage getippt vorlag, in verzweifelter Angst um Brian; sie erinnerte sich, wie er sie angeschaut hatte, als er Victoria Rumson erzählte, daß sie die Hauptrolle in seinem neuen Stück spielen würde. An der Diane liegt mir nichts, wenn nur mit Brian alles in Ordnung ist, dachte sie. Nicht Diane, sondern Beth. Brian hatte den Namen geändert. Dann hörte sie Victoria Rumson sagen: »Sie sollten die Rolle der Diane spielen.« Damit paßte alles ins Bild. Victoria Rumson, von rasender Eifersucht erfüllt, Victoria, die ihren Mann vor ein paar Jahren beinahe an Fiona verloren hätte …

Emmy war aufgesprungen und aus dem Revier davongestürzt. Sie mußte mit Alvirah sprechen, bevor sie ein Wort zu den Polizisten sagte. Sie hörte einen Polizisten hinter sich herrufen, reagierte jedoch nicht, als sie dem Taxi winkte.

In Central Park South angekommen, raste sie zum Fahrstuhl. Als sie den Flur entlangging, hörte sie Willy schreien. Die Tür war offen. Sie sah Willy die Terrasse betreten und umfallen. Sie sah die Silhouetten von zwei Frauen und erkannte, was sich da abspielte.

Wie ein geölter Blitz raste Emmy auf die Terrasse. Sie fand sich Alvirah gegenüber, die über dem Abgrund hing. Ihre rechte Hand umklammerte den noch vorhandenen Teil des Geländers. Victoria Rumson schlug mit beiden Fäusten auf diese Hand ein.

Emmy packte Victorias Arme und drehte sie ihr auf dem Rücken zusammen. Victorias wütendes Wehgeschrei übertönte das Krachen, mit dem die Terrassenmauer auf die Straße stürzte. Emmy stieß sie beiseite und konnte die Kordel von Alvirahs Bademantel packen. Alvirah schwankte. Ihre Pantoffel rutschten nach hinten weg. Ihr Körper schwebte 34 Etagen über dem Gehsteig. Mit äußerster Kraftanstrengung zerrte Emmy sie zurück, und sie fielen zusammen auf den bewußtlos daliegenden Willy.

Alvirah und Willy schliefen bis Mittag. Als sie endlich aufwachten, bestand Willy darauf, daß Alvirah liegenblieb. Er ging in die Küche, kam nach fünfzehn Minuten zurück mit einem Krug Orangensaft, einer Kanne Tee und einem Teller Toast. Nach der zweiten Tasse Tee war Alvirahs gewohnter Optimismus zurückgekehrt. »Junge, Junge, war das ein Segen, daß Rooney gleich nach Emmy reingeplatzt kam und sich Victoria Rumson geschnappt hat, bevor sie fliehen konnte. Und weißt du, was ich denke, Willy?«

»Ich weiß nie, was ich denken soll, Schatz«, seufzte Willy.

»Einer der Gründe, weshalb Carleton Rumson nie 'ne Scheidung verlangt hat, ist das Geld – er wollte keine Vermögensteilung. Wenn die einäugige Vicky im Kittchen sitzt, braucht er sich darüber keine Gedanken mehr zu machen. Und ich gehe jede Wette ein, daß er Brians Stück trotzdem herausbringt.«

Nach kurzer Pause fuhr Alvirah fort: »Und noch was, Willy. Ich möchte, daß du mit Brian sprichst und ihm sagst, er soll diese reizende Emmy lieber heiraten, bevor sie ihm ein anderer wegschnappt.« Sie strahlte. »Ich hab' auch genau das richtige Hochzeitsgeschenk für die beiden, jede Menge weißer Möbel.«

Es klingelte. Willy schlüpfte mit einiger Mühe in seinen Morgenrock und eilte zur Tür. Als er aufmachte, kamen Brian und Emmy hereinspaziert. Nach einem Blick in ihre freudestrahlenden Gesichter und auf die fest ineinander verschlungenen Hände meinte Willy: »Ich hoffe nur, daß Weiß eure Lieblingsfarbe ist.«

Quellenverzeichnis

Aus dem Amerikanischen von Liselotte Julius
(Die Geschichte erschien bereits in der Allgemeinen
Reihe in dem Band »Fürchte dich nicht« (01/9406.)

DIE LEICHE IM SCHRANK / *The Body in the Closet*
Copyright © 1990 by Mary Higgins Clark
Copyright © 1993 der deutschen Übersetzung
by Wilhelm Heyne Verlag GmbH & Co. KG, München
Aus dem Amerikanischen von Liselotte Julius
(Die Geschichte erschien bereits in der Allgemeinen
Reihe in dem Band »Fürchte dich nicht« (01/9406.)

HEYNE

Celia L. Grace

> »Das England des
> 15. Jahrhunderts in all
> seiner Farbigkeit.«
> *PUBLISHERS WEEKLY*

Die Heilerin von Canterbury
01/9738
Auch als leserfreundliche
Großdruck-Ausgabe lieferbar.

**Die Heilerin von Canterbury
sucht das Auge Gottes**
01/10078

**Die Heilerin von Canterbury
und das Buch des Hexers**
01/10944

01/10944

HEYNE-TASCHENBÜCHER

HEYNE

Nancy Taylor Rosenberg

»Wie John Grishams Schwester
konstruiert die Autorin eine
brillant ausgedachte Story ...
Die Qualität ist hervorragend.«
ABENDZEITUNG

NANCY
TAYLOR ROSENBERG
*Im Namen
der Gerechtigkeit*
ROMAN

01/10038

HEYNE-TASCHENBÜCHER

HEYNE

Mary Higgins Clark

»Mary Higgins Clark gehört
zum kleinen Kreis der großen
Namen in der Spannungs-
literatur« *The New York Times*

»Gruselig, schockierend,
glänzend geschrieben«
The Herold Statesman

01/13234

HEYNE-TASCHENBÜCHER